K. Egan

DRAÍOCHT 4

My-etest

Packed full of extra questions, **my-etest** lets you revise – at your own pace – when you want – where you want.

Test yourself on our FREE website
www.my-etest.com
and check out how well you score!

Teachers!
Print an etest and give it for homework or a class test.

DRAÍOCHT 4

Cúrsa Iomlán don Ardteistimeireacht
GNÁTHLEIBHÉAL

Peadar Ó Ceallaigh

Elaine Mullins

Donncha Ó Riain

Domhnall Ó Fearghail

Gill & Macmillan

Gill & Macmillan Ltd
Ascaill Hume
An Pháirc Thiar
Baile Átha Cliath 12
agus cuideachtaí comhlachta ar fud an domhain
www.gillmacmillan.ie

Caibidail 1–4 © Peadar Ó Ceallaigh agus Elaine Mullins 2004
Caibidil 5 © Donncha Ó Riain 2004
Caibidil 6 © Domhnall Ó Fearghail 2004

0 7171 3585 3

Pictiúir le Kate Walsh
Clóchuradóireacht bhunaidh arna déanamh in Éirinn ag Design Image
Atáirgeadh datha le Typeform Repro

Rinneadh an páipéar atá sa leabhar seo as laíon adhmaid ó fhoraoisí rialaithe. In aghaidh gach crann a leagtar cuirtear crann amháin eile ar a laghad, agus ar an gcaoi sin déantar athnuachan ar acmhainní nádúrtha.

Gach ceart ar cosaint. Ní ceadmhach aon chuid den fhoilseachán seo a atáirgeadh, a chóipeáil ná a tharchur i gcruth ar bith ná ar dhóigh ar bith gan cead scríofa a fháil ó na foilsitheoirí ach amháin de réir coinníollacha ceadúnas ar bith a cheadaíonn cóipeáil theoranta arna eisiúint ag Gníomhaireacht Cheadúnaithe Cóipchirt na hÉireann, Lárionad Scríbhneoirí na hÉireann, Cearnóg Parnell, Baile Átha Cliath 1.

CLÁR

1.	Ceapadóireacht	1
2.	Cluastuiscint	115
3.	Trialacha Tuisceana	143
4.	Gramadach	157
5.	Prós Ainmnithe	175

An Cearrbhach Mac Cába	175
Coileach Ghleann Phádraig	190
An Bhean Óg	206
Lig Sinn i gCathú	214
Fiche Bliain ag Fás	230
Lá Buí Bealtaine	240
Clare sa Spéir	264

6.	Filíocht Ainmnithe	271

Gealt?	271
Níl Aon Ní	276
Mo Ghille Mear	280
Jack	286
Faoiseamh a Gheobhadsa	290

Caibidil 1
Ceapadóireacht

A An Scéal

- **Páipéar 1, B**

(1997)
1. 'Tá dalta nua sa rang,' arsa an Príomhoide liom, 'agus ba mhaith liom go dtabharfá aire don dalta sin inniu ...'
2. 'D'fhág mé mo rothar taobh amuigh den siopa nuachtán agus chuaigh mé isteach. Nuair a tháinig mé amach, ní raibh mo rothar le feiceáil ...'

(1998)
1. 'D'inis mo thuismitheoirí dom go raibh siad chun ár dteach a dhíol agus teach nua a cheannach i gceantar eile ...'
2. 'Ag cur bia ar sheilf a bhí mé san ollmhargadh ina raibh mé ag obair nuair a thit an tseilf anuas ar an urlár ...'

(1999)
1. 'Dhún Nóra an mála agus chuir sí an glas air ...'
2. 'Bhí ag éirí go maith le Pádraig. Bhí an t-ádh air sa deireadh ...'

(2000)
1. 'Bhí mo chara, Máire, léi féin sa teach an oíche sin. Dhúisigh sí go tobann. Bhí rud éigin ag siúl lasmuigh den teach ...'
2. 'D'oscail mé an litir agus léigh mé í. Ní raibh a fhios agam cad ba cheart dom a dhéanamh ...'

(2001)
1. 'Dhún Séamus an doras. Chuir sé glas air. Cheap sé go raibh gach rud i gceart an oíche sin ...'
2. 'Bhí mo chara, Róisín, ag fanacht liom ag geata na scoile. Bhí áthas an domhain uirthi. "Tharla rud iontach dom inné tar éis na scoile," a dúirt sí ...'

(2002)
1 'Bhí an oíche dorcha. Bhí sé leathuair tar éis a dó dhéag. Ní raibh Úna tagtha abhaile fós …'
2 'Tá dalta nua sa rang. Hassan an t-ainm atá air. Is as Cosobhó dó. "Tabharfaidh tusa aire don dalta sin inniu," arsa an Príomhoide liom …'

● Briathra
Bain úsáid as na briathra seo a leanas:

Chuaigh mé	I went
Chonaic mé	I saw
Chuala mé	I heard
Tháinig mé ar ais	I came back
D'éist mé go géar	I listened carefully
Rith mé ar nós na gaoithe	I ran as fast as the wind
Shiúil mé go tapa	I walked quickly
Thiomáin sí go cúramach	She drove carefully
Lean mé é	I followed him
Chas mé timpeall	I turned around
D'íoc mé as	I paid for it
Thug mé an mála di	I gave her the bag
D'oscail mé an doras go ciúin	I opened the door quietly
Dhún mé an doras go mall	I closed the door slowly
Phlab mé an doras i mo dhiaidh	I slammed the door after me
Thug mé an mála di	I gave her the bag
Thóg mé an ticéid uaithi	I took the ticket from her
Rug sí greim ar …	She grabbed hold of …
Ghlaoigh sí ar na gardaí	She called the police
D'inis sí an scéal dóibh	She told them what had happened
Shroich mé	I reached (a destination)
Bheannaigh mé dóibh	I greeted them
Bheadh sí	She would be
Bhain mé an-taitneamh as …	I really enjoyed …

● Nathanna
Bain úsáid as na nathanna seo a leanas:

Ar aghaidh liom síos an bóthar	Off I went down the road
Go tobann, bhí sé imithe	Suddenly, he was gone
Bhí duine éigin taobh thiar díom	Somebody was behind me
Bhí duine éigin os mo chomhair amach	Someone was in front of me

Rith na gardaí sa tóir uirthi	The police ran after her
Chonaic mé iad ag teitheadh tríd an gcúldoras	I saw them escape by the back door
Baineadh preab asam	I got a fright
Chuir sí an croí trasna orm	She put the heart across me
Thosaigh mé ag crith le heagla	I began shaking with fear
Bhí a croí ina béal	Her heart was in her mouth
Lig mé scread asam	I let out a scream
Bhí uafás orm	I was horrified
Bhí sceon orm	I was terrified
Bhí mé scriosta	I was wrecked (tired)
Fágadh i mo staic mé	I froze (I couldn't move)
Níor chuala mé tada	I didn't hear a thing
Ní raibh duine ná deoraí le feiceáil ann	There was no one to be seen
Ní raibh mé in ann rud ar bith a fheiceáil	I couldn't see a thing
dubh le daoine	full of people
Bhí mé lánchinnte de	I was sure of it
Dhearg mé go bun na gcluas	I blushed to my tips of my ears
Bhí siad sna trithí gáire	They were in fits of laughter
Ní raibh aon dul as	There was no way out of it
Bhí mé i bponc	I was in a fix
Bhí mé gan aithne gan urlabhra	I was unconscious
Thit mé i laige	I fainted
Bhí mé ar scamall a naoi le háthas	I was on cloud nine with happiness
Bhí sí ag tnúth go mór le …	She was greatly looking forward to …
Bhí gliondar orm	I was delighted
B'fhiú é!	It was worth it!
Bhí mé préachta leis an bhfuacht	I was frozen with the cold
Bhí mé stiúgtha leis an ocras	I was perished with hunger
Bhí mé spallta leis an tart	I was parched with thirst
Bhí mé fliuch go craiceann	I was soaked to the skin
Bhí mé ag cur allais leis an teas	I was perspiring with the heat
Bhí an oíche chomh dubh le pic	The night was black as pitch
Bhí ceo tiubh i ngach áit	There was a thick fog everywhere
Bhí an ghrian ag spalpadh anuas	The sun was beating down
Ní raibh leoithne gaoithe ann	There wasn't a breeze
Bhí sí marbh ag an teas	She was killed with the heat
Bhí an tír faoi bhrat bán sneachta	The country was covered in a blanket of snow
Bhí an loch reoite	The lake was frozen
Bhí na bóithre sleamhain	The roads were slippery

Bhí an bháisteach go trom	•	The rain was heavy
An lá dar gcionn	•	The following day
An tseachtain ina dhiaidh sin	•	The following week
faoi dheireadh	•	finally
cheana féin	•	already
fós	•	yet, still
Bhíomar tuirseach traochta ach sona sásta	•	We were exhausted but happy
Ní dhearna sí dearmad go deo ar an oíche sin	•	She never forgot that night
Ní dhéanfaidh mé dearmad go deo ar an lá sin	•	I'll never forget that day

● Scéal 1 (1997)

Bí réidh roimh ré!

Déan an mheaitseáil ar dtús.

1	chuardaigh mé	A	I searched	1 =
2	Ní raibh tásc na tuairisc air.	B	stolen	2 =
3	an glas	C	I was very angry with him.	3 =
4	sula ndeachaigh mé isteach	D	before I went inside	4 =
5	an freastalaí	E	borrowed	5 =
6	rinne mé cur síos	F	I described	6 =
7	i dteagmháil liom	G	I began to give out to him.	7 =
8	go brónach	H	There was no sign of it.	8 =
9	goidte	I	my grandmother	9 =
10	mo mhamó	J	when I reached	10 =
11	nuair a shroich mé	K	the lock	11 =
12	an-bhuíoch	L	sadly	12 =
13	ar iasacht	M	in contact with me	13 =
14	Bhí mé go mór i bhfeirg leis.	N	very grateful	14 =
15	Thosaigh mé ag tabhairt amach dó.	O	the shop assistant	15 =
16	na sonraí	P	the details	16 =

● Scéal 1

D'fhág mé mo rothar taobh amuigh den siopa nuachtán agus chuaigh mé isteach. Nuair a tháinig mé amach, ní raibh mo rothar le feiceáil. Chuardaigh mé an áit ach ní raibh tásc ná tuairisc air! Bhí mé tar éis an glas a chur ar an rothar sular ndeachaigh mé isteach sa siopa. Bhí mé lánchinnte de. Ach anois, cá raibh sé? Chuaigh mé isteach sa siopa arís agus d'inis mé an scéal don fhreastalaí a bhí ag an gcuntar. Bhí brón uirthi, ach ní fhaca sí rud ar bith, a dúirt sí. Chuaigh mé síos go stáisiún na ngardaí a bhí in aice leis an séipéal. D'inis mé an scéal dóibh agus rinne mé cur síos ar an rothar. Rothar gorm agus bán a bhí ann. Scríobh an garda na sonraí síos ina leabhar nótaí agus dúirt sí go mbeadh sí i dteagmháil liom.

Chuaigh mé abhaile go brónach. Rothar nua a bhí ann agus anois bhí sé goidte! Mo mhamó a thug an rothar dom ar mo bhreithlá. Bheadh orm siúl ar scoil anois.
Ach bhí gliondar orm nuair a shroich mé mo theach. Cad a bhí ansin in aice leis an mballa ach mo rothar féin! Bhí mé ar scamall a naoi le háthas. Bhí mé an-bhuíoch do na gardaí. Ansin tháinig mo dheartháir Seán amach ón teach. Dhearg sé go bun na gcluas nuair a chonaic sé mé. 'Tá brón orm!' a dúirt sé. 'Thóg mé an rothar ar iasacht ar feadh cúig nóiméad nuair a bhí tú sa siopa!' Bhí mé go mór i bhfeirg leis! Cúig nóiméad! Thosaigh mé ag tabhairt amach dó, ach bhí sé imithe cheana féin. Deartháireacha beaga!

● **Ceisteanna**
1   Cad a tharla nuair a tháinig Síle amach ón siopa?
2   Cad a rinne sí ansin?
3   Cá ndeachaigh sí ansin?
4   Cén fáth a raibh gliondar uirthi nuair a chuaigh sí abhaile?
5   Cén fáth a raibh fearg uirthi lena deartháir beag?

● **Líon isteach na bearnaí.**

gliondar	an-bhuíoch
chuardaigh mé	fearg
an glas	dhearg mé
cúig	goidte
in aice	ag tabhairt amach
i dteagmháil	ar an rothar
ar scamall	ar iasacht
tuairisc	

D'fhág mé an rothar taobh amuigh den ollmhargadh agus chuaigh mé isteach. Nuair a tháinig mé amach, ní raibh an rothar le feiceáil. ____1____ an áit ach ní raibh tásc ná ___2____ air! Bhí mé tar éis __3____ a chur ar an rothar. Bhí mé lánchinnte de. Ach anois, cá raibh sé? Bheadh mo dheartháir ar buile liom! Ba leis an rothar agus ní raibh cead agam é a thógáil __ ____4____. Chuardaigh mé an príomhshráid ach ní raibh sé ann. Chuaigh mé síos go stáisiún na ngardaí a bhí __ _5____ leis an séipéal. D'inis mé an scéal dóibh agus rinne mé cur síos __ ___6____. Rothar dubh agus buí a bhí ann. Scríobh an garda na sonraí síos sa leabhar nóta agus dúirt sí go mbeadh sí __ __7_____ liom.

Chuaigh mé abhaile go brónach. Rothar nua a bhí ann agus anois bhí sé _____8___! Mo thuismitheoirí a thug an rothar sin dó ar a bhreithlá. Bhí mé i bponc!

Bhí _____9___ orm nuair a shroich mé mo theach. Cad a bhí in aice leis an mballa ach an rothar! Bhí mé _ 10_____ a naoi le háthas. Bhí mé __ _11____ do na gardaí! Ansin tháinig mo dheartháir Seán amach ón teach. ___12___ _ go bun na gcluas nuair a chonaic mé é. 'Tá brón orm!' a dúirt mé, 'thóg mé an rothar ar iasacht ar feadh __13__ nóiméad nuair a bhí tú ag déanamh d'obair bhaile!' Bhí __14____ an domhain air! Thosaigh sé __ ____15____ _____ dom, ach bhí mé imithe cheana féin. Níor thóg mé an rothar ar iasacht arís!

● **Obair duitse**

Scríobh do scéal féin ag baint úsáid as na samplaí thuas. Seo an chéad líne …

'D'fhág mé an rothar taobh amuigh d'oifig an phoist agus chuaigh mé isteach. Nuair a tháinig mé amach, ní raibh an rothar le feiceáil …'

Scéal 2 (1998)
Bí réidh roimh ré!
Déan an mheaitseáil ar dtús.

1	ceantar eile	A	already	1 =	
2	Ní fhéadfainn iad a fhágáil.	B	another district	2 =	
3	sa mheánscoil	C	the crowds	3 =	
4	socraithe	D	on the walls	4 =	
5	cheana féin	E	I couldn't leave them.	5 =	
6	áfach	F	arranged	6 =	
7	lá arna mhárach	G	a detached house	7 =	
8	an ceantálaí	H	she wanted pink	8 =	
9	comhartha	I	the following day	9 =	
10	na sluaite	J	a sign	10 =	
11	as a meabhair	K	however	11 =	
12	ní raibh orm	L	in secondary school	12 =	
13	teach scoite	M	out of her mind	13 =	
14	ar na ballaí	N	I didn't have to	14 =	
15	bándearg a bhí uaithi	O	the auctioneer	15 =	

Scéal 2

D'inis mo thuismitheoirí dom go raibh siad chun ár dteach a dhíol agus teach nua a cheannach i gceantar eile. Bhí uafás orm! Teach nua! Ceantar nua! Bhí mo chairde go léir anseo i mBaile na Mara. Níor mhaith liom iad a fhágáil. Céard faoin scoil? Bhí mé sa chúigiú bliain sa mheánscoil agus bhí mé lánsásta ansin. Bhí gach rud socraithe acu cheana féin áfach agus ní raibh aon dul as anois. Lá arna mhárach, chuamar amach ag féachaint ar thithe nua. Chuir an ceantálaí suas comhartha inár ngairdín féin agus 'Ar Díol' scríofa air. Ansin tháinig na sluaite. Bhí an teach dubh le daoine ar feadh seachtaine agus iad ag féachaint i ngach seomra. Bhí Mam as a meabhair ag glanadh suas gach uile lá. Ní raibh cead againn a bheith ag ithe aon áit sa teach! Faoi dheireadh, dhíol siad an teach.

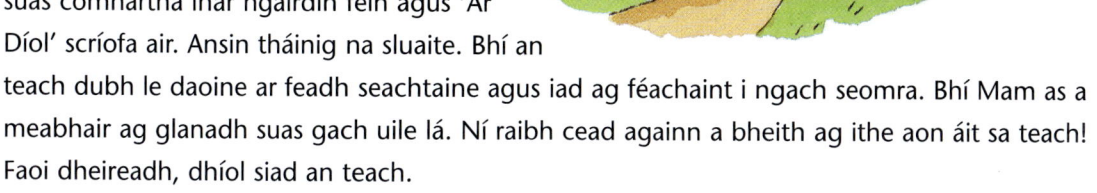

    Cheannaíomar teach nua seacht míle ón seanteach. Ní raibh orm mo scoil a fhágáil, buíochas le Dia, mar bhí bus ann gach maidin agus ceann eile sa tráthnóna. Bhí an teaghlach go léir lánsásta leis an teach nua. Teach scoite le ceithre sheomra codlata a bhí ann le gairdín breá mór. Bhí mo sheomra codlata féin agam faoi dheireadh agus bhí seomra codlata ag mo dheirfiúr beag Caoimhe, buíochas le Dia! Dath buí a bhí ar na ballaí cheana féin, ach bhí mé lánsásta leis an dath. Caoimhe bocht! Bándearg a bhí uaithi ach glas a bhí ar na mballaí cheana féin agus ní raibh Mamaí sásta iad a phéinteáil arís!

● **Ceisteanna**

1 Cén fáth nach raibh an cailín ag iarraidh dul go dtí teach agus ceantar nua?
2 Cad a tharla lá arna mhárach?
3 Cén fáth a raibh Mamaí ag dul as a meabhair?
4 Cén fáth nach raibh uirthi dul go scoil nua?
5 Déan cur síos ar an teach nua.

● **Líon isteach na bearnaí.**

D'inis tuismitheoirí Phóil dó lá amháin go raibh siad ag bogadh go ceantar eile. Bhí __1__ air. Teach nua! Ceantar nua! Bhí a ___2__ go léir anseo. Céard faoin scoil? Bhí sé sa séú bliain __ ___3_____ agus bhí sé lánsásta ansin. Bhí gach rud socraithe acu __4__ _____ áfach agus ní raibh aon dul as anois. Lá ___5__ mhárach, chuaigh an teaghlach amach ag féachaint ar an teach nua. Sa bhaile, chuir an ceantálaí suas comhartha _ ___6____. 'Ar Díol' a bhí scríofa air. Bhí an teach dubh le daoine ar feadh seachtaine agus iad __ __7_____ ar na seomraí go léir. Bhí máthair Phóil as a meabhair ag glanadh suas gach uile lá. Ní raibh __8___ acu a bheith ag ithe aon áit sa teach! __9___ _____, dhíol siad an teach.

Bhog siad go dtí an teach nua mí Feabhra. Bhí an teach nua suite ___10____ míle ón mbaile agus mar sin, d'fhan Pól sa scoil chéanna. Bhí _11__ ann gach maidin agus ceann eile sa tráthnóna.

Bhí _ __12_____ go léir lánsásta leis an teach nua. Bungaló a bhí ann le ceithre ___13__ _____ agus gairdín breá mór timpeall an tí. Bhí a sheomra codlata féin ag Pól faoi dheireadh. Ní bheadh a dheartháir beag ag cur isteach air a thuilleadh, ___14_____ le Dia!

faoi dheireadh
uafás
cheana féin
sheomra codlata
cead
ag féachaint
seacht
an teaghlach
chairde
buíochas
arna
sa ghairdín
sa mheánscoil
bus

Gluais			
ag bogadh	moving	a thuilleadh	any more
bhog siad	they moved	suite	situated

● **Obair duitse**

Scríobh do scéal féin ag baint úsáid as na samplaí thuas. Seo an chéad líne …

'D'inis mo thuismitheoirí dom go raibh siad chun ár dteach a dhíol agus teach nua a cheannach i gceantar eile …'

Scéal 3 (1998)

Bí réidh roimh ré!

Déan an mheaitseáil ar dtús.

1	ollmhargadh	A	in plaster	1 =
2	Shleamhnaigh mé.	B	I slipped.	2 =
3	gortaithe go dona	C	operating theatre	3 =
4	ag cur fola	D	badly injured	4 =
5	otharcharr	E	they signed	5 =
6	Tógadh go dtí an t-ospidéal mé.	F	bleeding	6 =
7	Scrúdaigh an dochtúir mo rúitín.	G	ambulance	7 =
8	bindealán	H	crutches	8 =
9	Bhí obráid ag teastáil uaim.	I	The doctor examined my ankle.	9 =
10	obrádlann	J	bandage	10 =
11	ar ais sa bharda	K	supermarket	11 =
12	i bplástar	L	I needed an operation.	12 =
13	ró-mhíchompordach	M	back in the ward	13 =
14	shínigh siad	N	I was taken to hospital.	14 =
15	Tháinig biseach orm diaidh ar ndiaidh.	O	too uncomfortable	15 =
16	maidí croise	P	I got better gradually.	16 =

Scéal 3

Ag cur bia ar sheilf a bhí mé san ollmhargadh ina raibh mé ag obair nuair a thit an tseilf anuas ar an urlár. Thit na cannaí agus na buidéil go léir i ngach áit, cuid acu ar mo cheann féin. Thit mé agus ansin shleamhnaigh mé sa ghloine bhriste. Bhí mé gortaithe go dona. Bhí pian uafásach i mo rúitín agus bhí mo lámha ag cur fola. Go tobann, bhí slua mór timpeall orm. Ghlaoigh an bainisteoir ar otharcharr. D'fhan mé ar an urlár, ní raibh mé in ann bogadh fiú! Bhí na pianta ag éirí níos measa i mo rúitín. Bhí sé briste, bhí mé lánchinnte de. Tháinig an t-otharcharr faoi dheireadh. Tógadh go dtí an t-ospidéal mé. Scrúdaigh an dochtúir mo rúitín agus ghlan altra mo lámha. Chuir an t-altra bindealán ar mo lámha agus dúirt an dochtúir go raibh an rúitín briste go dona. Bhí obráid ag teastáil uaim agus ní raibh aon dul as. Lá arna mhárach, chuaigh mé isteach san obrádlann ag meánlae agus chuaigh me faoi scian. Bhí mé ar ais sa bharda ar a trí a chlog. Bhí mo chos i bplástar agus bhí mé scriosta tar éis na hobráide. Níor chodail mé go maith an oíche sin mar bhí mé ró-mhíchompordach. Tháinig na cuairteoirí sa tráthnóna agus bhí mo chairde ag magadh fúm! Shínigh siad go léir an plástar a bhí ar mo chos. D'fhan mé san ospidéal ar feadh seachtain go leith. Tháinig biseach orm diaidh ar ndiaidh agus bhí mé lánsásta ag dul abhaile agus maidí croise agam. Ní dheachaigh mé ar ais ag obair san ollmhargadh an samhradh sin.

Ceisteanna

1. Déan cur síos ar an timpiste.
2. Conas a bhí Liam gortaithe?
3. Cá ndeachaigh Liam ansin?
4. Cad a tharla dó lá arna mhárach?
5. Cá fhad a bhí sé san ospidéal?

Líon isteach na bearnaí.

Ní fhaca mé ___1___ ag teacht timpeall an chúinne go dtí go raibh sé ró-dhéanach. Leag an leoraí mé agus d'éirigh gach rud dorcha ansin. Bhí mé ar mo bhealach abhaile ón ___2___. Bhí mé ag éisteacht le mo raidió cluaise nuair a tharla an timpiste. ___3___ bhí leoraí os mo chomhair amach agus ansin bhí mé gan aithne gan urlabhra. Dhúisigh mé ___4___. Bhí mé gortaithe go dona. Bhí ___5___ uafásach i mo chos agus bhí ___6___ ag cur fola. Bhí na pianta ag éirí níos measa. Tógadh go dtí ___7___ mé. Scrúdaigh an dochtúir mo chos agus ghlan altra mo cheann. Chuir an t-altra ___8___ ar mo cheann ach dúirt an dochtúir go raibh an cos briste go dona. Bhí ___9___ ag teastáil uaim agus ní raibh aon dul as. Bhí an t-ádh liom, a dúirt sí, nach raibh mé marbh. Lá arna ___10___, chuaigh mé isteach san obrádlann ag meán lae agus chuaigh me faoi scian. Bhí mé ar ais ___11___ ar a trí a chlog. Bhí mo chos i bplástar agus bhí mé ___12___ tar éis na hobráide. Níor chodail mé go maith an oíche sin mar bhí mé ___13___. Tháinig na cuairteoirí sa tráthnóna agus bhí mo chairde ag magadh fúm! Shínigh siad go léir an plástar a bhí ar mo chos. ___14___ san ospidéal ar feadh seachtain go leith. Tháinig biseach orm diaidh ar ndiaidh agus bhí mé lánsásta ag dul abhaile agus ___15___ agam. Ní dheachaigh mé ar ais ag obair san ollmhargadh an samhradh sin!

ró-mhíchompordach
d'fhan mé
obráid
san otharcharr
mhárach
scoil
go tobann
pian
scriosta
maidí croise
an t-ospidéal
bindealán
sa bharda
an leoraí
mo cheann

Obair duitse

Scríobh do scéal féin ag baint úsáid as na samplaí thuas. Seo an chéad líne …

'Ní fhaca mé an carr ag teacht go dtí go raibh sé ró-dhéanach …'

Scéal 4 (1999)

Bí réidh roimh ré!

Déan an mheaitseáil ar dtús.

1	an glas	A	the lock	1 =	
2	faoi dheireadh	B	outside	2 =	
3	ag fanacht	C	Dad gave her a hug.	3 =	
4	lasmuigh	D	absolutely certain about this trip	4 =	
5	Thug Daid barróg di.	E	taking care of them	5 =	
6	lánchinnte faoin turas seo	F	finally	6 =	
7	go nglaofadh sí orthu	G	Two hours later …	7 =	
8	d'fhág sí slán	H	waiting	8 =	
9	dubh le daoine	I	that she would call them	9 =	
10	Conas mar a bheadh sé …	J	from the photograph	10 =	
11	Dhá uair a chloig níos déanaí …	K	she said goodbye	11 =	
12	an teaghlach	L	she recognised	12 =	
13	d'aithin sí	M	black with people	13 =	
14	ón ngrianghraf	N	How would it be …	14 =	
15	ag tabhairt aire dóibh	O	the family	15 =	

Scéal 4

Dhún Nóra an mála agus chuir sí an glas air. Bhí sí ag dul, faoi dheireadh. Ar aghaidh léi síos an staighre. Bhí Mam agus Daid ag fanacht uirthi. Bhí an príomhdhoras ar oscailt agus bhí an tacsaí lasmuigh. Bhí Mam ag caoineadh. Thug Daid barróg di agus ansin thug sí barróg do Mham. Thosaigh Nóra ag caoineadh freisin ach fós bhí sí lánchinnte faoin turas seo. Dúirt sí go mbeadh sí ceart go leor agus go nglaofadh sí orthu ón bhFrainc. Ar aghaidh léi amach an doras go dtí an tacsaí. D'fhág sí slán arís agus síos an bóthar léi sa tacsaí go dtí an t-aerfort.

Bhí an ghrian ag spalpadh agus ní raibh leoithne gaoithe ann. Bhí sí marbh ag an teas cheana féin. Conas mar a bheadh sé i bPáras? Bhí an t-aerfort dubh le daoine ach bhí gliondar ar Nóra fós. Bheadh sí i bPáras go luath. Dhá uair a chloig ina dhiaidh sin, bhí sí san eitleán agus dhá uair níos déanaí fós, bhí sí i bPáras.

D'fhág sí an t-eitleán agus bhailigh sí a mála. Bhí an teaghlach Francach ag fanacht uirthi ag an ngeata san aerfort. D'aithin sí iad ón ngrianghraf a sheol siad chuici. Pierre agus Marie Louise, na tuismitheoirí, beirt bhuachaillí agus cailín amháin a bhí sa teaghlach. Bheadh Nóra ag tabhairt aire dóibh don bhliain. Bheannaigh sí dóibh i bhFraincis. Ní raibh mórán Fraincise aici go fóill ach bheadh a lán eile aici i gceann bliana, a dúirt sí léi féin. Bheadh an jab seo go hiontach. Bhí sí lánchinnte de. Bhí sí ar scamall a naoi le háthas …

● **Ceisteanna**
1 Cá raibh Nóra ag dul?
2 Cén chaoi a ndeachaigh sí go dtí an t-aerfort?
3 Déan cur síos ar an aimsir.
4 Déan cur síos ar an teaghlach.
5 Cén jab a bhí ag Nóra don bhliain?

● **Líon isteach na bearnaí.**

Dhún Tomás an mála agus chuir sé an glas air. Bhí sé ag dul,_____ ____1____. Ar aghaidh _2____ síos an staighre. Bhí Mam agus Daid __ ___3_____ air. Bhí an príomhdhoras ar oscailt agus bhí an tacsaí ___4_____. Bhí Maim ag caoineadh. Thug Daid ___5_____ dó agus ansin thug sé barróg do Mham. Bheadh sé ceart go leor, a dúirt sé leo, agus ____6____ sé orthu ón India. Ar aghaidh leis amach an doras go dtí__ _7_____. D'fhág sé slán arís agus síos an bóthar leis sa tacsaí go dtí an t-aerfort.

Bhí an ghrian __ __8_____ agus ní raibh leoithne gaoithe ann. Bhí sé ____9__ ag an teas cheana féin. Conas mar a bheadh sé san India? Bhí __10_____ ar Thomás fós. Amárach, bheadh sé san India, le cúnamh Dé! Dhá uair ina dhiaidh sin, bhí sé san eitleán.

Bhí an turas an-fhada. Bhí sé scriosta nuair a shroich sé Delhi an lá dár gcionn. Bhí an t-aerfort _11____ le daoine. Ba bheag nár thit sé i laige leis an torann agus an teas! Bhí sé ag cur ___12_____ cheana féin agus bhí sé spallta leis an tart. Bhí fear beag ag fanacht air ag an ngeata agus cárta aige agus ainm Thomáis scríofa air. _____13_____ sé do Thomás agus ar aghaidh leo amach go dtí an tacsaí. Bhí post aige i mbanc don bhliain agus bhí sé ag tnúth go mór leis.

Bheadh an __14_ seo go hiontach. Bhí sé ar ___15____ a naoi le háthas …

| leis |
| jab |
| an tacsaí |
| lasmuigh |
| ag spalpadh |
| bheannaigh |
| marbh |
| scamall |
| dubh |
| faoi dheireadh |
| ghlaofadh |
| barróg |
| gliondar |
| allais |
| ag fanacht |

Gluais

| le cúnamh Dé | please God | ba bheag nár | he almost |
| scríofa air | written on it | | |

● **Obair duitse**

Scríobh do scéal féin ag baint úsáid as na samplaí thuas. Seo an chéad líne …

'Dhún mé an mála agus chuir mé an glas air. Bhí mé ag dul faoi dheireadh …

Scéal 5 (2000)

Bí réidh roimh ré!

Dean an mheaitseáil ar dtús.

1	lasmuigh den teach	A	a deer from the forest	1 =
2	ag bualadh ar na fuinneoga	B	outside the house	2 =
3	gadaí	C	at the bottom of the stairs	3 =
4	ag iarraidh teacht isteach	D	looking for food	4 =
5	fón póca	E	as fast as lightning	5 =
6	nuair a bhí gá leis	F	She was as quiet as a mouse.	6 =
7	Bheadh uirthi dul síos staighre.	G	carefully	7 =
8	Bhí sí chomh ciúin le luch.	H	Would you believe it?	8 =
9	ag bun na staighre	I	a mobile phone	9 =
10	ar luas lasrach	J	the thing that was making the noise	10 =
11	go cúramach	K	a thief	11 =
12	an rud a bhí ag déanamh an torann	L	trying to get in	12 =
13	fia ón gcoill	M	when it was needed	13 =
14	An gcreidfeá?	N	She would have to go downstairs.	14 =
15	ag lorg bia	O	banging on the windows	15 =

Scéal 5

Bhí mo chara, Máire, léi féin sa teach an oíche sin. Dhúisigh sí go tobann. Bhí rud éigin ag siúl lasmuigh den teach. D'éist sí go géar. Chuala sí an torann arís. Bhí rud éigin ag bualadh ar na fuinneoga thíos staighre. Thosaigh sí ag crith le heagla. Ní raibh aon duine eile sa teach agus anois, bhí gadaí thíos staighre ag iarraidh teacht isteach an fhuinneog. Cá raibh an diabhal fón póca nuair a bhí gá leis, a dúirt sí léi féin. Bhí sé thíos staighre ina mála. Ní raibh aon dul as. Bheadh uirthi dul síos staighre chun é a fháil. Rug sí greim ar an maide haca a bhí sa seomra codlata agus ar aghaidh léi síos an staighre. Bhí sí chomh ciúin le luch. Bhí a croí ina béal. Fágadh ina staic í nuair a chuala sí an torann ag na fuinneoga arís. Chonaic sí a mála ag bun na staighre agus lean sí ar aghaidh go ciúin arís. Rug sí greim ar an mála agus thóg sí amach an fón. Suas an staighre léi arís. Bhí eagla an domhain uirthi. Ghlaoigh sí ar na gardaí. D'inis sí an scéal dóibh faoin torann thíos staighre. Dúirt an garda go dtiocfaidís ar luas lasrach. D'fhan Máire sa seomra codlata. Chuala sí an torann arís agus d'fhéach sí amach an fhuinneog go cúramach. Ní raibh duine ná deoraí le feiceáil ann. Ansin, chonaic sí é. Chonaic sí an rud a bhí ag déanamh an torainn. Fia! An gcreidfeá? Fia a tháinig ón gcoill, a bhí in aice lena teach, agus é ag lorg bia. Ansin chuala sí na gardaí ag teacht. Chuaigh sí síos staighre agus d'oscail sí an doras dóibh. Dhearg sí go bun na gcluas nuair a d'inis sí an scéal dóibh. Thosaigh siad ag gáire. Ní dhearna Máire dearmad go deo ar an oíche sin.

● **Ceisteanna**
1 An raibh aon duine in éineacht le Máire sa teach an oíche sin?
2 Cad a chuala sí thíos staighre?
3 Cén fáth a ndeachaigh sí síos staighre?
4 Cad a rinne sí nuair a chuaigh sí ar ais suas staighre arís?
5 Cad a bhí le feiceáil ón bhfuinneog thuas staighre?

● **Líon isteach na bearnaí.**
Bhí mé __1__ féin sa teach an oíche sin. Dhúisigh mé __2__. Bhí rud éigin ag siúl __3__ den teach. D'éist mé go __4__. Chuala mé __5__ arís. Bhí rud éigin ag bualadh ar an bpríomhdhoras thíos staighre. Thosaigh mé ag crith le __6__. Gadaí! Bhí mé lánchinnte de! Cá raibh an diabhal fón póca nuair a bhí _7_ leis, a dúirt mé liom féin. Bhí sé i mo mhála sa chófra thíos staighre. Ní raibh _8_ dul as. Bhí orm dul síos staighre chun é a fháil. Ar __9__ liom síos an staighre. Bhí mé chomh ciúin __10__. Bhí __11__ i mo bhéal. Fágadh i mo __12__ mé nuair a chuala mé an torann ag an doras arís. Lean mé ar aghaidh go ciúin arís. Shroich mé bun na staighre faoi dheireadh. D'oscail mé an cófra agus chuaigh mé isteach ann. Ní raibh mórán spáis ann dom. Bhí an cófra lán le bróga, málaí agus cótaí. Rug mé __13__ ar mo mhála agus thóg mé amach an fón. Bhí eagla an domhain orm. Bhí mo chroí i mo __14__. Ghlaoigh mé ar na gardaí. D'inis mé an scéal dóibh. Dúirt na gardaí go dtiocfaidís ar _15_ _____. D'fhan mé sa chófra. Chuala mé an torann arís. Bhí sceon orm! Ansin chuala mé _16_ na ngardaí ag teacht. Bhuail siad ar an doras. Tháinig mé amach as an gcófra agus __17__ mé an doras dóibh. Bhí siad sna trithí gáire! Cad a bhí ina sheasamh in aice leo ach tarbh! __18__ _ go bun na gcluas

mo chroí
géar
luas lasrach
aon
dhearg mé
liom
gá
bhéal
lasmuigh
aghaidh
le luch
heagla
staic
greim
carr
go tobann
dearmad
an torann
d'oscail

nuair a d'inis siad an scéal dom. Bhí an tarbh tar éis teacht ón bpáirc a bhí in aice le mo theach. Bhí sé ar strae! Thosaigh mé ag gáire ansin. Ní dhearna mé __19____ go deo ar an oíche sin.

Gluais			
sa chófra	*in the cupboard*	mórán spáis	*much space*
tarbh	*a bull*	ar strae	*gone astray*

● **Obair duitse**

Scríobh do scéal féin ag baint úsáid as na samplaí thuas. Seo an chéad líne …

'Bhí mo chara, Pól, leis féin sa teach an oíche sin. Dhúisigh sé go tobann. Bhí rud éigin ag siúl lasmuigh den teach …'

● **Scéal 6 (2000)**
Bí réidh roimh ré!
Déan an mheaitseáil ar dtús.

1	cuireadh chuig cóisir	A	*an invitation to a party*	1 =	
2	ní raibh cead agam	B	*I wanted to*	2 =	
3	mo thuairisc scoile	C	*in four subjects*	3 =	
4	theip orm	D	*I had a plan*	4 =	
5	i gceithre ábhar scoile	E	*I was not allowed*	5 =	
6	ar buile liom	F	*I would go … unknown to them.*	6 =	
7	bhí mé ag iarraidh	G	*I turned off the lights.*	7 =	
8	bhí plean agam	H	*the lights were all on*	8 =	
9	rachainn … i nganfhios dóibh.	I	*I failed*	9 =	
10	faoin mbraillín	J	*They would think I had gone to sleep early.*	10 =	
11	Cheapfaidís go ndeachaigh mé a chodladh go luath.	K	*furious with me*	11 =	
12	Mhúch mé na soilse.	L	*a bundle of clothes*	12 =	
13	dhreap mé	M	*my school report*	13 =	
14	bhí an t-ádh liom	N	*under the sheet*	14 =	
15	bhí na soilse go léir ar lasadh	O	*I was lucky*	15 =	
16	carn éadaigh	P	*I climbed*	16 =	

● Scéal 6

<u>D'oscail mé an litir agus léigh mé í. Ní raibh a fhios agam cad ba cheart dom a dhéanamh.</u> Cuireadh chuig cóisir a bhí inti, ó mo chara Deirdre. Bhí mé lánsásta leis an gcuireadh ach ní raibh cead agam dul amach san oíche ó tháinig mo thuairisc scoile abhaile i ndiaidh na Nollag. Bhí sé go dona. Theip orm i gceithre ábhar scoile agus bhí an Ardteist le déanamh agam mí an Mheithimh. Bhí mo thuismitheoirí ar buile liom.

Cad ba cheart dom a dhéanamh? Bhí mé ag iarraidh dul chuig an gcóisir ach ní bheadh cead agam. Bhí mé lánchinnte de! Bhí mé i bponc. Ansin bhí plean agam! Rachainn chuig an gcóisir i nganfhios dóibh.

Tháinig oíche na cóisire faoi dheireadh. Bhí gach duine sa seomra suí ag féachaint ar an teilifís. Chuir mé carn éadaigh faoin mbraillín ar mo leaba. Cheapfaidís go ndeachaigh mé a chodladh go luath.

Chuir mé mo chuid éadaigh i mála. Mhúch mé na soilse sa seomra. D'oscail mé an fhuinneog agus dhreap mé amach. Bhí an t-ádh liom go raibh mé i mo chónaí i mbungaló! Fuair mé an bus ag bun na sráide. Bhí gliondar orm. Bhí mé ag dul chuig an gcóisir!

Bhain mé an-taitneamh as an gcóisir. Bhí an ceol agus an damhsa go hiontach. Ghlaoigh mé ar tacsaí ar a haon a chlog agus d'fhág mé slán ag Deirdre. Bhí mé lánsásta liom féin nuair a shroich mé an teach. Ansin chonaic mé na soilse agus iad go léir ar lasadh! Bhí mé i bponc agus ní raibh aon dul as. Bhí mo thuismitheoirí ar buile liom!

Ceisteanna

1. Cad a fuair Úna sa phost?
2. Cén fáth nach raibh cead aici dul chuig an gcóisir?
3. Cén plean a bhí aici?
4. Cad a rinne sí oíche na cóisire?
5. Cad a chonaic sí nuair a tháinig sí abhaile ón gcóisir?

Líon isteach na bearnaí.

D'oscail mé an litir agus léigh mé í. Ní raibh a fhios agam cad ba cheart dom a dhéanamh. Ticéad chuig ceolchoirm a bhí inti, ó mo ___1___, Barra. Bhí mé ____2____ leis an ticéad. Thaitin an grúpa go mór liom. Ní raibh __3____ agam dul amach san oíche áfach, ó tháinig mo ____4___ _____ abhaile i ndiaidh na Nollag. Bhí sé go dona. __5___ orm i gcúig ábhar scoile agus bhí an Ardteist le déanamh agam mí an Mheithimh. Bhí mo thuismitheoirí __ ___6__ ____.

Cad ba cheart dom a dhéanamh? Bhí mé __ _7_____ dul chuig an gceolchoirm ach __ ___8____ cead agam. Bhí mé lánchinnte de! Bhí mé __ _9____. Ansin bhí plean agam! Rachainn chuig an gceolchoirm __ ___ _10___ _____.

Tháinig oíche na ceolchoirme ___11___ _____. Bhí gach duine thíos staighre ag féachaint ar an teilifís. Chuir mé éadaí faoin mbraillín ar mo leaba. Cheapfaidís go ndeachaigh mé a chodladh go luath. __12___ ___ na soilse sa seomra. D'oscail mé an fhuinneog agus _13_____ ___ amach. Síos an píopa taosctha liom go dtí an talamh. Bhí ___14_____ orm. Fuair mé an bus ag bun na sráide. Bhí mé ag dul chuig an gceolchoirm i nganfhios dóibh!

Bhain mé __ _15_____ as an gceolchoirm. Bhuail mé le Barra lasmuigh den Point. Bhí an ceol go hiontach. Bhí piachán orainn ag dul abhaile agus bhíomar bodhar sna cluasa ach b'fhiú é! Bhí mé lánsásta liom féin nuair a _16_____ mé an teach. Ansin chonaic mé na soilse go léir agus iad ar lasadh! Bhí mé i bponc agus ní raibh aon ___ _17____. Bhí mo thuismitheoirí ar buile liom!

| i nganfhios dóibh |
| chara |
| cead |
| ag iarraidh |
| faoi dheireadh |
| thuairisc scoile |
| ar buile liom |
| ní bheadh |
| i bponc |
| dhreap mé |
| gliondar |
| an-taitneamh |
| theip |
| mhúch mé |
| shroich |
| lánsásta |
| dul as |

Gluais

| an píopa taosctha | the drain pipe | piachán | a sore throat |
| bodhar | deaf | b'fhiú é | it was worth it |

Obair duitse

Scríobh do scéal féin ag baint úsáid as na samplaí thuas. Seo an chéad líne …

'D'oscail mé an litir agus léigh mé í. Ní raibh a fhios agam cad ba cheart dom a dhéanamh …'

Scéal 7 (2001)

Bí réidh roimh ré!

Déan an mheaitseáil ar dtús.

1	faoi ghlas	A	He remembered the heater.	1 =
2	múchta	B	he drove slowly	2 =
3	thiomáin sé go mall	C	he spent	3 =
4	chaith sé	D	bad news	4 =
5	an-ghnóthach	E	in the middle of the night	5 =
6	i lár na hoíche	F	The flames were rising … there was smoke everywhere.	6 =
7	drochscéal	G	The shop was on fire.	7 =
8	Bhí an siopa trí thine.	H	the fire brigade	8 =
9	gan dabht	I	locked	9 =
10	an bhriogáid dóiteáin	J	He learned a lesson.	10 =
11	ag stealladh uisce le píobáin uisce	K	spraying water from water hoses	11 =
12	Bhí na lasracha ag éirí in airde … bhí deatach i ngach áit.	L	without a doubt	12 =
13	Chuimhnigh sé ar an téitheoir.	M	put out (extinguished)	13 =
14	Rinne sé dearmad glan air.	N	He had completely forgotten about it.	14 =
15	árachas	O	insurance	15 =
16	D'fhoghlaim sé ceacht.	P	very busy	16 =

Scéal 7

Dhún Séamus an doras. Chuir sé glas air. Cheap sé go raibh gach rud i gceart an oíche sin. Bhí na fuinneoga go léir sa siopa faoi ghlas. Bhí na soilse múchta. Bhí na doirse dúnta. Ní raibh rud ar bith eile le déanamh. Bhí an oíche chomh dubh le pic. Bhí sé préachta leis an bhfuacht agus é ag siúl go dtí an carr a bhí páirceáilte ar an mbóthar. Thiomáin sé abhaile go mall mar bhí na bóithre sleamhain. D'ith sé a dhinnéar nuair a chuaigh sé abhaile agus chaith sé an chuid eile den oíche ag féachaint ar an teilifís. Bhí sé scriosta tar éis an lá sa siopa. Bhí siad an-ghnóthach inniu. Chuaigh sé a chodladh ar a haon déag a chlog.

    Dhúisigh sé go tobann i lár na hoíche. Baineadh preab as! An teileafón a bhí ann. Duine éigin ag cur glaoch teileafóin air ag an am seo den oíche! Drochscéal a bhí ann, bhí sé lánchinnte de! D'fhreagair sé an teileafón. Na gardaí a bhí ann. Bhí an siopa trí thine. Drochscéal gan dabht. Chuir sé a chuid éadaigh air go tapaidh agus ar aghaidh leis síos an bóthar ar luas lasrach. Bhí uafás air nuair a shroich sé an siopa. Bhí an bhriogáid dóiteáin ann cheana féin. Bhí siad ag stealladh uisce ar an siopa le píobáin uisce. Bhí an siopa trí thine gan dabht. Bhí na lasracha ag éirí in airde agus bhí deatach i ngach áit. Cad a tharla? Cheap sé go raibh gach rud sa siopa múchta. Ansin chuimhnigh sé ar an téitheoir a bhí ar siúl ar maidin san oifig thuas staighre. Bhí sé tar éis dearmad glan a dhéanamh air! Amadán ceart a bhí ann.

Chaith an bhriogáid dóiteáin dhá uair a chloig ag múchadh na tine. Ghabh sé buíochas leo. Bhí an siopa scriosta. Bhí árachas aige cinnte, ach d'fhoghlaim sé ceacht an oíche sin.

● **Ceisteanna**
1 Cad a rinne Séamus sa siopa sula ndeachaigh sé abhaile an oíche sin?
2 Déan cur síos ar an aimsir.
3 Conas a chaith Séamus an oíche?
4 Cad a tharla i rith na hoíche?
5 Cad a rinne an bhriogáid dóiteáin?

● **Líon isteach na bearnaí.**

Dhún mé an doras. Chuir mé ___1___ air. Cheap mé go raibh gach rud i gceart an oíche sin. Bhí na fuinneoga go léir sa teach dúnta. Bhí na soilse ___2___. Bhí na doirse dúnta. Ní raibh rud ar bith eile le déanamh. Ar aghaidh liom suas staighre. Bhí mé _____3___ tar éis an lae fhada. Chuaigh mé a chodladh láithreach.

Dhúisigh mé ___4_____ i lár na hoíche. Baineadh __5___ asam! Bhí an t-aláram deataigh ag bualadh thíos staighre. Bhí sceon orm agus thosaigh mé ag crith ___6_____. Bhí rud éigin trí ____7__ thíos staighre. Chuir mé mo lámh ar bhaschrann an dorais. Bhí sé te! Bhí a fhios agam ansin nach mbeadh seans agam dul síos ____8____. D'oscail mé an fhuinneog agus d'fhéach mé síos. Bhí píopa taosctha ann. Ní raibh an dara rogha agam. _9____ ___ amach an fhuinneog agus síos an píopa taosctha liom go dtí an talamh. Bhí mo chroí i mo bhéal. Ansin chonaic mé na lasracha sa chistin. Bhí ___10___ i ngach áit. Rith mé go dtí mo chomharsana béal dorais agus bhuail mé ar an doras. __11_____ mo chomharsa an doras tar éis tamaill. Bhí ionadh uirthi. D'inis mé an scéal di. Ghlaoigh sí ar ___ _____12___ _____.

Tháinig siad gan mhoill. Thosaigh siad __ _13_____ uisce ar an teach le píobán uisce. Bhí an teach trí thine gan dabht. Bhí __ ___14____ ag éirí in airde agus bhí deatach i ngach áit. Cad

ag stealladh	ag múchadh
na lasracha	glas
tuirseach	go deo
scriosta	d'oscail
le heagla	preab
thine	múchta
staighre	go tobann
deatach	dhreap mé
an mbriogáid dóiteáin	

19

a tharla? Ní raibh a fhios agam. Chaith an bhriogáid dóiteáin dhá uair a chloig ____15____ na tine. Ghabh mé buíochas leo. Bhí an teach __16____ ach bhí mé slán sábháilte, buíochas le Dia. Ní dhéanfaidh mé dearmad ____17____ ar an oíche sin.

Gluais

an t-aláram deataigh	smoke alarm	an píopa taosctha	drainpipe
ar bhaschrann an dorais	on the door handle		

● **Obair duitse**

Scríobh do scéal féin ag baint úsáid as na samplaí thuas. Seo an chéad líne …

'Dhún Sorcha an doras. Chuir sí glas air. Cheap sí go raibh gach rud i gceart an oíche sin …'

● **Scéal 8 (2001)**
Bí réidh roimh ré!
Déan an mheaitseáil ar dtús.

1	buaite aici	A	a competition	1 =
2	comórtas	B	We spent … sunbathing.	2 =
3	bhuaigh sí	C	in the blink of an eye	3 =
4	An gcreidfeá?	D	to come with them	4 =
5	teacht in éineacht leo	E	Weren't we the lucky ones.	5 =
6	coicís	F	exhausted but happy	6 =
7	Nach raibh an t-ádh linn.	G	We had great fun.	7 =
8	an t-aistear	H	Would you believe it!	8 =
9	ón mbalcóin	I	the journey	9 =
10	Chaitheamar … ag tógáil na gréine.	J	from the balcony	10 =
11	ag dul ar thurais	K	she had won	11 =
12	Nach againn a bhí an spraoi.	L	finished/over	12 =
13	thart	M	going on trips	13 =
14	i bpreabadh na súl	N	fortnight	14 =
15	tuirseach traochta ach sona sásta	O	she won	15 =

Scéal 8

Bhí mo chara, Róisín, ag fanacht liom ag geata na scoile. Bhí áthas an domhain uirthi. 'Tharla rud iontach dom inné tar éis na scoile,' a dúirt sí. Bhí sí ar scamall a naoi le háthas. Bhí saoire buaite aici.

Dhá mhí roimhe sin, chuir sí isteach ar chomórtas agus bhuaigh sí an comórtas. Bhí an litir ag fanacht léi inné nuair a chuaigh sí abhaile. 'An gcreidfeá?' a dúirt sí liom. Bhí ionadh orm. Saoire do cheathrar a bhí ann, agus toisc nach raibh ach triúr ina teaghlach féin, thug sí cuireadh dom dul in éineacht leo. Bhí gliondar orm! Coicís sa Ghréig mí an Mheithimh! Nach raibh an t-ádh linn!

Bhí go leor le déanamh againn roimh ré. Bhí pas nua le fáil agam agus éadaí nua chomh maith. Tháinig an lá faoi dheireadh, agus ar aghaidh linn go dtí an ghrian!

Shroicheamar an t-óstán go déanach san oíche. Bhíomar scriosta tar éis an aistir fhada. Chuamar a chodladh láithreach. Dhúisíomar lá arna mhárach agus bhí gliondar orainn. Bhí an aimsir go hiontach. Bhí an ghrian ag spalpadh anuas agus bhí an fharraige ghorm le feiceáil ón mbalcóin sa seomra. Bhí an t-óstán go hálainn. Bhí linn snámha mhór ann, cúirteanna leadóige agus dhá bhialann. D'itheamar ár mbricfeasta sa bhialann. Bhí ocras an domhain orainn agus bhaineamar an-taitneamh as!

Ar aghaidh linn síos go dtí an linn snámha ansin. Chaitheamar an chéad lá ar fad ann ag tógáil na gréine agus ag snámh. Chaitheamar an choicís ag tógáil na gréine, ag snámh, ag rothaíocht, ag ithe agus ag dul ar thurais timpeall na tíre. Nach againn a bhí an spraoi! Bhí an choicís thart i bpreabadh na súl agus chuamar ar ais go dtí an t-aerfort. Thángamar abhaile tuirseach traochta ach sona sásta. Ní dhéanfaidh mé dearmad go deo ar an saoire sin.

Ceisteanna

1. Cén fáth a raibh áthas ar Róisín?
2. Cad a bhí le déanamh acu roimh ré?
3. Déan cur síos ar an aimsir sa Ghréig.
4. Déan cur síos ar an óstán.
5. Cad a rinne siad don choicís?

Gluais	
toisc	since/because

● **Líon isteach na bearnaí.**

Bhí mo chara, Eoin, ___1_____ liom ag geata na scoile. Bhí áthas an domhain air. 'Tharla rud iontach dom inné tar éis na scoile,' a dúirt sé. Bhí sé __2_____ a naoi le háthas. Bhí saoire ___3___ aige sna Stáit Aontaithe.

Dhá mhí roimhe sin, chuir sé isteach ___4_____ agus bhuaigh sé an comórtas. Bhí an litir ag fanacht leis inné nuair a chuaigh sé abhaile. 'An gcreidfeá?' a dúirt sé liom. Saoire do ____5___ a bhí ann, agus toisc nach raibh ach triúr ina theaghlach féin, thug sé _6_____ dom dul in éineacht leo. Bhí gliondar orm! Coicís i Meiriceá mí Iúil! Nach raibh __ ___7___ linn!

Bhí go leor le déanamh againn ____8___ ___. Bhí pas nua le fáil againn, éadaí nua le ceannach agus airgead Meiriceánach le fáil. Tháinig an lá __9__ _____, agus ar aghaidh linn go Meiriceá!

Shroicheamar an t-óstán go déanach san oíche. Bhíomar __10___ tar éis an aistir fhada. Chuamar a chodladh láithreach. Dhúisíomar lá arna ___11___ agus bhí gliondar orainn. Bhí an aimsir go hiontach. Bhí an ghrian __ _12_____ ____ agus bhí an fharraige ghorm le feiceáil ón mbalcóin sa seomra. Bhí an t-óstán go hálainn. Bhí linn snámha mhór ann, cúirteanna leadóige agus dhá __13_____. D'itheamar ár mbricfeasta sa bhialann. Bhí ocras an domhain orainn agus bhaineamar an-taitneamh as!

Ar aghaidh linn síos go dtí an linn snámha ansin. Chaitheamar an chéad lá ar fad ann ag tógáil na gréine agus ag snámh. ___14_____ an choicís ag tógáil na gréine, ag snámh, ag rothaíocht, ag ithe agus ag dul ar thurais timpeall na tíre. Bhí go leor le déanamh ann. Bhí an choicís thart __ _____15___ __ ____ agus chuamar ar ais go dtí an t-aerfort. Thángamar abhaile _____16__ _____ ach sona sásta. Ní dhéanfaidh mé dearmad go deo ar an saoire sin.

tuirseach traochta
cheathrar
ag spalpadh anuas
faoi dheireadh
ag fanacht
ar scamall
chaitheamar
roimh ré
ar chomórtas
cuireadh
buaite
scriosta
mhárach
i bpreabadh na súl
an t-ádh
bhialann

● **Obair duitse**

Scríobh do scéal féin ag baint úsáid as na samplaí thuas. Seo an chéad líne …

'Bhí mo chara, Liam, ag fanacht liom ag geata na scoile. Bhí áthas an domhain air. "Tharla rud iontach dom inné tar éis na scoile," a dúirt sé …'

Scéal 9 (2002)

Bí réidh roimh ré!

Déan an mheaitseáil ar dtús.

1	tagtha abhaile fós	A	*She got the ladder from the shed.*	1 =		
2	go mbeadh sí sa bhaile roimh a haon déag	B	*She was not allowed to go on the motorbike.*	2 =		
3	ag an am seo den oíche	C	*full of mud*	3 =		
4	Ní raibh cead aici dul ar an ngluaisrothar.	D	*Cáit caught hold of it.*	4 =		
5	i nganfhios dóibh	E	*home yet*	5 =		
6	go himníoch	F	*worriedly*	6 =		
7	Bhí cuma uafásach uirthi.	G	*She looked terrible.*	7 =		
8	lán le puiteach	H	*There wasn't a peep out of the engine when Jeaic tried it.*	8 =		
9	Fuair sí an dréimire ón mbothán.	I	*at that time of night*	9 =		
10	Rug Cáit greim air.	J	*frost*	10 =		
11	Dhreap Úna suas.	K	*unknown to them*	11 =		
12	sioc	L	*ever again*	12 =		
13	Sciorr siad isteach sa chlaí.	M	*Úna climbed up.*	13 =		
14	Bhí an roth pollta.	N	*They skidded into a ditch.*	14 =		
15	Ní raibh gíoc as an inneall nuair a thriail Jeaic é.	O	*that she would be home before eleven*	15 =		
16	arís go deo na ndeor	P	*The wheel was punctured.*	16 =		

Scéal 9

Bhí an oíche dorcha. Bhí sé leathuair tar éis a dó dhéag. Ní raibh Úna tagtha abhaile fós. Bhí imní an domhain ar Cháit, a deirfiúr. Bhí Úna tar éis dul amach chuig ceolchoirm ar a seacht a chlog lena cara nua, Jeaic. Dúirt sí go mbeadh sí sa bhaile roimh a haon déag. Ach anois, cá raibh sí ag an am seo den oíche? Bhí gluaisrothar ag Jeaic agus ní raibh cead ag Úna dul ar an ngluaisrothar ar chor ar bith, dar le Mam agus Daid. Mar sin, chuaigh sí amach leis i nganfhios dóibh!

    D'fhéach Cáit amach an fhuinneog. Bhí an oíche chomh dubh le pic. Bhí an oíche an-fhuar chomh maith. Bheadh Úna préachta leis an bhfuacht ar an ngluaisrothar. B'fhéidir gur bhain timpiste dóibh!

    D'fhan Cáit go himníoch in aice leis an bhfuinneog. D'imigh an t-am thart. A haon a chlog, a dó a chlog … Cá raibh sí? Ansin chuala sí torann sa ghairdín. D'fhéach Cáit amach. Chonaic sí Úna ag oscailt an gheata. Bhí cuma uafásach uirthi! Bhí a cuid éadaigh salach agus bhí a bróga lán le puiteach! Chonaic sí Cáit ag an bhfuinneog. Fuair sí an dréimire ón mbothán sa ghairdín. Chuir sí an dréimire suas go dtí an fhuinneog agus rug Cáit greim air. Dhreap Úna suas an dréimire agus isteach léi sa seomra. Bhí sí préachta leis an bhfuacht. Bhí sí ag crith. Fuair Cáit blaincéad di agus shuigh sí síos ar an leaba.

D'inis sí an scéal do Cháit. Bhí siad ag teacht abhaile nuair a sciorr an gluaisrothar. Bhí sioc ar an talamh agus ní fhaca Jeaic é go dtí go raibh sé ró-dhéanach. Sciorr siad isteach sa chlaí. Bhí an roth pollta agus ní raibh gíoc as an inneall nuair a thriail Jeaic é. Bhí an t-ádh leo nach raibh siad gortaithe! Bhí ar Úna siúl abhaile ina haonar. Thóg sé dhá uair an chloig. D'fhoghlaim sí ceacht an oíche sin, áfach. Bhí an ceart ag Mam agus Daid agus ní bheadh sí ag dul amach ar ghluaisrothar arís go deo na ndeor!

● **Ceisteanna**
1   Cá raibh Úna imithe?
2   Cén fáth go raibh imní ar Cháit?
3   Cén chuma a bhí ar Úna nuair a tháinig sí abhaile?
4   Cad a tharla di?
5   Cén chaoi a ndeachaigh sí abhaile faoi dheireadh?

● **Líon isteach na bearnaí.**

Bhí an oíche ___1___. Bhí sé leathuair tar éis a __2___. Bhí mé i bponc! Plean iontach a bhí agam. Sin a cheap mé ar aon nós! Bhí _____3_____ imithe amach don oíche. Thóg siad tacsaí agus thóg mise an carr! Bhí mé féin agus ___4___ ag dul chuig ceolchoirm. Thosaigh an cheolchoirm ar a hocht a chlog. Dúirt mo thuismitheoirí go mbeadh siad sa bhaile ___5___ a dó dhéag. Bheinn sa bhaile roimhe sin. Bhí mé ___6___ de! Ach anois, cá raibh mé ag an am seo den oíche! Thug mé síob abhaile do mo chairde ar dtús ach bhain ___7___ dom ar mo bhealach abhaile. Bhí ___8___ ar an talamh agus ní fhaca mé é go dtí go raibh sé___ ___9___. Sciorr an carr isteach ___ ___10___. Bhí an roth pollta agus ní raibh gíoc __ _11__ _____ nuair a thriail mé é. Bhí an t-ádh liom nach raibh mé____12____! Ach céard faoi mo thuismitheoirí! Bhí mé _ ___13___ gan dabht! Ní raibh an dara rogha agam. Bheadh orm siúl abhaile. Bhí an oíche chomh _14____ le pic. Bhí sioc ar an talamh. Bhí mé préachta leis __ _15_____. Thóg sé dhá uair an chloig dul abhaile. Nuair a shroich mé an teach, bhí __ __16____ go léir ar lasadh.

gortaithe
timpiste
dorcha
i bponc
mo chairde
ar buile
lánchinnte
sa chlaí
as an inneall
dó dhéag
an bhfuacht
roimh
na soilse
ró-dhéanach
sioc
mo mháthair agus m'athair
dubh
ceacht

Chuaigh mé isteach an doras go mall. Bhí imní an domhain orm. Bhí áthas an domhain ar mo mháthair go raibh mé slán sábháilte ach bhí m'athair __ __17____ liom! D'fhoghlaim mé _18_____ an oíche sin, áfach. Ní dheachaigh mé amach sa charr arís gan chead!

Gluais			
plean iontach	*a great plan*	síob	*a lift*
an dara rogha	*a second choice*	slán sábháilte	*safe and sound*

● Obair duitse

Scríobh do scéal féin ag baint úsáid as na samplaí thuas. Seo an chéad líne …

'Bhí an oíche dorcha. Bhí sé leathuair tar éis a dó dhéag. Bhí mé i bponc! …'

● Scéal 10 (2002)

Bí réidh roimh ré!

Déan an mheaitseáil ar dtús.

1	aire (a thabhairt)	A	*they left*	1 =
2	Bhí an rang thart.	B	*They welcomed him.*	2 =
3	nach raibh mórán Béarla aige, gan trácht ar …	C	*attending classes*	3 =
4	d'fhág siad	D	*often happens to him … getting used to it now …*	4 =
5	ag éirí ró-bhaolach	E	*(to take) care*	5 =
6	thóg an t-aistear …	F	*had not much English, not to mention …*	6 =
7	tar éis tamaill	G	*on the edge of the town, near my own house*	7 =
8	ar imeall an bhaile, gar do mo theach féin	H	*lonely without them*	8 =
9	slán sábháilte sa tír seo	I	*The lesson was finished.*	9 =
10	ag freastal ar ranganna	J	*staring at him*	10 =
11	Ní raibh aithne acu fós ar aon duine sa cheantar.	K	*things were so bad in his own country*	11 =
12	uaigneach gan iad	L	*safe and well in this country*	12 =
13	ag stánadh air	M	*the journey took …*	13 =
14	go dtarlaíonn sin go minic dó … ag dul i dtaithí air anois	N	*becoming too dangerous*	14 =
15	bhí cúrsaí chomh dona sin ina thír féin	O	*They didn't yet know anyone in the district.*	15 =
16	Is dóigh liom go raibh náire ar na daltaí.	P	*I think the students were ashamed.*	16 =
17	Chuir siad fáilte roimhe.	Q	*after a while*	17 =

● **Scéal 10**

"Tá dalta nua sa rang. Hassan an t-ainm atá air. Is as Cosobhó dó. 'Tabharfaidh tusa aire don dalta sin inniu,' arsa an Príomhoide liom. Shuigh Hassan in aice liom agus lean an rang ar aghaidh. Bhíomar ag déanamh Gaeilge ag an am seo. Bhí ionadh ar Hassan. Nuair a bhí an rang thart, fuair mé amach nach raibh mórán Béarla aige, gan trácht ar Ghaeilge! Bhí sé ceithre bliana déag d'aois, cosúil liom féin. D'fhág a theaghlach Cosobhó dhá mhí roimhe sin mar bhí an tír ag éirí ró-bhaolach dóibh. Thóg an t-aistear go hÉirinn dhá sheachtain agus anois bhí siad ag fanacht i dteach ar imeall an bhaile, gar do mo theach féin. Bhí a theaghlach lánsásta leis an teach. Bhí siad slán sábháilte sa tír seo, a dúirt sé. Ní raibh mórán Béarla ag a thuismitheoirí fós, ach bhí siad ag freastal ar ranganna oíche. Ní raibh aithne acu fós ar aon duine sa cheantar. Dúirt Hassan go raibh a sheanmháthair agus a sheanathair fós i gCosobhó agus go raibh uaigneas air gan iad. Chaith mé an lá ag dul timpeall na scoile le Hassan. Thaispeáin mé na seomraí go léir dó, an bhialann, an leabharlann agus an halla spóirt. Shuigh sé liom féin agus le mo chairde ag am lóin sa bhialann. Thosaigh cúpla dalta sa bhialann ag stánadh air nuair a tháinig sé isteach ar dtús ach rinne siad dearmad air tar éis tamaill. Dúirt Hassan liom go dtarlaíonn sin go minic dó ach go raibh sé ag dul i dtaithí air anois.

Chaith sé tamall ag insint a scéil féin don rang go léir sa rang tíreolaíochta. Chuir an scéal ionadh orainn. Ní raibh a fhios againn go raibh cúrsaí chomh dona sin ina thír féin. Is dóigh liom go raibh náire ar na daltaí a bhí ag stánadh air sa bhialann roimhe sin. Nuair a bhí an rang thart chuir siad fáilte roimhe!

● **Ceisteanna**
1 Cén jab a thug an Príomhoide do Sheán?
2 Cén fáth ar tháinig teaghlach Hassan anseo?
3 An raibh an teaghlach sásta leis an tír nua?
4 Cad a tharla sa bhialann ag am lóin?
5 Cad a tharla sa rang tíreolaíochta?

Líon isteach na bearnaí.

Tá dalta nua sa rang. Komu an t-ainm atá uirthi. Is as an Nigéir di. 'Tabharfaidh tusa __1__ don dalta sin inniu,' arsa an Príomhoide liom. Shuigh Komu in aice liom agus lean an rang __2__. Bhíomar ag déanamh Gaeilge ag an am seo. Bhí ionadh ar Komu. Nuair a bhí an rang __3__, fuair mé amach nach raibh mórán Béarla aici, gan __4__ ar Ghaeilge! Bhí sí trí bliana déag d'aois, cosúil liom féin agus d'fhág __5__ an Nigéir dhá mhí roimhe sin mar bhí an tír ag éirí __6__ dóibh. Thóg __7__ go hÉirinn ceithre seachtaine agus anois bhí siad __8__ in árasán i lár an bhaile, gar do mo theach féin. Bhí a teaghlach lánsásta leis an teach. Bhí siad __9__ sa tír seo, a dúirt sí. Ní raibh mórán Béarla ag a tuismitheoirí fós, ach bhí siad __10__ ar ranganna oíche. Ní raibh aithne acu fós ar aon duine sa cheantar. Dúirt Komu go raibh a seanmháthair agus a seanathair fós sa Nigéir agus go raibh __11__ uirthi gan iad. Chaith mé an lá ag dul timpeall na scoile le Komu. Thaispeáin mé na seomraí go léir di, an bhialann, an leabharlann agus an halla spóirt. Shuigh sí liom féin agus le mo chairde __12__ sa bhialann. Thosaigh cúpla dalta sa bhialann __13__ uirthi nuair a tháinig sí isteach ar dtús ach rinne siad dearmad uirthi tar éis tamaill. Dúirt Komu liom go dtarlaíonn sin __14__ di ach go raibh sí ag dul __15__ air anois.

Chaith sí tamall __16__ a scéil féin don rang go léir sa rang tíreolaíochta. Chuir an scéal __17__ orainn. Ní raibh a fhios againn go raibh cúrsaí chomh dona sin ina tír féin. Is dóigh liom go raibh __18__ ar na daltaí a bhí ag stánadh uirthi sa bhialann roimhe sin. Nuair a bhí an rang thart chuir siad __19__ roimpi!

ag am lóin
fáilte
ag freastal
aire
trácht
a teaghlach
ag insint
ag fanacht
uaigneas
thart
i dtaithí
ionadh
náire
ró-bhaolach
ar aghaidh
an t-aistear
ag stánadh
slán sábháilte
go minic

Obair duitse

Scríobh do scéal féin ag baint úsáid as na samplaí thuas. Seo an chéad líne …

'Tá dalta nua sa rang. Nadia an t-ainm atá uirthi. Is as an Rómáin di. "Tabharfaidh tusa aire don dalta sin inniu," arsa an Príomhoide liom …'

B An Litir

(Neamhfhoirmiúil)

Bí reidh roimh ré!
Bain úsáid as na nodanna thíos!

Do sheoladh
4 An Corrán, Rath Éanaigh, Baile Átha Cliath
43 Bóthar na Trá, An Clochán, Contae na Gaillimhe
Barda Naomh Eoin, Ospidéal Beaumont
Óstán na Páirce, Marbella, An Spáinn
Tigh Mhaitiú, Ros Muc, Contae na Gaillimhe
12 Bóthar na hEaglaise, Baile Camden, Londain

An Bheannacht	An Dáta
A Phóil, a chara	12 Bealtaine 2004
A Mháire, a chara	2 Eanáir 2005
A Mhamaí dhil	
A Dhaidí dhil	
A Mhaim agus a Dhaid	

Tús maith ...
A Mháire, a chara
Niamh anseo! Conas atá tú? Tá súil agam go bhfuil tú go maith. Maidir liom féin, bhuel, táim ar mhuin na muice! Fuair mé do litir inné. Go raibh míle maith agat. Bhí áthas orm nuair a chuala mé an dea-scéal.
A Phóil, a chara
Rós anseo! Fuair mé do litir inné. Go raibh míle maith agat. Bhí brón orm nuair a chuala mé an drochscéal. Baineadh preab asam, geallaimse duit! Conas atá tú anois?

Litir 1

D'aistrigh do theaghlach go teach nua. Chuir tú litir chuig do chara ag déanamh cur síos ar an teach nua.

Bí réidh roimh ré!
Déan an mheaitseáil ar dtús agus beidh tú réidh don litir.

1	Conas atá tú?	A	*I hope you are well.*	1 =
2	Tá súil agam go bhfuil tú go maith.	B	*Write back to me soon.*	2 =
3	Tá mé ar mhuin na muice!	C	*Bye for now.*	3 =
4	maidir liom féin	D	*Would you believe it?*	4 =
5	Scríobh ar ais chugam go luath.	E	*How are you?*	5 =
6	An gcreidfeá?	F	*I'm in heaven!*	6 =
7	d'aistríomar	G	*I'm on the pig's back!*	7 =
8	Slán go fóill.	H	*as for me*	8 =
9	Aon scéal?	I	*Any news?*	9 =
10	Táim sna flaithis!	J	*we moved*	10 =
11	faoi ghlas	K	*a chance to visit me here*	11 =
12	seans agat teacht anseo ar cuairt	L	*locked*	12 =

43 Bóthar na Trá
Bearna
Contae na Gaillimhe

3 Lúnasa 2003

A Phóil, a chara

Niamh anseo! Conas atá tú? Tá súil agam go bhfuil tú go maith. Maidir liom féin, bhuel, táim ar mhuin na muice! Féach ar an seoladh nua atá agam. An gcreidfeá? Tá mé i mo chónaí faoin tuath anois! Fuair m'athair post nua i gcathair na Gaillimhe agus d'aistríomar go léir anseo mí Iúil.

 Tá mé breá sásta leis an teach nua. Cúig sheomra codlata atá ann agus mar sin tá ár seomraí féin againn faoi dheireadh. Táim sna flaithis! Beidh an doras faoi ghlas i gcónaí agam agus ní bheidh seans ag Caoimhe teacht isteach agus mo chuid éadaigh a fháil. Thosaigh Liam ag péinteáil inné. Dath dubh a bheidh ar an seomra go léir! An gcreidfeá? Bhuel, sin déagóirí!

Tá trí sheomra folctha sa teach agus tá gach duine sásta leis sin. Tá dhá cheann thuas staighre agus ceann amháin thíos staighre. Tá cistin bhreá mhór againn freisin, chomh maith le dhá sheomra suí. Tá gairdín mór timpeall an tí agus tá radharc álainn ann den fharraige.

Céard fútsa? Aon scéal? Scríobh ar ais chugam go luath agus b'fhéidir go mbeidh seans agat teacht anseo ar cuairt go luath. Tá súil agam go mbeidh. Tóg go bog é!

Slán go fóill,
Niamh

● **Cuir tic sa bhosca ceart.**

	Fíor	Bréagach
1 Fuair máthair Niamh post nua.	☐	☐
2 Tá Niamh ina cónaí anois i gContae na Gaillimhe.	☐	☐
3 Ceithre sheomra codlata atá sa teach.	☐	☐
4 Tá dhá sheomra folctha thuas staighre.	☐	☐
5 Beidh doras Niamh faoi ghlas i gcónaí.	☐	☐
6 Tá radharc álainn acu ón ngairdín.	☐	☐

● **Líon isteach na bearnaí.**

23 Bóthar na hAbhann
Áth na Sceire
Co. Chill Mhantáin
3 Bealtaine 03

A ___1___, a chara

Áine anseo. ___2___ atá tú? Tá ___3___ agam go bhfuil tú go maith. Bhuel, ___4___ liom féin, tá mé ___5___ na muice. Féach ar an ___6___ nua atá agam. An ___7___? Tá mé i mo ___8___ faoin tuath anois. ___9___ anseo mí Aibreán.

Táim breá ___10___ leis an teach nua. ___11___ sheomra codlata atá sa teach agus mar sin tá mo ___12___ féin agam faoi ___13___. Ní bheidh ___14___ ag cur isteach orm a thuilleadh! Táim sna ___15___. Tá dhá ___16___ sa teach, ceann amháin thuas staighre agus ceann eile ___17___. Tá cistin mhór againn freisin chomh maith le ___18___ agus halla. Tá ___19___ beag timpeall ___20___ agus tá sé lán le crainn agus bláthanna.

Céard fútsa? Aon ___21___? Scríobh ar ais ___22___ go luath agus b'fhéidir go mbeidh seans agat teacht anseo ___23___ go luath. Tá súil agam go mbeidh. Tóg go bog é!

___24___ go fóill,
Áine

gcreidfeá	conas
sheomra	slán
sheomra folctha	dheireadh
ar cuairt	seoladh
an tí	d'aistríomar
chónaí	seomra suí
Chathail	ar mhuin
chugam	gairdín
flaithis	thíos staighre
sásta	súil
maidir	scéal
ceithre	Orla

● **Obair duitse**

D'aistrigh do theaghlach go teach nua. Scríobh an litir a chuirfeá chuig do chara ina thaobh. Bain úsáid as na samplaí thuas.

Litir 2

Ghortaigh tú do chos agus ní féidir leat cuairt a thabhairt an samhradh seo ar chara leat sa Fhrainc.

Bí réidh roimh ré!
Déan an mheaitseáil ar dtús agus beidh tú réidh don litir.

1	Conas atá tú?	A	I hope you are well.	1 =
2	Tá súil agam go bhfuil tú go maith.	B	a lift	2 =
3	Abair le do chlann go raibh mé ag cur a dtuairisce.	C	I got a fright.	3 =
4	maidir liom féin	D	I'll be sunbathing.	4 =
5	Bhuel, tá drochscéal agam.	E	How are you?	5 =
6	Bhí mé ar mo bhealach abhaile ón scoil.	F	The place is full of tourists during the summer.	6 =
7	Baineadh preab asam.	G	to go on a trip	7 =
8	Bheadh fáilte romhat.	H	You would be very welcome.	8 =
9	Bíonn an áit lán le turasóirí le linn an tsamhraidh.	I	I was on my way home from school.	9 =
10	Beidh an-chraic go deo againn.	J	We'll have a great time.	10 =
11	Beidh mise ag tógáil na gréine.	K	as for me	11 =
12	dul ar thuras	L	Tell your family I was asking for them.	12 =
13	síob	M	Well, I have bad news.	13 =

12 An Corrán
Baile an Mhuilinn
Contae Chiarraí

15 Bealtaine 04

A Aisling, a chara

Conas atá tú? Tá súil agam go bhfuil tú go maith. Abair le do chlann go raibh mé ag cur a dtuairisce. Fuair mé do litir inné. Go raibh míle maith agat. Maidir liom féin, bhuel, tá drochscéal agam!

    Bhí mé ar mo bhealach abhaile ón scoil an Aoine seo caite ar mo rothar agus bhain timpiste dom. Bhí mé ag caint le mo chara Rós agus ní fhaca mé an poll mór a bhí sa bhóthar díreach os mo chomhair amach. Thit mé den rothar ar aon nós agus ghortaigh mé mo chos. Baineadh preab asam. Bhí sé an-phianmhar go deo.

    An gcreidfeá? Ní féidir liom cuairt a thabhairt ort an samhradh seo i ngeall air.

    Ach bhí mé ag smaoineamh. Ar mhaith leat teacht anseo? Bheadh fáilte romhat. Tá go leor le déanamh anseo i mBaile an Mhuilinn. Bíonn an áit lán le turasóirí le linn an tsamhraidh. Beidh an-chraic go deo againn ar an trá. Tig leatsa dul ag snámh agus beidh mise ag tógáil na gréine! Cad a cheapann tú?

    Tá pictiúrlann anseo freisin agus bíonn dioscó ar siúl san óstán ar an Satharn. Tá na radhairc go hiontach anseo agus is féidir linn dul ar thuras más maith leat. Bheadh mo dhaid sásta síob a thabhairt dúinn.

    Bí ag caint le do mham ar aon nós agus scríobh ar ais chugam go luath. Caithfidh mé imeacht anois. Obair bhaile le críochnú!

Slán go fóill
Síle

Cuir tic sa bhosca ceart.

		Fíor	Bréagach
1	Tá drochscéal ag Síle.	☐	☐
2	Ní fhaca sí an poll mór a bhí sa bhóthar.	☐	☐
3	Ghortaigh sí a lámh.	☐	☐
4	Bíonn Baile an Mhuilinn lán le turasóirí le linn an tsamhraidh.	☐	☐
5	Tá Síle ina cónaí in aice leis an trá.	☐	☐
6	Bheadh Mam ag tabhairt síob dóibh.	☐	☐

● **Líon isteach na bearnaí.**

32 Bóthar na Trá
Contae an Chláir

5 ____1____04

A Emma, a chara

Barra anseo. Conas atá tú? Tá __2____ agam go bhfuil tú go maith. _____3__ le do chlann go raibh mé____4___ __ _____. Fuair mé do litir inné. Go raibh ___5__ maith agat. Maidir liom féin, bhuel, tá ____6____ agam!

   Bhí mé ar mo __7_____ abhaile ón scoil ___8_____ seo caite le mo chairde Bill agus Lorcán. Thosaíomar ag pleidhcíocht agus bhain___9____ dom. Thit mé ar an mbóthar. Bhuail carr mé.

   Ach bhí an t-ádh liom. Ghortaigh mé _10_ _____ ach sin an méid. Baineadh ____11___ asam, geallaimse duit! Bhí sé an-phianmhar go deo. Ní ___12___ liom cuairt a thabhairt ort an samhradh seo i ngeall air.

   Ach bhí mé ag smaoineamh. Ar mhaith leat __13____ anseo? Bheadh ___14___ romhat. Tá go leor le déanamh anseo. Beidh __15_____ go deo againn ar an trá. Tig leatsa dul ag snámh nó ag siúl agus beidh mise __ _16_____ na gréine! Cad a cheapann tú?

   Tá pictiúrlann anseo freisin agus bíonn __17____ ar siúl san óstán ar an Satharn. Bí ag caint le do mham ar aon nós agus ____18___ ar ais chugam go luath. Caithfidh mé imeacht anois.

teacht	abair
súil	Meitheamh
drochscéal	ag cur a dtuairisce
bhealach	an Mháirt
fáilte	mo lámh
an-chraic	preab
scríobh	féidir
Barra	ag tógáil
timpiste	dioscó
míle	slán

__19____ go fóill

___20_____

● **Obair duitse**

Ghortaigh tú do chos agus ní féidir leat cuairt a thabhairt an samhradh seo ar chara leat sa Spáinn. Scríobh an litir a chuirfeá chuig an gcara sin. Bain úsáid as na samplaí thuas.

● Litir 3

Tá cara leat tinn san ospidéal. Scríobh an litir a chuirfeá chuig an gcara sin. Luaigh eachtraí a tharla ar scoil le déanaí sa litir.

Bí réidh roimh ré!
Déan an mheaitseáil ar dtús agus beidh tú réidh don litir.

1	Conas atá tú?	A	I hope …	1 =	
2	Tá súil agam …	B	furious	2 =	
3	… go bhfuil biseach ag teacht ort.	C	Would you believe it!	3 =	
4	Tá gach duine anseo ag cur do thuairisce.	D	I failed	4 =	
5	ag teacht abhaile go luath	E	The class was in uproar last Tuesday.	5 =	
6	Tá mé ag seoladh cárta chugat ón rang.	F	How are you?	6 =	
7	An gcreidfeá!	G	… that you are getting better.	7 =	
8	ní bheadh a fhios agat	H	you wouldn't think so	8 =	
9	Tá saol na scoile ag dul ar aghaidh.	I	I'm sending you a card from the class.	9 =	
10	theip orm	J	Everyone here is asking for you.	10 =	
11	ar buile	K	Life at school goes on.	11 =	
12	Bhí an rang ina raic an Mháirt seo caite.	L	coming home soon	12 =	
13	… go dtí gur bhris sí an fhuinneog	M	… until she broke the window	13 =	

4 Bóthar na hEaglaise
Carraig Mhachaire Rois

6 Feabhra 05

A Sheáin, a chara

Laoise anseo! Conas atá tú? Tá súil agam go bhfuil biseach ag teacht ort anois. Fuair mé do litir inné. Go raibh míle maith agat. Tá gach duine anseo ag cur do thuairisce. Bhí mé ag caint le do mháthair an Aoine seo caite agus tá súil aici go mbeidh tú ag teacht abhaile go luath.

Tá mé ag seoladh cárta chugat ón rang. Rinne Pól Ó Broin an cárta. An gcreidfeá? Tá sé ag déanamh ealaíne don Ardteist ach ní bheadh a fhios agat!! Ar aon nós, tá saol na scoile ag dul ar aghaidh. Bhí scrúdú againn sa mhata an Luan seo caite. Theip orm agus bhí mo mháthair ar buile liom. Beidh scrúdú Béarla againn ar an Aoine agus tá gach duine ag obair go dian anois sa rang sin.

Bhí an rang ina raic an Mháirt seo caite. Bhíomar ag fanacht ar an múinteoir agus thosaigh Síle Ní Loinsigh ag imirt haca sa rang. Bhí gach duine ag gáire go dtí gur bhris sí an fhuinneog. Bhí ciúnas sa seomra ansin, geallaimse duit! Bhí Iníon Uí Mhurchú ar buile nuair a tháinig sí isteach faoi dheireadh. Síle bocht! Ghlaoigh an Príomhoide ar a tuismitheoirí agus beidh sí ag glanadh na scoile gach lá go dtí a cúig a chlog go ceann coicíse.

Caithfidh mé dul anois. Obair bhaile le críochnú. Tóg go bog é agus tá súil agam go mbeidh tú sa bhaile go luath.

Slán go fóill
Laoise

Gluais

scrúdú	*exam*	ag obair go dian	*working hard*
faoi dheireadh	*finally*	an príomhoide	*the principal*
a tuismitheoirí	*her parents*	go ceann coicíse	*for a fortnight*

● **Cuir tic sa bhosca ceart.**

		Fíor	Bréagach
1	Ta Seán san ospidéal.	☐	☐
2	Rinne Laoise an cárta.	☐	☐
3	Theip uirthi sa scrúdú mata.	☐	☐
4	Bhí an rang Fraincise ina raic.	☐	☐
5	Bhris Síle an fhuinneog.	☐	☐
6	Ghlaoigh an Príomhoide ar a tuismitheoirí.	☐	☐

● **Líon isteach na bearnaí.**

12 Bóthar na hEaglaise
Cluain Eois
Contae Mhuineacháin

6 __1____ 04

A Edel, a chara,

___2____ anseo! Conas atá tú? Tá _3___ agam go bhfuil _____4_ ag teacht ort anois. Fuair mé do litir inné. Go raibh míle maith agat. Tá gach duine anseo__5 __ __ _____. Tá súil agam go mbeidh tú ag teacht ____6___ go luath. Conas atá an bia anois? An bhfuil sé níos fearr?

Ar aon ___7__, tá saol na scoile ag dul ar aghaidh. Bhí ___8___ againn sa Ghearmáinis an Luan seo caite. _9____ orm. Bhí mo thuismitheoirí ar buile liom. Ní bheidh cead agam dul amach go ceann coicíse, sin a dúirt m'athair liom ar aon nós. Beidh scrúdú eile againn an Luan _10__ ___11_____ agus tá mé ag obair ___12___ anois. Bhí __13_____ sa rang Gaeilge inné. Bhí Cathal Ó Néill ag luascadh ar a chathaoir agus sciorr an chathaoir. Bhris sé __14 _____ lena chos nuair a bhí sé ag titim anuas. Ghortaigh sé a chos go dona. Chuaigh sé go dtí an ___15____ leis an Príomhoide. Ní bheidh sé ag luascadh ar a chathaoir arís!

Caithfidh mé _16__ anois. Obair bhaile le críochnú. Tóg _17_ _____ é agus tá súil agam go mbeidh tú sa bhaile go luath.

Slán go fóill
Liam

| dul |
| scrúdú |
| ag cur do thuairisce |
| nós |
| theip |
| go dian |
| biseach |
| timpiste |
| Liam |
| t-ospidéal |
| go bog |
| seo chugainn |
| súil |
| abhaile |
| Márta |
| an chathaoir |

Gluais	
ag luascadh	*swinging*
sciorr an chathaoir	*the chair slipped*

● **Litir 4**

Tá tú san ospidéal. Scríobh litir chuig cara leat.

Bí réidh roimh ré!
Déan an mheaitseáil ar dtús agus beidh tú réidh don litir.

1	Conas atá ag éirí leat?	A	I had an operation.		1 =	
2	Abair le do chlann go raibh mé ag cur a dtuairisce.	B	Tell your family that I was asking for them.		2 =	
3	Bhuel, féach ar mo sheoladh nua!	C	I was brought here.		3 =	
4	le seachtain anuas	D	I'm getting better gradually.		4 =	
5	Tugadh anseo mé.	E	at full speed		5 =	
6	Bhí pian i mo bholg agus i mo thaobh.	F	I fainted then.		6 =	
7	Thit mé i laige ansin.	G	I woke up in the ward.		7 =	
8	Chuir duine éigin fios ar an otharcharr.	H	Someone called an ambulance.		8 =	
9	Cuireadh ar shínteán mé agus tógadh mé isteach san otharcharr.	I	Well, look at my new address!		9 =	
10	ar luas lasrach	J	I was put on a stretcher and taken into the ambulance.		10 =	
11	díreach go dtí an obrádlann	K	How are you getting along?		11 =	
12	Chuaigh mé faoi scian.	L	I had a pain in my stomach and in my side.		12 =	
13	Dhúisigh mé sa bharda.	M	for the past week		13 =	
14	Táim ag bisiú diaidh ar ndiaidh.	N	straight to the operating theatre		14 =	

Barda Naomh Áine
Ospidéal Beaumont
Baile Átha Cliath

8 Meán Fómhair 04

A Chiain, a chara

Ciara anseo. Conas atá ag éirí leat? Tá súil agam go bhfuil tú go maith. Abair le do chlann go raibh mé ag cur a dtuairisce. Maidir liom féin, bhuel, féach ar mo sheoladh nua! Tá mé anseo san ospidéal le seachtain anuas. Bhí aipindicíteas orm agus tógadh anseo mé.

Bhí mé i dteach mo chara Róisín an Aoine seo caite. Bhí mé ceart go leor. Ansin bhuail tinneas cinn mé agus bhí pian i mo bholg agus i mo thaobh. Thit mé i laige ansin, sin a dúirt Róisín ar aon nós. Bhí mé i bpian, táim ag rá leat.

Chuir duine éigin fios ar an otharcharr. Tháinig sé tar éis tamaill. Cuireadh ar shínteán mé agus tógadh mé isteach san otharcharr. Thug siad go dtí an t-ospidéal mé ar luas lasrach agus ansin díreach go dtí an obrádlann. Chuaigh mé faoi scian. Dhúisigh mé sa bharda níos déanaí san oíche. An gcreidfeá?

Táim ag bisiú diaidh ar ndiaidh. Beidh mé ag dul abhaile amárach. Ní bheidh mé ag an dioscó ar an Satharn ach cuir glaoch orm ar aon nós!

Slán go fóill
Ciara.

Ceisteanna

1. Cá bhfuil Ciara anois?
2. Cad atá cearr léi?
3. Cad a tharla i dteach Róisín?
4. Cén chaoi a ndeachaigh sí go dtí an t-ospidéal?
5. Cad a tharla di san ospidéal?

● **Líon isteach na bearnaí.**

Barda Naomh Áine
Ospidéal Beaumont
Baile Átha Cliath

8 ___1_____04

A Chiain, a chara

_____2___ anseo. Conas atá _ 3____leat. Tá súil agam go bhfuil tú go maith. Abair le do chlann go raibh mé__ 4__ ___ _____. Maidir liom féin, bhuel, féach ar mo sheoladh nua! Tá mé anseo __ ___5_____ le cúpla lá anuas. Bhí aipindicíteas orm agus ___6____ anseo mé.

Dhúisigh mé go luath maidin__ ___7_____. Bhí pian uafásach _ __8 _____agus i mo thaobh. Chuir ____9____ fios ar an dochtúir. Tháinig ____ 10_____ tar éis tamaill. Bhí sé cinnte go raibh aipindicíteas orm. Ghlaoigh sé ar ____11_____ agus chuaigh mé go dtí an t-ospidéal ar _____12_ _____. Chuaigh mé díreach go dtí __ ___13_____. Chuaigh mé_____ 14_____. Dhúisigh mé __ __15____níos déanaí sa lá. An gcreidfeá?

Táim _ 16_____diaidh ar ndiaidh. Beidh mé ag dul abhaile amárach. Ní bheidh mé ag ____17__ _____ anois ar an Satharn ach cuir glaoch orm ar aon nós!

Slán go fóill
Lúc

tugadh	Samhain
ag cur a dtuairisce	faoi scian
otharcharr	Lúc
ag bisiú	i mo bholg
ag éirí	sa bharda
luas lasrach	m'athair
an dochtúir	san ospidéal
imirt peile	Dé Domhnaigh
an obrádlann	

● **Obair duitse**

Tá tú san ospidéal. Scríobh litir chuig cara leat. Bain úsáid as na samplaí thuas.

40

● Litir 5

Tá post samhraidh agat i Londain. Is maith leat an obair agus an áit ina bhfuil tú ag obair. Scríobh an litir a chuirfeá chuig do thuismitheoirí faoi sin.

Bí réidh roimh ré!
Déan an mheaitseáil ar dtús agus beidh tú réidh don litir.

1	Conas atá ag éirí libh?	A	*The people are very decent.*	1 =
2	Abair le gach duine go raibh mé ag cur a dtuairisce.	B	*We have a great time.*	2 =
3	Táim ar mhuin na muice.	C	*They gave me a great welcome … with a lovely meal.*	3 =
4	Is aoibhinn liom an obair.	D	*Tell everyone I was asking for them.*	4 =
5	Tá ag éirí go geal liom anseo.	E	*I start work in the morning.*	5 =
6	ag fanacht liom	F	*I'm safe and well here.*	6 =
7	Chuir siad fáilte mhór romham … le béile blasta.	G	*I'm doing well (I'm on the pig's back).*	7 =
8	Tá na daoine an-lách.	H	*Everyone is good-humoured.*	8 =
9	Tosaím ag obair ar maidin.	I	*I'm getting along very well here.*	9 =
10	Bíonn sos agam i lár an lae.	J	*waiting for me*	10 =
11	Tá gach duine gealgháireach.	K	*How are you getting along?*	11 =
12	Bíonn an-spraoi againn go deo.	L	*Don't worry about me, Mam!*	12 =
13	Tá an pá go maith agus beidh mé saibhir.	M	*I love the work.*	13 =
14	Ná bí buartha fúm mar sin, a Mhaim.	N	*The pay is good and I'll be rich.*	14 =
15	Tá mé slán sábháilte anseo.	O	*I have a break in the middle of the day.*	15 =

---

3 Bóthar na hEaglaise
Baile Camden
Londain

24 Meitheamh 04

A Mhaim agus a Dhaid

Daithí anseo! Conas atá ag éirí libh? Abair le gach duine go raibh mé ag cur a dtuairisce. Maidir liom féin, bhuel, táim ar mhuin na muice! Is aoibhinn liom an obair agus tá ag éirí go geal liom anseo i Londain.

Bhí aintín Nora ag fanacht liom ag an stáisiún traenach ar an Satharn agus chuir siad fáilte mhór romham sa teach le béile blasta. Thosaigh mé ag obair san óstán ar an Luan. Tá na daoine an-lách agus is aoibhinn liom an áit agus an obair atá le déanamh agam. Tosaím ag obair ar maidin ar a hocht a chlog agus téim abhaile ar a ceathair tráthnóna. Bíonn sos agam i lár an lae don lón.

Ar maidin, glanaim amach na seomraí agus bím ag obair sa chistin san iarnóin. Bím ag obair go dian ach tá gach duine gealgháireach agus bíonn an-spraoi againn go deo. Tá an pá go maith agus beidh mé saibhir nuair a rachaidh mé abhaile!

Bím ag imirt peile le Pól agus Liam san oíche. Tá páirc pheile in aice leis an teach agus téimid amach tar éis an dinnéir ar a seacht a chlog. Bíonn an-chraic go deo againn. Ná bí buartha fúm mar sin, a Mhaim! Tá mé slán sábháilte anseo! Scríobh chugam go luath.

Slán go fóill
Daithí

● **Ceisteanna**

1   Cá bhfuil Daithí anois?
2   Cá mbíonn sé ag obair?
3   Cén t-am a thosaíonn sé ag obair ar maidin?
4   Cén t-am a théann sé abhaile?
5   Déan cur síos ar an obair a bhíonn le déanamh aige.
6   Cad a dhéanann sé san oíche?

● **Líon isteach na bearnaí.**

Óstán na Páirce
Gaoth Dobhair
Dún na nGall

23 __1____ 04

A Cháitín, a chara

Sorcha anseo! Conas atá ag éirí ___2___? Abair le __ _____3____ go raibh mé ag cur a dtuairisce. ____4____liom féin, bhuel, táim ar mhuin na muice! Is ___5___liom an obair agus tá ag éirí __ 6_____liom anseo.

Tá an t-óstán go hálainn. Tá mo sheomra féin agam agus tá an fharraige le feiceáil ón bhfuinneog. Tá na daoine _ ____7___agus is aoibhinn liom an obair atá le déanamh agam. ___8___ag obair ar maidin ar a _____9_ _ ___. Bím ag obair sa bhialann ansin leis an mbricfeasta. Bíonn __10_agam ag meán lae don lón. Téim ar ais ag obair sa bhialann ar __ ____11_ __ ____ agus bím saor ag a ceathair a chlog de ghnáth. Bím ag obair __ 12_____agus bím tuirseach traochta gach oíche. Tá gach duine anseo ____13_____áfach agus bíonn an-spraoi againn__14 _____. Tá an pá go maith agus beidh mé saibhir nuair a rachaidh mé abhaile mí Lúnasa.

Céard fútsa? Conas atá _15_ _____leat san oifig? Scríobh chugam __ _16____agus inis dom faoi. Tóg go bog é.

Slán go fóill
Sorcha

| tosaím |
| go geal |
| gealgháireach |
| maidir |
| leat |
| lúil |
| ag éirí |
| aoibhinn |
| do mhuintir |
| seacht a chlog |
| go dian |
| an-lách |
| a haon a chlog |
| go deo |
| go luath |
| sos |

Gluais		
sa bhialann *in the restaurant*	meán lae *midday*	de ghnáth *usually*
tuirseach traochta *exhausted*	áfach *however*	

● **Obair duitse**

Tá post samhraidh agat. Is maith leat an obair agus an áit ina bhfuil tú ag obair. Scríobh an litir a chuirfeá chuig cara leat faoi sin. Bain úsáid as na samplaí thuas.

Litir 6

Bhí tú ag imirt ar fhoireann le déanaí. Scríobh an litir a chuirfeá chuig cara leat faoi sin.

Bí réidh roimh ré!
Déan an mheaitseáil ar dtús agus beidh tú réidh don litir.

1	Beatha agus sláinte!	A	we began training	1 =	
2	Tá súil agam go bhfuil tú go maith.	B	The team received the cup.	2 =	
3	Abair le do mhuintir go raibh mé ag cur a dtuairisce.	C	Have you heard the good news yet?	3 =	
4	Ar chuala tú an dea-scéal fós?	D	in the second half	4 =	
5	Bhuamar craobh an chontae.	E	I hope you are well.	5 =	
6	Tá gliondar orm.	F	We won the county final.	6 =	
7	thosaíomar ag traenáil	G	We went home very happy.	7 =	
8	Bhí mé an-neirbhíseach, geallaimse duit.	H	Greetings!	8 =	
9	Bhí mé ag imirt i lár na páirce.	I	I was playing in midfield.	9 =	
10	chaitheamar …	J	Tell your family I was asking for them.	10 =	
11	Bhí siad chun tosaigh ag leath ama.	K	we wore …	11 =	
12	sa dara leath	L	They were ahead at half-time.	12 =	
13	Fuair an fhoireann an corn.	M	I'm delighted.	13 =	
14	Chuamar abhaile go sona sásta.	N	talking and singing	14 =	
15	ag caint agus ag canadh	O	I was very nervous, I can tell you.	15 =	

44

21 Bóthar na hEaglaise
An Uaimh
Contae na Mí

3 Samhain 05

A Nuala, a chara

Beatha agus sláinte! Sinéad anseo. Conas atá tú? Tá súil agam go bhfuil tú go maith. Abair le do mhuintir go raibh mé ag cur a dtuairisce. Maidir liom féin, bhuel, táim ar mhuin na muice! Ar chuala tú an dea-scéal fós? Bhuamar craobh an chontae sa haca an Mháirt seo caite! An gcreidfeá? Tá gliondar orm!

    Thosaíomar ag traenáil go dian mí Mheán Fómhair. Chuamar amach gach lá i ndiaidh na scoile. Bhí an aimsir go dona ach chuamar amach ar aon nós. Bhí cluiche againn gach seachtain. Bhuamar gach cluiche agus mar sin bhíomar sa chraobh.

    Thosaigh an cluiche ar a dó a chlog Dé Máirt. Bhí mé an-neirbhíseach, geallaimse duit! Bhí mé ag imirt i lár na páirce. Chaitheamar geansaí dearg agus brístí dubha. Bhí an fhoireann eile go maith agus bhí siad chun tosaigh ag leath ama. D'imríomar go han-mhaith sa dara leath agus bhí an lá linn. Bhí ionadh orainn! Fuair an fhoireann an corn. Chuamar abhaile go sona sásta. Bhí gach duine ag caint agus ag canadh ar an mbus.

    Caithfidh mé imeacht anois. Obair bhaile le críochnú! Scríobh ar ais chugam go luath.

Slán go fóill
Sandra

Gluais

bhí an lá linn	*we won the day*

● Ceisteanna

1. Cén dea-scéal a bhí ag Sinéad?
2. Cathain a thosaigh siad ag traenáil?
3. An raibh an aimsir go maith?
4. An raibh Sinéad ag gáire roimh an gcluiche?
5. Cá raibh Sinéad ag imirt?
6. Déan cur síos ar na héadaí a chaith foireann Shinéid.
7. An bhfuair an fhoireann aon rud nuair a bhuaigh siad an cluiche?

● **Líon isteach na bearnaí.**

Bóthar na Trá
Mullach Íde
Baile Átha Cliath

19 Feabhra 04

A Phádraig, a chara

____1____ agus sláinte! Fearghal anseo. Conas atá ag éirí leat? Abair le do mhuintir go raibh mé ___2_____. Maidir __3____ féin, bhuel, tá mé____4_____! Ar chuala tú __5_____ fós? ___6____ craobh an chontae sa pheil an __7____ seo caite! An gcreidfeá? Tá __8____ orm.

Chuamar ag traenáil ___9___ roimh an gcluiche. Bhí an aimsir go dona ach bhí foireann mhaith againn. Bhí mé ag imirt ___10____. Bhí an cluiche ar siúl i bPáirc Naomh Áine. Chuamar ar an mbus. Chaitheamar geansaí __11____ agus brístí dubha. Bhí mé __12_____ roimh an gcluiche, geallaimse duit. Bhí __13____ eile go maith ach bhíomar níos fearr! Bhíomar ___14_____ ag leath ama. D'imríomar go han-mhaith. Bhí an lá linn. Bhí gliondar orainn.

Fuair an fhoireann __15_____. Chuamar abhaile go sona sásta. Bhí gach duine ag caint agus __16_____ ar an mbus.

Caithfidh mé imeacht anois. Obair bhaile le críochnú! Scríobh ar ais ___17____ go luath.

_____18_____.

Fearghal

bhuamar	ag canadh
an-neirbhíseach	beatha
buí	chugam
an fhoireann	Luan
gliondar	liom
chun tosaigh	slán go fóill
ar mhuin na muice	gach lá
an corn	i lár na páirce
an dea-scéal	ag cur a dtuairisce

● **Obair duitse**

Bhí tú ag imirt ar fhoireann le déanaí. Scríobh an litir a chuirfeá chuig cara leat faoi sin.

Litir 7

Bhí tú ag ceolchoirm le déanaí. Thaitin sé go mór leat. Scríobh litir chuig cara leat faoi sin.

Bí réidh roimh ré!
Déan an mheaitseáil ar dtús agus beidh tú réidh don litir.

1	Beatha agus sláinte!	A	Everyone was shouting and screaming.	1 =
2	Conas atá ag éirí leat?	B	when the concert was over	2 =
3	Abair le do mhuintir go raibh mé ag cur a dtuairisce.	C	How about you? Any news?	3 =
4	Bhí sé go hiontach.	D	It was great.	4 =
5	Bhaineamar an-taitneamh as.	E	… is my favourite song.	5 =
6	chonaiceamar …	F	Tell your family I was asking for them.	6 =
7	Thaitin an grúpa leis an triúr againn.	G	We were exhausted but very happy.	7 =
8	Bhí an áit dubh le daoine.	H	We really enjoyed it.	8 =
9	Bhí gach duine gealgháireach.	I	Everyone was good-humoured.	9 =
10	Bhí an aimsir go hálainn.	J	They played for two hours.	10 =
11	Bhí gach duine ag béicíl agus ag screadaíl.	K	All three of us liked the group.	11 =
12	Sheinn siad ar feadh dhá uair a chloig.	L	Greetings!	12 =
13	… an t-amhrán is fearr liom.	M	The weather was great.	13 =
14	nuair a bhí an cheolchoirm thart	N	The place was packed.	14 =
15	Bhíomar tuirseach traochta ach sona sásta.	O	we saw …	15 =
16	Céard fútsa? Aon scéal?	P	How are you getting along?	16 =

19 Bóthar na Trá
Bré
Contae Chill Mhantáin

12 Iúil 04

A Fhearghail, a chara

Beatha agus sláinte. Deirdre anseo! Conas atá ag éirí leat? Tá súil agam go bhfuil tú go maith. Abair le do mhuintir go raibh mé ag cur a dtuairisce. Maidir liom féin, bhuel, táim ar mhuin na muice!

    Bhí ceolchoirm ar siúl san RDS an Aoine seo caite agus chuaigh mé féin agus mo chairde Síle, Róna agus Bríd ann. Bhí sé go hiontach. Bhaineamar an-taitneamh as! Chonaiceamar póstaer ar an mballa i gclub na n-óg faoin gceolchoirm dhá mhí ó shin. Thaitin an grúpa a bhí ag seinm leis an triúr againn.

    Cheannaíomar na ticéid i mBaile Átha Cliath. Fiche euro a bhí ar na ticéid. Chuamar go dtí an RDS ar an traein. Bhí an áit dubh le daoine. Bhí gach duine go gealgháireach ina suí ar an bhféar. Bhí an aimsir go hálainn.

    Thosaigh an cheolchoirm ar a naoi a chlog. Bhí gach duine ag béicíl agus ag screadaíl. Sheinn siad ar feadh dhá uair a chloig. Bhí áthas orm nuair a sheinn siad an t-amhrán is fearr liom. Bhíomar go léir ag canadh agus ag damhsa. Bhaineamar an-taitneamh as. Nuair a bhí an cheolchoirm thart cheannaíomar t-léine an duine. Chuamar abhaile ar an traein. Bhíomar tuirseach traochta ach sona sásta.

    Céard fútsa? Aon scéal? Scríobh ar ais chugam go luath. Tóg go bog é!

Slán go fóill
Deirdre

● **Ceisteanna**

1 Cá raibh an cheolchoirm ar siúl?
2 Cé mhéad a bhí ar na ticéid?
3 Cén chaoi a ndeachaigh siad go dtí an cheolchoirm?
4 Déan cur síos ar an oíche agus ar an gceolchoirm.

● **Líon isteach na bearnaí.**

12 An Corrán
Droichead Nua
Contae Chill Dara

23 ___1_____ 04

A Aoife, a chara,

Beatha agus___2_____. Ruadhán anseo! Conas atá ag éirí ___3_? Tá súil agam go bhfuil tú__ _4_____. Abair le __ _____5___ go raibh mé ag cur a dtuairisce. Maidir liom féin, bhuel, táim ar mhuin__ 6_____! Bhí dráma ar siúl in Amharclann an Olympia __ 7_____seo caite agus chuaigh mé féin agus mo __8____ Leah ann. Bhí sé__ ____9____. Bhaineamar __ __10_____ as!
_____11_____ mé na ticéid coicís ó shin. Breithlá Leah a bhí ann.
Chuamar go Baile Átha Cliath __ _12_ _____. ____13___ an dráma ar a hocht a chlog. Bhí an amharclann dubh __ _____14__. Dráma grinn a bhí ann agus bhí gach duine gealgháireach. Bhí cóc againn sa bheár ag an sos agus ansin chuamar ar ais go dtí ár suíocháin. Bhí an dráma _15_____ ar leathuair tar éis a deich. Chuamar __16_____ ar an mbus. Bhíomar sona__17_____ agus_____18_____ an-taitneamh as an oíche.
Céard ___19___? Aon____20_____? Scríobh ar ais chugam go luath. Tóg go ___21___ é!

Slán go _22_____
Ruadhán

| ar an mbus |
| sásta |
| leat |
| do mhuintir |
| chara |
| go hiontach |
| cheannaigh |
| scéal |
| thosaigh |
| na muice |
| bog |
| Lúnasa |
| fóill |
| sláinte |
| go maith |
| fútsa |
| le daoine |
| bhaineamar |
| an-taitneamh |
| thart |
| abhaile |
| an Sathairn |

Gluais

| amharclann | theatre | coicís | fortnight |
| breithlá | birthday | dráma grinn | a comic drama |

● **Obair duitse**

Bhí tú ag ceolchoirm le déanaí. Thaitin sé go mór leat. Scríobh litir chuig cara leat faoi sin.

Litir 8

Tá tú ar saoire thar lear sa samhradh. Scríobh an litir a chuirfeá chuig cara leat atá sa bhaile in Éirinn.

Bí réidh roimh ré!
Déan an mheaitseáil ar dtús agus beidh tú réidh don litir.

1	Beatha agus sláinte!	A	with me		1 =	
2	Creid é nó ná creid!	B	We were exhausted after all the travelling.		2 =	
3	Bhíomar tuirseach traochta tar éis an taistil.	C	The views are lovely from the balcony.		3 =	
4	in éineacht liom	D	Greetings!		4 =	
5	Táim ag fanacht in árasán.	E	The weather is wonderful.		5 =	
6	Tá na radhairc go hálainn ón mbalcóin.	F	we met		6 =	
7	Tá an aimsir ar fheabhas.	G	Meanwhile, take it easy!		7 =	
8	ag tógáil na gréine	H	sunbathing		8 =	
9	Táim chomh bán le sneachta fós.	I	Believe it or not!		9 =	
10	bialann	J	I'm staying in an apartment.		10 =	
11	Buíochas le Dia!	K	I'm still like Snow White!		11 =	
12	bhuaileamar le	L	I'll see you then.		12 =	
13	Ceapann Bríd go bhfuil sí i ngrá.	M	Thank God!		13 =	
14	Táim ag súil go mór leis.	N	Bríd thinks she's in love.		14 =	
15	Feicfidh mé thú ansin.	O	I'm really looking forward to it.		15 =	
16	Idir an dá linn, tóg go bog é!	P	restaurant		16 =	

Óstán na Páirce
Marbella
An Spáinn

24 Iúil 03

A Úna, a chara

Beatha agus sláinte! Carolín anseo. Conas atá ag éirí leat? Creid é nó ná creid, tá mé anseo sa Spáinn ar mo laethanta saoire. Tá an áit seo go hálainn. Bhíomar tuirseach traochta tar éis an taistil ar fad ach táimid breá sásta anois.

Tá mo mhuintir agus mo chara Bríd in éineacht liom. Táim ag fanacht in árasán cois farraige. Tá na radhairc go hálainn ón mbalcóin. Tá an fharraige le feiceáil agus tá an aimsir ar fheabhas. Tá go leor le déanamh anseo. Inné chuamar síos go dtí an trá. Bhíomar ag tógáil na gréine an lá ar fad. Dath donn atá ar Bhríd anois ach maidir liom féin, bhuel, táim chomh bán le sneachta fós!

Tá an bia go hálainn anseo agus tá bialann deas in aice leis an árasán. Chuaigh mise agus Bríd go dtí an dioscó aréir. Níor tháinig mo thuismitheoirí in éineacht linn, buíochas le Dia! Bhuaileamar le daoine óga agus ceapann Bríd go bhfuil sí i ngrá anois!

Beimid ag dul ar thuras go Gibraltar amárach. Táim ag súil go mór leis. Céard fútsa? Aon scéal? Beidh mé ag teacht abhaile an Satharn seo chugainn. Feicfidh mé thú ansin. Idir an dá linn, tóg go bog é!

Slán go fóill
Carolín

● **Ceisteanna**

1 Cá bhfuil Carolín anois?
2 Cé atá in éineacht léi?
3 Cá bhfuil sí ag fanacht?
4 Déan cur síos ar an áit.
5 Cá ndeachaigh Bríd agus Carolín aréir?

● **Líon isteach na bearnaí.**

Óstán na Páirce
Trá Lí
Contae Chiarraí

18 ___1___ 04

A Áine, a chara,

Beatha agus___2_____. Conas atá ag __3____ leat? Tá _4____ agam go bhfuil tú go maith. Maidir liom féin, bhuel, ní gearánta dom! Táim ar mo ____5_____ _____ anseo i gCiarraí. Tá mo mhuintir __ __6_____ _____.

Bhíomar _____ 7_____ tar éis an taistil ar fad. Bhí Daid ag tiomáint agus bhí an trácht go dona. Táimid __8__ _____ in óstán. Tá an t-óstán go hálainn. Tá na _____9____ go hiontach agus tá na locha le feiceáil ó mo sheomra féin. An aimsir? Bhuel, thosaigh an bháisteach ar an Luan agus tá an aimsir go dona fós. Inniu an Satharn!

Tá go leor le _____10_____ anseo, áfach. Tá linn snámha san óstán agus tá halla snúcair in aice linn freisin.

Beimid ag dul ar ____11_____ amárach timpeall na locha. Táim ag __12___ go mór leis. Tá súil agam go mbeidh __ ____13___ níos fearr! Céard fútsa? Aon___14__? Beidh mé ag teacht abhaile an __15_____ seo chugainn. Feicfidh mé thú ansin. ___16___ an dá linn, tóg go __17___ é!

Slán go fóill
Cian

bog
in éineacht liom
súil
tuirseach traochta
scéal
idir
súil
an aimsir
Aoine
déanamh
Lúnasa
thuras
éirí
radhairc
ag fanacht
laethanta saoire
sláinte

Gluais			
ní gearánta dom	I can't complain	ag tiomáint	driving
bhí an trácht go dona	the traffic was bad	na locha	the lakes
an bháisteach	the rain		

● **Obair duitse**

Tá tú ar saoire thar lear sa samhradh. Scríobh an litir a chuirfeá chuig cara leat atá sa bhaile in Éirinn.

Litir 9

Tá tú ar chúrsa samhraidh sa Ghaeltacht. Scríobh an litir a chuirfeá chuig cara leat sa bhaile.

Bí réidh roimh ré!
Déan an mheaitseáil ar dtús agus beidh tú réidh don litir.

1	Beatha agus sláinte!	A	The journey was terrible.	1 =	
2	shroicheamar	B	They are all very decent.	2 =	
3	Bhí an turas go huafásach.	C	The food is awful.	3 =	
4	Bhí an trácht go dona.	D	There are games every afternoon.	4 =	
5	Chodail mé go sámh.	E	The traffic was bad.	5 =	
6	Bhí an aimsir go dona … tá an ghrian ag taitneamh anois.	F	I slept well.	6 =	
7	Tá an ceantar seo go hálainn.	G	There is a céilí every night.	7 =	
8	na locha agus na sléibhte	H	The weather was bad … the sun is shining now.	8 =	
9	Tá seisear eile ag fanacht sa teach liom.	I	The area is beautiful.	9 =	
10	Tá siad go léir an-lách.	J	There are six others staying in the house with me.	10 =	
11	Siúlaimid dhá mhíle gach maidin.	K	the lakes and the mountains	11 =	
12	Bíonn cluichí ar siúl gach tráthnóna.	L	I hate them.	12 =	
13	Bíonn an-spórt go deo againn.	M	we reached	13 =	
14	Bíonn céilí ar siúl gach oíche.	N	We walk two miles every morning.	14 =	
15	Is fuath liom iad.	O	Greetings!	15 =	
16	Tá an bia go huafásach.	P	We have a great time.	16 =	

Tigh Mhaitiú
Ros Muc
Contae na Gaillimhe

14 Iúil 04

A Shíle, a chara

Beatha agus sláinte! Séimí anseo! Tá súil agam go bhfuil tú go maith. Abair le do mhuintir go raibh mé ag cur a dtuairisce. Bhuel, maidir liom féin, táim ar mhuin na muice. Shroicheamar an áit seo timpeall a haon déag a chlog oíche Dé Sathairn. Bhí an turas ar an mbus go huafásach. Bhí an trácht go dona. Bhí mé tuirseach traochta agus chodail mé go sámh an oíche sin.

Bhí an aimsir go dona ar feadh cúpla lá ach tá an ghrian ag taitneamh anois. Tá an ceantar seo go hálainn. Táim ag fanacht i dTigh Mhaitiú agus tá na radhairc go hiontach. Tá na locha agus na sléibhte le feiceáil ó mo sheomra féin. Tá seisear eile ag fanacht sa teach liom. Tá siad an-lách agus tá gach duine gealgháireach anseo.

Tosaíonn na ranganna ar maidin ar a leathuair tar éis a naoi. Siúlaimid ar scoil! Dhá mhíle gach maidin agus arís ag am lóin. Bíonn cluichí ar siúl gach tráthnóna. Imrím peil gach lá! Bíonn an-spórt go deo againn. Beimid ag dul ag snámh inniu mar tá an aimsir go maith. Bíonn céilí ar siúl gach oíche. Is fuath liom iad!

Tá an bhean a' tí go deas lách ach tá an bia go huafásach! Caithfidh mé dul anois. Táimid ag dul ar ais ar scoil.

Scríobh chugam go luath.

Slán go fóill
Séimí

● **Ceisteanna**

1 Déan cur síos ar an turas síos sa bhus.
2 Déan cur síos ar an aimsir.
3 Déan cur síos ar an teach (radhairc, daoine, bia).
4 Déan cur síos ar lá Shéimí sa choláiste.

● **Líon isteach na bearnaí.**

Tigh Sheoighe
Carna
Contae na Gaillimhe

14 Iúil 04

A Sheáin, a chara

Beatha agus ___1___! Rachel anseo! Tá súil agam ___2___ tú go maith. Abair le do mhuintir go bhfuil mé ___3___ _____. Bhuel, maidir liom féin, táim ___4___ na muice. ___5_____ an áit seo timpeall a ___6___ _____ oíche Dé hAoine. Bhí an turas ar an mbus ___7_____. Bhí mé ____8__ traochta agus chodail mé go sámh an oíche sin.

   Tá ag éirí go maith liom anseo. Tá an ___9_____ go hálainn agus tá an ghrian ag taitneamh inniu. Táim ag fanacht i dTigh Sheoighe agus tá gach duine ___10_____ sa teach. Tá __11_____ eile ag fanacht sa teach liom. Bíonn scuaine fada don seomra folctha gach maidin, geallaimse duit!

   __12_____ na ranganna ar maidin ar leathuair tar éis a naoi. Tá an t-ádh linn mar tá an teach díreach in aice leis an scoil. Bíonn ___13_____ ar siúl gach tráthnóna. Is fuath liom iad! B'fhearr liomsa a bheith ag tógáil ___ ____14____! Bíonn céilí ar siúl gach _15_____. Is aoibhinn liom iad! Tá na damhsaí ar eolas againn anois agus bíonn ___ _16_____ go deo againn.

   Caithfidh mé dul anois. Táimid ag dul ar ais ar scoil. Scríobh chugam go luath.

Slán go fóill
Rachel

oíche	go huafásach
sláinte	deich a chlog
go bhfuil	an-lách
tuirseach	cluichí
tosaíonn	an–spórt
ag cur a	ochtar
dtuairisce	aimsir
ar mhuin	na gréine
shroicheamar	

● **Obair duitse**

Tá tú ar chúrsa samhraidh sa Ghaeltacht. Scríobh an litir a chuirfeá chuig cara leat sa bhaile. Bain úsáid as na samplaí thuas.

An Litir

(Fhoirmeálta)

Beannachtaí	Críocha
a chara	Is mise, le meas
a dhuine uasail	Is mise
a Phríomhoide	

● **Litir 1**

Níl tú sásta leis na cláir atá ar TG4 do dhaoine óga. Scríobh an litir a chuirfeá chuig ceannasaí TG4 faoi sin.

Bí réidh roimh ré!
Déan an mheaitseáil ar dtús agus beidh tú réidh don litir.

1	A dhuine uasail	A	Why are there not more like these?	1 =
2	Is litir ghearáin agus litir mholta í seo.	B	soaps	2 =
3	bhí mé ag súil go mór le …	C	This is a letter of praise and complaint.	3 =
4	Tá gearán agam anois.	D	Listen to us, then.	4 =
5	is annamh …	E	They continue on until the afternoon.	5 =
6	Ba mhaith liom cúpla pointe a lua faoi.	F	All my friends agree with me.	6 =
7	na cláir atá ann do pháistí	G	But what about the teenagers?	7 =
8	Leanann siad ar aghaidh go dtí an iarnóin.	H	I was looking forward to …	8 =
9	Ach céard faoi na déagóirí?	I	Dear sir/madam	9 =
10	Ach cén fáth nach bhfuil tuilleadh ann díobh siúd?	J	Yours faithfully	10 =
11	Bheinn lánsásta féachaint orthu dá mbeidís ann.	K	rarely …	11 =
12	sobalchláir	L	These are the programmes which we would like.	12 =
13	Is iad sin na cláir atá ag teastáil uainn.	M	the programmes for children	13 =
14	Aontaíonn mo chairde go léir liom.	N	I would like to make a few points about this.	14 =
15	Mar sin, bí ag éisteacht linn.	O	I have a complaint now.	15 =
16	Is mise, le meas	P	I would be happy to watch them if they were on.	16 =

24 Bóthar na Trá
An Daingean
Contae Chiarraí

30 Feabhra 04

A dhuine uasail

Táim ceithre bliana déag d'aois agus táim sa dara bliain sa mheánscoil. Is litir ghearáin agus litir mholta í seo. Bhí áthas orm nuair a thosaigh TG4 ar dtús. Bhí mé ag súil go mór leis na cláir a bheadh ann do dhaoine óga ach tá gearán agam anois. Is annamh a bhíonn clár ann do dhaoine óga ar chor ar bith.

Ba mhaith liom cúpla pointe a lua faoi. Tá deartháir óg agam agus tá sé an-sásta leis na cláir atá ann do pháistí. Tosaíonn na cláir sin go moch ar maidin agus leanann siad ar aghaidh go dtí an iarnóin. Cláir iontacha iad go léir. Ach céard faoi na déagóirí? B'fhéidir go mbíonn clár amháin dóibh cosúil le Pop TV. Tá na cláir sin go maith. Ach cén fáth nach bhfuil tuilleadh díobh siúd? Bheinn lánsásta féachaint orthu dá mbeidís ann.

Cláir cheoil, cláir ghrinn, cláir spóirt agus sobalchláir. Is iad sin na cláir atá ag teastáil uainn. Aontaíonn mo chairde go léir liom. Mar sin, bí ag éisteacht linn!

Is mise, le meas
Deirdre Ní Cheallaigh

Ceisteanna

1 Cén gearán atá ag Deirdre?
2 Cad atá le rá aici maidir leis na cláir do pháistí?
3 Cén sórt clár atá ag teastáil uaithi?
4 An aontaíonn a cairde léi?

● **Líon isteach na bearnaí.**

Níl tú sásta le clár nua do dhaoine óga ar Network 2. Scríobh an **litir** a chuirfeá chuig ceannasaí RTÉ faoi sin.

                                                                11 An Corrán
                                                                Rath Eanaigh
                                                                Baile Átha Cliath

                                                                23 Márta 04

_____1_____ _____

Táim ___2____ bliana déag d'aois agus táim sa __3____ bhliain sa mheánscoil. Is litir ghearáin agus ___4___ mholta í seo. Bhí _5____ orm nuair a chuala mé go mbeadh __6__ nua ar siúl ar Network 2 do____7___ _____. Bhí mé ___8____ go mór leis an gclár seo. Bhí mé ag súil go mór le faisean, ___9__, scannáin, ___10_____ agus spóirt dar ndóigh. Tá ____11_____ agam anois, áfach. Is annamh a bhíonn aon rud ar an gclár seo ach spórt, spórt agus tuilleadh spóirt! Cad a tharla?

Tá an iomarca spóirt ar an teilifís cheana féin! Tá deartháir óg agam agus tá sé ____12_____ leis an gclár seo. Nílim sásta ar ___13__ ar bith. Tá fearg an domhain orm.

Cláir cheoil, cláir ghrinn, cláir faisin agus sobalcláir; sin iad na cláir atá ag ___14_____ uaim. Bheinn lánsásta _____15_____ air dá mbeidís ann.

____16_____ mo chairde go léir liom. Mar sin, bí _____17___ linn!

_____18____ __ _____
Bríd Ní Néill

chor	aontaíonn
ag súil	a dhuine uasail
chéad	dhaoine óga
áthas	ceol
clár	ag éisteacht
leabhair	is mise, le meas
gearán	litir
teastáil	lánsásta
féachaint	trí

Gluais			
tuilleadh	more	an iomarca	too much

● **Obair duitse**

Níl tú sásta leis na cláir atá ar TG4 do dhaoine óga. Scríobh litir chuig Ceannasaí TG4 faoi sin. Bain úsáid as na samplaí thuas.

58

Litir 2

Litir a léigh tú sa nuachtán le déanaí faoi teifigh (*refugees*), chuir sé déistin ort. Scríobh an litir a chuirfeá chuig eagarthóir an nuachtáin faoi sin.

Bí réidh roimh ré!
Déan an mheaitseáil ar dtús agus beidh tú réidh don litir.

1	le déanaí	A	even	1 =
2	a chuir fearg an domhain orm	B	recently	2 =
3	an méid daoine	C	in times of hardship	3 =
4	a thagann ó thíortha eile	D	the number of people	4 =
5	ag fáil airgid ón Stát	E	I would like to make a few points about it.	5 =
6	fiú	F	My friends all agree with me.	6 =
7	Ba mhaith liom cúpla pointe a lua faoi.	G	thousands of people escaped …	7 =
8	D'éalaigh na mílte daoine …	H	which made me very angry	8 =
9	in am an ghátair	I	we should	9 =
10	an gorta	J	getting money from the State	10 =
11	Saol nua a bhí á lorg acu.	K	They were looking for a new life.	11 =
12	na teifigh	L	Yours faithfully	12 =
13	Cad atá cearr leis sin?	M	the refugees	13 =
14	ba chóir dúinn	N	What's wrong with that?	14 =
15	Aontaíonn mo chairde go léir liom.	O	the famine	15 =
16	Is mise, le meas	P	who come from other countries	16 =

59

35 Bóthar na hEaglaise
Inis
Contae an Chláir
15 Samhain 04

A dhuine uasail

Táim cúig bliana déag d'aois agus táim sa tríú bliain sa mheánscoil. Léigh mé litir sa nuachtán le déanaí a chuir fearg an domhain orm. Dúirt an fear go raibh sé míshásta leis an méid daoine atá sa tír seo anois a tháinig anseo ó thíortha eile. Bíonn fearg air, a dúirt sé, nuair a fheiceann sé na daoine sin ag fáil airgead ón Stát nó ag siúl ar na sráideanna, fiú!

Ba mhaith liom cúpla pointe a lua faoi. D'éalaigh na mílte daoine ón tír seo go dtí tíortha eile in am an ghátair, ag tosú leis an ngorta mór agus ag dul ar aghaidh go dtí an lá atá inniu ann! Saol nua a bhí á lorg acu, saol níos fearr ná an saol a bhí le fáil acu anseo in Éirinn. D'éirigh go maith leis an gcuid is mó acu.

Tagann na teifigh anseo ag lorg saol níos fearr dóibh féin. Cad atá cearr leis sin? Ba chóir dúinn go léir fáilte a chur rompu. Aontaíonn mo chairde go léir liom.

Is mise, le meas
Daithí Ó Broin

● **Cuir tic sa bhosca ceart.**

		Fíor	Bréagach
1	Bhí an fear lánsásta leis na teifigh atá sa tír seo anois.	☐	☐
2	D'éalaigh na mílte daoine ón tír seo go dtí tíortha eile.	☐	☐
3	Saol nua a bhí á lorg acu.	☐	☐
4	Níor éirigh go maith leo.	☐	☐

● **Líon isteach na bearnaí.**

Litir a léigh tú le déanaí sa nuachtán faoi dhaoine óga, chuir sé fearg ort. Scríobh an **litir** a chuirfeá chuig eagarthóir an nuachtáin faoi sin.

> 78 An Corrán
> Béal Átha Luain
> Contae na hIarmhí
> 30 ___1___ 04

___ ___2___ _____

Táim ____3___ bliana déag d'aois agus táim sa __4____ bliain sa mheánscoil. Is ____5_ ghearáin í an litir seo. __6____ mé litir sa nuachtán le ____7____ a chuir fearg an domhain orm. Dúirt an fear go raibh sé míshásta le_____8___ _____. Bíonn fearg air, a dúirt sé, nuair _ ___9_____ sé na daoine óga ag ól agus ag caitheamh tobac ar na sráideanna, ag fáil airgead ón Stát agus gan iad a bheith ag obair. Cuireann sé an locht ar dhaoine óga don choireacht sa tír seo faoi láthair, don bhruscar agus do na timpistí bóithre! Ach céard faoi_____10_ _____? Ba mhaith liom cúpla pointe __11____ faoi.

Ní sampla ró-mhaith a thugann daoine fásta do dhaoine óga! Feicim daoine fásta ag _12_ agus ag caitheamh tobac agus ag caitheamh bruscair ar an tsráid gach uile lá. Feicim ___13__ _____ ag tiomáint go baolach. Feicim daoine fásta ar an teilifís ag dul isteach sna cúirteanna. Ba chóir dó an locht a chuir ar dhaoine fásta mar sin. ___14_____ mo chairde go léir liom.

__ __15__ _ ____
Barra Ó Néill

aontaíonn
a lua
a dhuine uasail
léigh
na daoine fásta
sé
is mise, le meas
déanaí
a fheiceann
ól
litir
daoine fásta
Aibreán
cúigiú
daoine óga

● **Obair duitse**

Léigh tú litir le déanaí sa nuachtán a chuir fearg ort. Scríobh an litir a chuirfeá chuig eagarthóir an nuachtáin faoi sin. Bain úsáid as na samplaí thuas.

Gluais	
ag caitheamh tobac	smoking
cuireann sé an locht	he blames
don choireacht	for crime
don bhruscar	for litter
ag tiomáint go baolach	driving dangerously
ag dul isteach sna cúirteanna	entering the courts
ba chóir dó	he ought to

● **Litir 3**

Bhí litir sa nuachtán áitiúil ag gearán faoin mbruscar a fhágann na daltaí ar an mbóthar taobh amuigh de do scoil. Scríobh an litir a chuirfeá chuig an eagarthóir mar fhreagra ar an litir sin.

Bí réidh roimh ré!
Déan an mheaitseáil ar dtús agus beidh tú réidh don litir.

1	le déanaí	A	inside or outside the school	1 =		
2	a chuir fearg an domhain orm	B	the amount of litter	2 =		
3	an méid bruscair	C	Yours faithfully	3 =		
4	Ba mhaith liom cúpla pointe a lua faoi.	D	a neat clean school	4 =		
5	scoil ghlan néata	E	This woman would be welcome.	5 =		
6	Bheadh fáilte roimh an mbean seo.	F	which made me very angry	6 =		
7	Aon lá sa tseachtain.	G	All of the girls are proud of …	7 =		
8	Tá na cailíní go léir bródúil as …	H	Well, perhaps it came from the houses …	8 =		
9	Ní bheadh aon chailín sásta bruscar a chaitheamh …	I	I'd like to make a few points about this.	9 =		
10	laistigh nó lasmuigh den scoil	J	No girl would want to throw litter …	10 =		
11	Bhuel, b'fhéidir gur tháinig sé ó na tithe …	K	My friends all agree with me.	11 =		
12	Aontaíonn mo chairde go léir liom.	L	recently	12 =		
13	Is mise, le meas	M	Any day of the week.	13 =		

13 Bóthar na hEaglaise
An tAonach
Contae Thiobraid Árann

12 Aibreán 04

A dhuine uasail

Táim ceithre bliana déag d'aois agus táim sa dara bliain i Scoil Naomh Áine i lár an bhaile. Léigh mé litir sa nuachtán le déanaí a chuir fearg an domhain orm. Dúirt an bhean go raibh sí míshásta leis an méid bruscair a fhágann na daltaí ar an mbóthar taobh amuigh de mo scoil féin.

Ba mhaith liom cúpla pointe a lua faoi. Scoil ghlan néata í Scoil Naomh Áine agus bheadh fáilte roimh an mbean seo teacht anseo aon lá sa tseachtain chun an scoil a fheiceáil. Tá na cailíní go léir bródúil as an scoil. Ní bheadh aon chailín sásta bruscar a chaitheamh laistigh nó lasmuigh den scoil. Aon bhruscar atá lasmuigh den scoil, bhuel, b'fhéidir gur tháinig sé ó na tithe atá in aice na scoile. Aontaíonn mo chairde go léir liom.

Is mise, le meas
Síofra de Staic

● **Ceisteanna**
1   Cá raibh an bruscar, dar leis an mbean?
2   Cén sórt scoile í Scoil Naomh Áine, dar le Síofra?
3   Cad as a dtáinig an bruscar mar sin, dar le Síofra?

● **Líon isteach na bearnaí.**

Léigh tú alt sa nuachtán *Anois* faoi d'áit dhúchais. Chuir an t-alt fearg ort. Scríobh an **litir** a chuirfeá chuig eagarthóir an nuachtáin sin.

13 Bóthar na Trá
Bré
Contae Chill Mhantáin
9 ___1___ 04

___ ____2__ _____,

Táim ____3___ bliana déag d'aois agus táim sa __4____ bliain sa mheánscoil. Is ___5__ ghearáin í an litir seo. __6____ mé alt sa nuachtán *Anois* le ___7_____ a chuir fearg an _____8_____ orm. Dúirt an scríbhneoir go raibh sé i m'áit dhúchais, Bré, le déanaí agus nach raibh sé __9___ leis an áit ar chor ar bith. Léigh mé san alt go raibh an baile lofa le ____10___, go raibh an trácht __ 11_____ ann agus nach raibh rud ar bith le déanamh ann. Cháin sé an bia a bhí le fáil sa bhialann agus dúirt sé nach raibh áit ar bith ann chun béile deas a fháil.

__ __12__ ____ cúpla pointe a lua faoi. Baile glan néata é m'áit dhúchais agus bheinn sásta dul timpeall an bhaile leis aon__ __13_ _____. Tá muintir na háite __14_____ as an mbaile. Cinnte, bíonn an trácht go dona ann, díreach cosúil le haon áit eile sa tír. Tá go leor __ 15_____ anseo. Tá na radhairc __ _16_____ agus tá a lán bialanna deasa sa bhaile. Aontaíonn __ __17____ go léir liom. Is aoibhinn linn ár n-áit dhúchais!

__ ___18__ __ ____
Brenda Nic Aodha

domhain	bruscar	mo chairde
go dona	ba mhaith liom	is mise, le meas
sé	Meitheamh	sásta
léigh	bródúil	lá sa tseachtain
déanaí	le déanamh	go hálainn
litir	a dhuine uasail	cúigiú

Gluais

alt	*article*	an scríbhneoir	*the writer*	lofa le	*rotten with (litter)*
trácht	*traffic*	cháin sé	*he criticised*	béile	*a meal*
bheinn sásta	*I would be happy*	muintir na háite	*the local people*		
díreach cosúil le	*just like*	is aoibhinn linn	*we love*		

● **Obair duitse**

Léigh tú alt sa nuachtán le déanaí faoin mbruscar a fhágann na daltaí ar an mbóthar taobh amuigh de do scoil. Scríobh an litir a chuirfeá chuig an eagarthóir faoi sin.

Litir 4

Chuaigh tú ar thuras scoile le déanaí go dtí an Dáil. Ba mhaith leat buíochas a ghabháil le do Theachta Dála as an gcuairt. Scríobh litir buíochais di/dó.

Bí réidh roimh ré!
Déan an mheaitseáil ar dtús agus beidh tú réidh don litir.

1	mar is eol duit	A	I would like to thank you …	1 =	
2	thar a bheith sásta bualadh leat	B	We really enjoyed the trip.	2 =	
3	Ba mhaith liom mo bhuíochas a ghabháil leat …	C	We are very grateful to you.	3 =	
4	… thar ceann an ranga …	D	… on behalf of the class …	4 =	
5	… as ucht an fháilte a chuir tú romhainn go léir.	E	We enjoyed the debate very much.	5 =	
6	Táimid an-bhuíoch díot.	F	It is a great pity we didn't have the chance to meet …	6 =	
7	Chuir Teach Laighean ionadh orainn.	G	as you know	7 =	
8	Thaitin an díospóireacht go mór linn.	H	I understand that they are very busy.	8 =	
9	Is mór an trua nach raibh seans againn bualadh le …	I	very happy to meet you	9 =	
10	Tuigim go mbíonn siad an-ghnóthach go deo.	J	to invite you	10 =	
11	cuireadh a thabhairt duit	K	You would be made very welcome	11 =	
12	Bheadh fáilte mhór romhat.	L	Leinster House amazed us.	12 =	
13	Bhaineamar an-taitneamh go deo as an turas.	M	… for the great welcome you gave us all.	13 =	

12 An Corrán
Mullach Íde
Baile Átha Cliath

28 Feabhra 04

A chara

Is mise Sorcha de Faoite. Táim ceithre bliana déag d'aois agus táim sa dara bliain i gColáiste Mhuire. Mar is eol duit, chuaigh mé chuig an Dáil an tseachtain seo caite le mo rang. Bhíomar thar a bheith sásta bualadh leatsa agus an Dáil a fheiceáil. Ba mhaith liom mo bhuíochas a ghabháil leat thar ceann an ranga as ucht an fháilte a chuir tú romhainn go léir. Táimid an-bhuíoch díot.

    Chuir Teach Laighean ionadh orainn agus thaitin an díospóireacht go mór linn. Is mór an trua nach raibh seans againn bualadh leis an Taoiseach nó an Tánaiste. Tuigim go mbíonn siad an-ghnóthach go deo.

    Ba mhaith linn cuireadh a thabhairt duit teacht chuig ár scoil féin go luath. Beidh fáilte mhór romhat. Go raibh míle maith agat arís. Bhaineamar an-taitneamh go deo as an turas.

Is mise, le meas
Sorcha de Faoite

● Ceisteanna

1. Cá raibh Sorcha agus a rang an tseachtain seo caite?
2. Ar thaitin Teach Laighean leo?
3. Ar bhuail siad leis an Taoiseach? Cén fáth?

Líon isteach na bearnaí.

Chuaigh tú ar thuras scoile le do rang go hÁras an Uachtaráin le déanaí. Scríobh **litir** chuig an Uachtarán ag gabháil buíochais léi.

67 Bóthar na hEaglaise
Cill Chainnigh

18 __1____ 03

__ ____2____

__ ____3__ Cian Ó Chonghaile. Táim __4____ bliana déag d'aois agus táim sa ___5__ bliain i gColáiste Naomh Eoin. Mar is ___6_ duit, chuaigh mé chuig Áras an Uachtaráin an ____7_____ seo caite le mo rang. Bhíomar thar a bheith ___8___ bualadh leatsa agus Áras an Uachtaráin a fheiceáil. Ba mhaith liom __ ___9_____ a ghabháil leat thar ceann an ranga as ucht an fháilte __ _10_____ tú romhainn go léir. Táimid ___ __11_____ díot.

Chuir Áras an Uachtaráin ___12___ orainn agus thaitin __ ____13____ go mór linn. Bhí an aimsir go hálainn agus bhaineamar __ _14_____ as an tae sa ghairdín. Is mór an onóir dúinn bualadh leat mar tuigimid go mbíonn tú __ ____15____ go deo.

Go raibh míle maith _16____ arís. Bhaineamar an-taitneamh go deo as an turas.

__ __17__, __ _____
Cian Ó Conghaile

sásta
is mise le meas
a chuir
an taitneamh
cúig
a chara
is mise
tseachtain
mo bhuíochas
eol
ionadh
an-bhuíoch
an-ghnóthach
agat
Feabhra
tríú
an gairdín

Obair duitse

Chuaigh tú ar thuras scoile le déanaí go dtí an Dáil. Ba mhaith leat buíochas a ghabháil le do Theachta Dála as an gcuairt. Scríobh litir ag gabháil buíochais leis/léi.

Litir 5

Ba mhaith leat post a fháil i dteach ósta don samhradh. Scríobh litir ag cur isteach ar an bpost sin.

Bí réidh roimh ré!
Déan an mheaitseáil ar dtús agus beidh tú réidh don litir.

1	Ba mhaith liom cur isteach ar an bpost …	A	going to university	1 =	
2	… a fógraíodh.	B	I have already gained experience.	2 =	
3	tá tú ag lorg	C	… which was advertised.	3 =	
4	Beidh mé ag déanamh an Ardteist …	D	… if you could send me a reply soon.	4 =	
5	ag dul go dtí an ollscoil	E	I will be doing my Leaving Certificate …	5 =	
6	Chaith mé …	F	I spent …	6 =	
7	anuraidh	G	I would be grateful to you …	7 =	
8	Tá taithí agam cheana féin.	H	last year	8 =	
9	Fuair mé teastas ón mbainisteoir.	I	you are looking for	9 =	
10	Bheinn buíoch díot …	J	I got a letter of reference from the manager.	10 =	
11	… ach scéala a chur chugam go luath.	K	I would like to apply for the job …	11 =	

12 An Corrán
An Muileann gCearr
Contae na hIarmhí

14 Bealtaine 04

A dhuine uasail

Ba mhaith liom cur isteach ar an bpost a fógraíodh sa nuachtán le déanaí. Tá tú ag lorg daoine óga don samhradh san óstán.
    Is mise Gillian Ní Cheallaigh. Táim seacht mbliana déag d'aois. Beidh mé ag déanamh an Ardteist mí an Mheithimh agus tá súil agam go mbeidh mé ag dul go dtí an ollscoil mí Dheireadh Fómhair. Chaith mé trí mhí ag obair in óstán i mBaile Átha Cliath anuraidh, mar sin tá taithí agam cheana féin. Ghlan mé na seomraí ar maidin agus bhí mé ag obair sa bhialann ag am lóin agus san oíche. Bhain mé taitneamh as an obair. Fuair mé teastas ón mbainisteoir agus tá sé istigh leis an litir seo.
    Bheinn buíoch díot dá gcuirfá scéala chugam go luath.

Is mise, le meas
Gillian Ní Cheallaigh

● Ceisteanna

1. Conas a chuala Gillian faoin bpost seo?
2. An bhfuil taithí aici?
3. Déan cur síos ar an obair a bhí le déanamh aici anuraidh.

● Líon isteach na bearnaí.

Ba mhaith leat post a fháil in oifig don samhradh.
Scríobh **litir** ag cur isteach ar an bpost sin.

19 An Corrán
Baile an Mhóta
Contae Shligigh

14 ____1____ 04

__ ___2___ _____

Ba mhaith liom ____ _3_____ ar an bpost a _____4_____ sa nuachtán le déanaí. Tá tú ag lorg duine óg don samhradh san oifig.

   Is mise Dan Ó Báille. Táim ocht mbliana déag d'aois. Beidh mé __ __5_____an Ardteist mí an Mheithimh agus __ 6_____ _____ go mbeidh mé ag dul go dtí an ollscoil mí Dheireadh Fómhair. ___7__ __ trí mhí ag obair in oifig i nGaillimh _____8_____mar sin tá ___9____ agam cheana féin. Bhí mé ag freastal ar na custaiméirí san oifig agus ar an teileafón. Tá clóscríobh agam agus bhí mé ag obair ar an ríomhaire chomh maith. Bhain mé taitneamh as an ___10___. Fuair mé __11_____ ón mbainisteoir agus tá sé istigh leis an litir seo.

   Bheinn ___12____ díot dá gcuirfeá __13____ chugam go luath.

__ __14__ __ ____
Gillian Ní Cheallaigh

| is mise, le meas |
| tá súil agam |
| taithí |
| cur isteach |
| scéala |
| ag déanamh |
| chaith mé |
| tá súil agam |
| teastas |
| a dhuine uasail |
| buíoch |
| obair |
| Aibreán |
| fógraíodh |
| anuraidh |

Gluais			
ag freastal ar na custaiméirí	*attending to customers*	clóscríobh	*typing*
ríomhaire	*computer*		

● Obair duitse

Chonaic tú fógra poist sa nuachtán. Ba mhaith leat cur isteach ar an bpost sin. Scríobh litir chuig an mbainisteoir.

C An Comhrá

● Comhrá 1 – Ceol

Bí réidh roimh ré

Déan an mheaitseáil ar dtús agus beidh tú réidh don chomhrá.

1	An bhfuil an dlúthdhiosca is déanaí le U2 agat?	A	At least I have a pastime.	1 =
2	Níl spéis dá laghad agam iontu.	B	Would you like to the U2 concert with me?	2 =
3	Chonaic mé iad i gceolchoirm.	C	Have you got U2's latest CD?	3 =
4	Ní maith liom popcheol de shaghas ar bith, go háirithe U2.	D	I am not going to the concert. I wouldn't go for all the money in the world.	4 =
5	Tá sé uafásach agus níl spéis agam ann.	E	I dislike all pop music, especially U2.	5 =
6	Tá ceol U2 galánta, go háirithe an t-albam is déanaí.	F	I have no interest in them whatsoever.	6 =
7	Ar a laghad tá caitheamh aimsire agam.	G	I saw them in concert.	7 =
8	Níl faic agatsa.	H	I think you are daft. Goodbye.	8 =
9	Ar mhaith leat dul chuig ceolchoirm U2 liom?	I	It's awful and I have no interest in it.	9 =
10	Níl mé ag dul go dtí an cheolchoirm. Ní rachainn ann ar ór na cruinne.	J	U2's music is wonderful, especially their latest album.	10 =
11	Ceapaim gur amadán tú. Slán.	K	You have nothing.	11 =

Bí réidh roimh ré

Déan an mheaitseáil ar dtús agus beidh tú réidh don chomhrá.

1	Bail ó Dhia ort.	A	Have you got a minute?	1 =
2	An bhail chéanna ort.	B	Certainly, what is it?	2 =
3	An bhfuil nóiméad agat?	C	Get out of my sight now.	3 =
4	Cinnte, céard é?	D	Hello!	4 =
5	A dhiabhail, cén fáth?	E	Hello to you.	5 =
6	Níl sé sin féaráilte.	F	I don't want to talk to you.	6 =
7	Níl aon chiall agat, agus sin é.	G	It's time you grew up.	7 =
8	Imigh leat go beo anois.	H	Oh dear, why?	8 =
9	Ní theastaíonn uaim caint leat.	I	Take it easy, for God's sake.	9 =
10	Tóg go bog é, in ainm Dé.	J	Well, may the devil choke you!	10 =
11	Tá sé in am agat fás suas.	K	That's not fair.	11 =
12	Bhuel, go dtachta an diabhal thú!	L	You've no sense, and that's all there is to it.	12 =

Páipéar 1   Ceist 1D (1998)

Is breá leat popcheol ach tá cara leat nach n-éisteann leis ar chor ar bith.

Seán: Bail ó Dhia ort.
Cara: An bhail chéanna ort.
Seán: An bhfuil nóiméad agat?
Cara: Cinnte, cad é?
Seán: An bhfuil an dlúthdhiosca is déanaí le U2 agat?
Cara: A dhiabhail, níl spéis dá laghad agam iontu.
Seán: Is mór an trua. Bhí mé ag féachaint orthu ar an teilifís agus chonaic mé iad ag canadh i gceolchoirm, freisin.
Cara: Ní fhaca mise é. Ach is cuma liom mar is fuath liom iad.
Seán: Is mór an trua. Ceolchoirm iontach a bhí ann. Creid nó ná creid bhí mé ag canadh an t-am go léir. Beidh siad ag teacht go Baile Átha Cliath an Aoine seo chugainn. Ar mhaith leat dul in éineacht liom?
Cara: Ó, an mar sin atá an scéal? Ní maith liom popcheol de shaghas ar bith, go háirithe U2.
Seán: A dhiabhail, cén fáth?
Cara: Tá sé uafásach, agus níl spéis agam ann. Níl ciall ar bith leis agus tá na liricí áiféiseach.
Seán: Níl sé sin fíor. Tá ceol U2 galánta, go háirithe an t-albam is déanaí.
Cara: Níl aon chiall agat, agus sin é. Imigh leat go beo anois, ní theastaíonn uaim caint leat.
Seán: Tóg go bog é, in ainm Dé.
Cara: Tá sé in am agat fás suas agus fáil réidh leis an spéis seo sa phopcheol.
Seán: Bhuel, go dtachta an diabhal thú! Ar a laghad tá caitheamh aimsire agam. Níl faic agatsa.
Cara: Ní gá duit a bheith ag éirí crosta.
Seán: Ar mhaith leat dul chuig ceolchoirm U2 liom?
Cara: An bodhar atá tú? Nílim ag dul go dtí ceolchoirm ar bith. Ní rachainn ann ar ór na cruinne.
Seán: Ceapaim gur amadán tú. Slán.

● **Cuir tic sa bhosca ceart.**

		Fíor	Bréagach
1	B'aoibhinn le Seán Bob Dylan.	☐	☐
2	Cheap Seán go mbeadh dlúthcheirnín U2 ag a chara.	☐	☐
3	Bhí an dlúthcheirnín ag a chara.	☐	☐
4	Níor thaitin popcheol lena chara.	☐	☐
5	Thaitin na liricí le cara Sheáin.	☐	☐
6	Thug Seán cuireadh dá chara dul chuig ceolchoirm leis.	☐	☐
7	Ghlac a chara leis an gcuireadh don cheolchoirm.	☐	☐

● **Líon isteach na bearnaí.**

Teastaíonn uait dul go dtí an Point chun ceolchoirm de chuid Oasis a fheiceáil. Níl d'athair ró-shásta leis seo. Scríobh an **comhrá** a bheadh eadraibh.

Mise: Bail ó ___1___ ort, a Dhaid. An bhfuil ___2___ agat?
Athair: Cinnte, cad é?
Mise: Bhuel, beidh Oasis ag teacht go Baile Átha Cliath an Aoine seo chugainn. An bhfuil cead agam dul ___3___ an ceolchoirm?
Athair: Ó, an mar sin atá an scéal? Níl cead agat.
Mise: Á, a ___4___, cén fáth?
Athair: Tá tú leisciúil agus níl tú ag obair ar scoil.
Mise: Níl tú ___5___. Tá tú anuas orm ó tháinig torthaí na scrúduithe amach, ach táim chun dul.
Athair: Níl cead agat, agus sin é. Imigh leat go ___6___ anois, ní theastaíonn uaim caint leat.
Mise: Táim ag déanamh mo dhíchill. Ní ormsa atá an ___7___. Tá a fhios agam nach raibh torthaí na Nollag iontach. Ní haon mhaith a bheith ag caint nuair atá an dochar déanta.
Athair: An gceapann tú gur ___8___ críochnaithe mé? Níl tú ag dul. Tá sé in am agat fás suas.
Mise: Bhuel, go ___9___ an diabhal thú!
Athair: Múinfidh mise ceacht duitse, a Sheosaimh.
Mise: Ní ___10___ duit a bheith ag éirí crosta. An bhfuil cead agam dul chuig Oasis?
Athair: An ___11___ atá tú? Níl tú ag dul go dtí an cheolchoirm sin.
Mise: Cuirfidh mé ceist ar mo mham nuair a thiocfaidh sí abhaile.
Athair: Ar aghaidh leat ach beidh an freagra céanna aici.
Mise: Níl sibh féaráilte liom.
Athair: Imigh ___12___, tá mé gnóthach.

amadán
beo
bodhar
chuig
féaráilte
Dhia
dhiabhail
dtachta
gá
nóiméad
leat
locht

● **Obair duitse**

Comhrá

Ba mhaith leat dul chuig ceolchoirm le do chairde go léir an mhí seo chugainn. Ní mó ná sásta atá do thuismitheoirí leis an bplean. Ní dóigh leo go bhfuil an ceol nó do chairde oiriúnach. Scríobh an comhrá a bheadh eadraibh.

Comhrá 2 – Spórt

Bí réidh roimh ré

Déan an mheaitseáil ar dtús agus beidh tú réidh don chomhrá.

1	Ceárd é sin?	A	*I hate sport.*	1 =
2	Is fuath liom spórt.	B	*Can we be friends again?*	2 =
3	Níl spéis ar bith agam ann.	C	*I find sport interesting.*	3 =
4	Níl tú i ndáiríre.	D	*I'd agree with you but things were even worse on the other channels.*	4 =
5	Gan amhras, táim.	E	*I'd prefer to play.*	5 =
6	Mar sin féin, d'fhág sé sin rogha maith agat.	F	*Indeed I am.*	6 =
7	D'aontóinn leat ach bhí cúrsaí níos measa ar na cainéil eile.	G	*I have no interest in it.*	7 =
8	Ní raibh ann ach oíche amháin teilifíse.	H	*It's boring and a waste of time.*	8 =
9	Anocht beidh cúrsaí chomh dona céanna.	I	*It was only one night's television.*	9 =
10	Cad tá cearr le spórt?	J	*All the same, it left you with a decent choice.*	10 =
11	Tá sé leadránach, agus is cur amú ama é.	K	*Tonight things will be as bad as ever.*	11 =
12	Ceapaim go bhfuil spórt spéisiúil.	L	*What's that?*	12 =
13	B'fhearr liom bheith ag imirt.	M	*What's wrong with sport?*	13 =
14	An féidir linn bheith inár gcairde arís?	N	*You're not serious.*	14 =

Bí réidh roimh ré!

Déan an mheaitseáil ar dtús agus beidh tú réidh don chomhrá.

1	Aon scéal agat?	A	*Certainly, I'll go.*	1 =
2	Diabhal scéil, seachas an gearán céanna.	B	*Any news?*	2 =
3	Is óinseach tusa.	C	*Do you think I am a complete idiot?*	3 =
4	Cinnte, rachaidh mé.	D	*Get out of my sight now.*	4 =
5	Is leisceoir tusa.	E	*Get sense.*	5 =
6	An gceapann tú gur amadán críochnaithe mé?	F	*I don't want to talk to you.*	6 =
7	Bíodh ciall agat.	G	*It's time you grew up.*	7 =
8	Imigh leat go beo anois.	H	*No news, except for the same complaint.*	8 =
9	Ní theastaíonn uaim caint leat.	I	*Nonsense.*	9 =
10	Seafóid.	J	*Well, may the devil choke you!*	10 =
11	Tá sé in am agat fás suas.	K	*I've had enough of you.*	11 =
12	Bhuel, go dtachta an diabhal thú!	L	*You're a lazybones.*	12 =
13	Táim bréan díot.	M	*You're an idiot.*	13 =

● **Páipéar 1 Ceist 1D (2001)**

Tá suim mhór agat féin sa spórt ach níl suim ar bith ag cara leat ann. Scríobh an comhrá a bheadh eadraibh.

Gráinne: Dia duit, a Shíle.
Síle: Dia's Muire duit.
Gráinne: Aon scéal agat?
Síle: Diabhal scéil, seachas an gearán céanna a bhíonn agam i gcónaí.
Gráinne: Cad é sin?
Síle: Is fuath liom spórt. Cuireann sé fearg orm an méid spóirt a bhíonn ar an teilifís agus sna nuachtáin na laethanta seo.
Gráinne: Níl tú i ndáiríre.
Síle: Gan amhras, táim. Inné mar shampla, bhí cispheil, sacar agus snámh le feiceáil ar TV3, ag an am céanna bhí TG4 ag craoladh rugbaí agus bhí peil le feiceáil ar RTÉ1.
Gráinne: Mar sin féin, d'fhág sé sin rogha maith agat le Network 2 agus na bealaí Sasanacha is saitilíte.
Síle: D'aontóinn leat ach bhí cúrsaí níos measa ar na bealaí eile. Ar na bealaí Sasanacha bhí siad ag craoladh rothaíocht, bádóireacht agus seoltóireacht. Níos measa fós ní raibh ach dornálaíocht agus babhta iomrascála ar na bealaí saitilíte.
Gráinne: Ní raibh ann ach oíche amháin teilifíse.
Síle: Anocht, beidh cúrsaí chomh dona céanna.
Mise: Ní dóigh liom go mbeidh.
Síle: Éist liom, beidh peil Mheiriceánach, cruicéad, iomáint agus lúthchleasaíocht ar an teilifís.
Gráinne: Cad atá cearr le spórt, ar aon nós?
Síle: Cearr, tá gach rud cearr! Tá sé leadránach, agus is cur amú ama é.
Gráinne: Ní aontaím leat. Is aoibhinn liom spórt. Ceapaim go bhfuil spórt spéisiúil ar an teilifís ach b'fhearr liom bheith ag imirt.
Síle: Is óinseach tusa. Níl maitheas ar bith ann.
Síle: Óinseach mise! Imigh leat go beo anois, ní theastaíonn uaim caint leat.
Gráinne: Cinnte, imeoidh mé! Is leisceoir tusa gan a bheith ag imirt spóirt.
Síle: An gceapann tú gur amadán críochnaithe mé?
Gráinne: Ceapaim. Tá sé in am agat fás suas. Bíodh ciall agat. Déanann spórt maitheas don tsláinte.
Síle: Seafóid. Bhuel, go dtachta an diabhal thú! Tá mé bréan díot.
Gráinne: Ní gá duit a bheith ag éirí crosta. An féidir linn bheith inár gcairde arís?
Síle: An bodhar atá tú? Imigh leat uaim.

● **Cuir tic sa bhosca ceart.**

	Fíor	Bréagach
1 Is aoibhinn le Síle spórt.	☐	☐
2 Bíonn an iomarca spóirt ar an teilifís, dar léi.	☐	☐
3 Ní bheidh spórt ar an teilifís anocht.	☐	☐
4 Ceapann Gráinne go bhfuil spórt sláintiúil.	☐	☐
5 B'fhearr le Gráinne bheith ag breathnú ar spórt.	☐	☐

● **Líon isteach na bearnaí.**

Tá tú ag caint le cara leat faoin gcluiche peile atá feicthe agat ach nach bhfuil feicthe aige mar nach maith leis peil Ghaelach. Scríobh an **comhrá** eadraibh.

Mise:	Bail ó ___1___ ort.
Cara:	An bhail chéanna ort.
Mise:	Conas ___2___ tú?
Cara:	Ní gearánta dom.
Mise:	An bhfuil ___3___ ar bith agat?
Cara:	Diabhal scéil. Céard fútsa, cá raibh tusa inné?
Mise:	Bhí mé ag ___4___ ar an gcluiche ar an teilifís idir Baile Átha Cliath agus an Mhí.
Cara:	An raibh! Ní fhaca mé é.
Mise:	Is mór an trua. Ba chluiche ___5___ é. Creid nó ná creid, bhí mé ar bís an t-am go léir.
Cara:	An raibh, cén fáth?
Mise:	Bhuel, ní raibh mórán eatarthu an t-am go léir. Bhí na tosaithe thar cionn. Fuair an lár tosaí ___6___ agus deich gcúilín.
Cara:	Níl brón ___7___ nach bhfaca mé é. Buíochas le Dia, bhí mé gnóthach.
Mise:	Ná ___8___ nach dtaitníonn spórt leat!
Cara:	Is aoibhinn liom spórt seachas ___9___ Ghaelach.
Mise:	Go bhfóire Dia orainn, cén fáth?
Cara:	Is minic a bhíonn na ___10___ salach agus garbh.
Mise:	Ní dóigh liom é. Bíonn scil ar leith ag baint leo.
Cara:	Seafóid. Troid, calaoisí agus ionsaithe ar a chéile a bhíonn ann.
Mise:	Ní ___11___ leat.
Cara:	Níl maitheas ar ___12___ ann.
Mise:	Tá sé in ___13___ agat fás suas. Bíodh ciall agat. Déanann an spórt maitheas don tsláinte.
Cara:	Ní ___14___ uaim caint leat.
Mise:	Más mian leat bheith mar sin, ar aghaidh leat. Slán.

theastaíonn
scéal
peil
iontach
orm
habair
féachaint
Dhia
cluichí
cúl
bith
atá
aontaím
am

● **Obair duitse**

Ba mhaith leat dul chuig cluiche peile le do chara. Ní mó ná sásta atá do chara leis an bplean. Ní dóigh leis/léi go bhfuil spórt spéisiúil. Scríobh an comhrá a bheadh eadraibh.

● **Comhrá 3 – Teilifís**

Bí réidh roimh ré!

Déan an mheaitseáil ar dtús agus beidh tú réidh don chomhrá.

1	Bail ó Dhia ort.	A	Have you got a minute?	1 =	
2	An bhail chéanna ort.	B	Any news?	2 =	
3	An bhfuil nóiméad agat?	C	Certainly, what is it?	3 =	
4	Cinnte tá. Cad é?	D	Are you deaf?	4 =	
5	An bhfuil scéal ar bith agat?	E	Do you think I am a complete idiot?	5 =	
6	Diabhal scéil. Céard fútsa?	F	Get out of my sight, I don't want to talk to you.	6 =	
7	A dhiabhail, cén fáth?	G	Hello to you.	7 =	
8	Imigh leat go beo anois, ní theastaíonn uaim caint leat.	H	Hello.	8 =	
9	Ní ormsa atá an locht.	I	I'll teach you a lesson, John.	9 =	
10	Ní haon mhaith a bheith ag caint nuair atá an dochar déanta.	J	It's not my fault.	10 =	
11	An gceapann tú gur amadán críochnaithe mé?	K	It's time you grew up.	11 =	
12	Tá sé in am agat fás suas.	L	No news, what about you?	12 =	
13	Bhuel, go dtachta an diabhal thú.	M	Oh dear, why?	13 =	
14	Múinfidh mise ceacht duit, a Sheáin.	N	There is no need to get cross.	14 =	
15	Ní gá duit a bheith ag éirí crosta.	O	There is no point in talking when the harm is done.	15 =	
16	An bodhar atá tú?	P	You can't.	16 =	
17	Ní féidir.	Q	Well, may the devil choke you.	17 =	

Bí réidh roimh ré!

Déan an mheaitseáil ar dtús agus beidh tú réidh don chomhrá.

1	Bhí mé chun féachaint ar an teilifís …	A	*May I watch Podge and Rodge?*	1 =
2	… chun clár grinn Podge agus Rodge a fheiceáil.	B	*I was going to put the TV on …*	2 =
3	Tá spórt ar siúl anocht.	C	*Snooker – the World Championships, first round.*	3 =
4	Snúcar – Craobh an Domhain, an chéad bhabhta.	D	*Put Podge and Rodge on.*	4 =
5	An bhfuil cead agam féachaint ar Phodge agus Rodge?	E	*There's sport on tonight.*	5 =
6	Níl cead agat.	F	*That's a shame.*	6 =
7	Is mór an trua.	G	*… to see the Podge and Rodge comedy.*	7 =
8	Cuir Podge agus Rodge ar siúl.	H	*You're not watching them.*	8 =
9	Níl tú ag féachaint orthu.	I	*You can't.*	9 =

● **Páipéar 1   Ceist ID (2000)**

Teastaíonn uait féachaint ar chlár grinn ar Network 2 ach b'fhearr le d'athair féachaint ar chlár spóirt ar RTÉ1. Scríobh an comhrá a bheadh eadraibh.

Mise: Bail ó Dhia ort.
Athair: An bhail chéanna ort.
Mise: An bhfuil nóiméad agat?
Athair: Cinnte, cad é?
Mise: Bhí mé chun féachaint ar an teilifís, chun clár grinn Podge and Rodge a fheiceáil.
Athair: Ní féidir leat. Tá spórt ar siúl anocht.
Mise: Is mór an trua. Cén spórt?
Athair: Snúcar – Craobh an Domhain, an chéad bhabhta.
Mise: Ó an mar sin atá an scéal? Nach féidir leat breathnú air amárach? An bhfuil cead agamsa féachaint ar Phodge agus Rodge anocht?
Athair: Níl.
Mise: A dhiabhail, cén fáth?
Athair: Tá tú leisciúil agus níl tú ag obair ar scoil.
Mise: Níl sé sin féaráilte. Tá tú anuas orm ó tháinig torthaí na scrúduithe amach. Táim chun breathnú air anois.
Athair: Níl cead agat agus sin é. Imigh leat go beo anois, ní theastaíonn uaim caint leat. Téigh ag staidéar.
Mise: Táim ag déanamh mo dhícheall. Ní ormsa atá an locht. Mar a deir an seanfhocal, ní haon mhaith a bheith ag caint nuair atá an dochar déanta. Cuir Podge agus Rodge ar siúl.

Athair: An gceapann tú gur amadán críochnaithe mé? Níl tú ag féachaint orthu. Tá sé in am agat fás suas agus dul ag staidéar.
Mise: Bhuel, go dtachta an diabhal thú! Tá mé scriosta.
Athair: Múinfidh mise ceacht duit, a Sheáin.
Mise: Ní gá duit a bheith ag éirí crosta. An féidir liom iad a fheiceáil?
Athair: An bodhar atá tú? Ní féidir.

● **Cuir tic sa bhosca ceart.**

		Fíor	Bréagach
1	Bhí tú chun breathnú ar na Simpsons.	☐	☐
2	Bhí d'athair ag féachaint ar chluiche peile.	☐	☐
3	Dúirt d'athair leat dul suas staighre.	☐	☐
4	Ní raibh d'athair sásta le cúrsaí scoile.	☐	☐
5	Bhuaigh do dhaid an argóint.	☐	☐

● **Líon isteach na bearnaí.**

Tá d'athair (do mháthair) ag caint leat faoin méid ama a chaitheann tú ag féachaint ar an teilifís. Scríobh an **comhrá** a bheadh eadraibh.

Athair: A Sheáin!
Mise: Cad atá ___1___, a Dhaid?
Athair: An bhfuil ___2___ agat?
Mise: Táim ag breathnú ar theilifís ___3___ láthair.
Athair: Ba mhaith liom ___4___ leat anois.
Mise: Cén ___5___ atá agat?
Athair: Níl mé sásta maidir leis an méid ama a chaitheann tú ag féachaint ar an ___6___. Tá sé iomarcach.
Mise: Is cuma ___7___ faoi. B'fhearr liom bheith ag ___8___ ar an teilifís. Is ___9___ liom an teilifís, go háirithe na cláir spóirt agus na sobalchláir.
Athair: ___10___ faoi d'obair scoile?
Mise: Is ___11___ liom faoi.
Athair: Ó an mar sin atá an scéal? Níl cead agat bheith ___12___ féachaint ar an teilifís a thuilleadh.
Mise: A ___13___, cén fáth?
Athair: Tá tú leisciúil agus níl tú ag obair ___14___ scoil nó sa bhaile.
Mise: Níl sé sin féaráilte. Tá tú anuas ___15___ i gcónaí.
Athair: An bhfaca tú na torthaí is déanaí ___16___ scoil?

ábhar	faoi
ag	féachaint
ainm	gclár
amadán	in
aoibhinn	nóiméad
ar	labhairt
as	liom
bodhar	locht
cead	ón
céard	orm
cuma	scéal
dhiabhail	teilifís
dhíchill	uait
dochar	

Mise: Ní fhaca.
Athair: Éist le seo. Theip ort i ngach ___17___ ach amháin i mBéarla.
Mise: Táim ag déanamh mo ___18___. Ní ormsa atá an ___19___. Mar a deir an seanfhocal, ní haon mhaith a bheith ag caint nuair atá an ___20___ déanta.
Athair: Níl do dhícheall á dhéanamh agat. Níl ___21___ agat bheith ag breathnú ar an teilifís as seo amach.
Mise: Oibreoidh mé go dian dícheallach ___22___ seo amach. An féidir liom breathnú ar an ___23___ teilifíse anois?
Athair: An gceapann tú gur ___24___ críochnaithe mé? Níl cead agat. Tá sé ___25___ am agat fás suas.
Mise: Bhuel, níl sé sin féaráilte.
Athair: Imigh leat chuig do sheomra, ní theastaíonn uaim caint leat.
Mise: A Dhaid, tóg go bog é, in ___26___ Dé. An féidir liom breathnú ar an gclár?
Athair: An ___27___ atá tú? Téigh chuig do sheomra agus tosaigh ag obair.

● **Obair duitse**

Ba mhaith leat breathnú ar scannán ar an teilifís. Ní mó ná sásta atá do thuismitheoirí leis. Ní dóigh leo go bhfuil an scannán oiriúnach duit. Scríobh an comhrá a bheadh eadraibh.

● **Comhrá 4 – An Scoil**

Bí réidh roimh ré!

Déan an mheaitseáil ar dtús agus beidh tú réidh don chomhrá.

1	Bail ó Dhia ort.	A	*Any news?*	1 =
2	An bhail chéanna ort.	B	*Are you mad?*	2 =
3	An bhfuil scéal ar bith agat?	C	*Hello to you.*	3 =
4	Diabhal scéil.	D	*Hello.*	4 =
5	Ní aontaím leis.	E	*No news.*	5 =
6	An bhfuil tú as do mheabhair?	F	*I don't agree with it.*	6 =

Bí réidh roimh ré!

Déan an mheaitseáil ar dtús agus beidh tú réidh don chomhrá.

1	seachas bheith ar ais ar scoil	A	All you are wearing is blue jeans and a blue jumper.	1 =	
2	Thosaigh mé i mo scoil nua inniu.	B	Am I not beautiful?	2 =	
3	Cá bhfuil d'éide scoile mar sin?	C	except being back in school	3 =	
4	Ní bhíonn orainn éide scoile a chaitheamh.	D	I'm a lazybones.	4 =	
5	Ceapaim go bhfuil sé ar fheabhas.	E	I'm much better than you.	5 =	
6	Is féidir liom mo rogha rud a chaitheamh.	F	I can do whatever I like.	6 =	
7	Tá an éide sin uafásach.	G	I can wear anything I like.	7 =	
8	Ceapaim go bhfuil siad faiseanta.	H	I chose them.	8 =	
9	Féachann tú amaideach sna héadaí sin.	I	I have freedom.	9 =	
10	Níl tusa pioc níos fearr.	J	I prefer not to think about my school uniform everyday.	10 =	
11	Nach bhfuilim galánta?	K	I started in my new school today.	11 =	
12	Níl ort ach jíons gorm agus geansaí gorm.	L	I suppose you're lucky.	12 =	
13	Roghnaigh mé iad.	M	I think it's brilliant.	13 =	
14	Rinne tú praiseach de.	N	I think they're fashionable.	14 =	
15	Táim i bhfad níos fearr ná tusa.	O	I'll stay in my own school with or without uniform.	15 =	
16	Tá saoirse agam.	P	We don't have to wear school uniform.	16 =	
17	Is dócha go bhfuil an t-ádh leat.	Q	We finish at four on that day.	17 =	
18	Is féidir liom mo rogha rud a dhéanamh.	R	We have a half-day on Friday.	18 =	
19	Is leisceoir mé.	S	Where is you school unifrom then?	19 =	
20	B'fhearr liom gan a bheith ag smaoineamh ar m'éide scoile chuile lá.	T	You are no better.		
21	Fanfaidh mé i mo scoil féin, is cuma éadaí scoile ann nó as.	U	That uniform is awful.	20 =	
22	Bíonn leathlá againn ar an Aoine.	V	You look awful in those clothes.	21 =	
23	Críochnaímid ag a ceathair an lá sin.	W	You made a mess of it.	22 =	

Tá ar dhaltaí do scoile féin éide scoile a chaitheamh. Tá cara leat ag freastal ar scoil áit nach bhfuil ar na daltaí éide scoile a chaitheamh. Scríobh an comhrá a bheadh eadraibh.

Cara: Bail ó Dhia ort.
Mise: An bhail chéanna ort.
Cara: An bhfuil scéal ar bith agat?
Mise: Diabhal scéil seachas bheith ar ais ar scoil. Céard fútsa?
Cara: Bhuel, thosaigh mé i mo scoil nua inniu. Táim ar mo bhealach abhaile anois.
Mise: Ní fheadar, cá bhfuil d'éide scoile, mar sin?
Cara: Ní bhíonn orainn éide scoile a chaitheamh.
Mise: Ó, an mar sin atá an scéal?
Cara: Ceapaim go bhfuil sé ar fheabhas. Is féidir liom mo rogha rud a chaitheamh.
Mise: Ní aontaím leis.
Cara: An bhfuil tú as do mheabhair?
Mise: Nílim. Caithimid éide scoile i gcónaí i mo scoil.
Cara: Is léir sin.
Mise: Céard a cheapann tú faoi?
Cara: Tá an éide sin uafásach.
Mise: Ceapaim go bhfuil sé faiseanta.
Cara: Faiseanta! Níl. Féachann tú go hamaideach sna héadaí sin.
Mise: Níl tusa pioc níos fearr.
Cara: Cad atá i gceist agat?
Mise: Bhuel, féach ort.
Cara: Nach bhfuilim galánta?
Mise: Níl ort ach jíons gorm agus geansaí gorm.
Cara: Ach roghnaigh mé féin iad.
Mise: Rinne tú praiseach de, mar sin.
Cara: Praiseach, táim i bhfad níos fearr ná tusa. Tá saoirse agam. Is féidir liom mo rogha rud a chaitheamh.
Mise: Is dócha go bhfuil an t-ádh leat.
Cara: B'fhearr liom an tsaoirse.
Mise: Is leisceoir mé. B'fhearr liom gan a bheith ag smaoineamh ar m'éide scoile chuile lá.

Cara: Ní aontaím leat.
Mise: Fanfaidh mé i mo scoil, éadaí scoile ann nó as.
Cara: Cén fáth?
Mise: Bíonn leathlá againn ar an Aoine.
Cara: Ó, an mbíonn? Ní chríochnaíonn muide go dtí a ceathair an lá sin.
Mise: Slán agat.

● **Cuir tic sa bhosca ceart.**

		Fíor	Bréagach
1	Ní raibh scéal ar bith ag an gcara.	☐	☐
2	Bhí amhras ort mar nach raibh éide scoile ar do chara.	☐	☐
3	Bhí do chara lánsásta gan éide scoile.	☐	☐
4	Ní thaitníonn d'éide scoile leat.	☐	☐
5	Chaith do chara jíons gorm agus geansaí gorm.	☐	☐
6	B'fhearr leat do scoil féin mar go mbíonn leath lá agaibh ar an Déardaoin.	☐	☐
7	Ní bhíonn leathlá ag do chara.	☐	☐

● **Líon isteach na bearnaí.**

Tá cara leat ag caint faoi mhúinteoir a thaitníonn leatsa ach nach dtaitníonn le do chara. Scríobh an **comhrá** a bheadh eadraibh.

Mise: Bail ó Dhia ort.
Cara: An bhail chéanna ort.
Mise: An bhfuil ___1___ ar bith agat?
Cara: ___2___ scéil. Ach amháin an múinteoir sin.
Mise: Cén múinteoir?
Cara: Mac Uí Shé. Deachtóir ___3___ is ea é.
Mise: Cheap mise gur múinteoir maith a bhí ann. Inis ___4___ faoi.
Cara: Creid nó ná creid bhí mé ag caint uair amháin ___5___ rang agus thug sé íde béil sa rang dom agus aiste mhór.
Mise: Is mór an ___6___. Ní raibh sé tuillte ___7___ mar sin. Is múinteoir crua é de réir dealraimh.
Cara: Sin an uair dheireanach a dhéanfaidh mé aiste mar sin ___8___.
Mise: Cé mhéad aiste a ___9___ tú dó?
Cara: Sé cinn.
Mise: Sé aiste. Scríobh tú ___10___ mhíle focal dó.
Cara: Nach bhfuil sé amaideach?

agat
am
beo
chóir
ciall
féaráilte
dó
diabhal
dom
dtachta
sa
scéal
scríobh
sé
sin
t-amadán
trua
tusa
uafásach

Mise: Is tusa an ___11___. Nach bhfuil ciall ar bith agat? Coinnigh smacht ar do chlab.
Cara: Ó an mar ___12___ atá an scéal? A dhiabhail, is peata thú.
Mise: Níl sé sin ___13___. Is pleidhce ___14___.
Cara: Imigh leat go ___15___ anois, ní theastaíonn uaim éisteacht leat.
Mise: Cinnte, imeoidh mé, is leisceoir tusa. Tá sé in ___16___ agat fás suas. Bíodh ___17___ agat.
Cara: Bhuel, go ___18___ an diabhal thú! Tá mé scriosta leis na haistí seo. Níl puinn trua agat dom.
Mise: Ba ___19___ go mbeadh ciall agat.
Cara: Ciall! Cén mhaith a bheith ciallmhar!
Mise: Slán agat.

● **Obair duitse**

Tá cara leat ag caint faoi ábhar a thaitníonn leatsa ach nach dtaitníonn le do chara. Scríobh an **comhrá** a bheadh eadraibh.

● **Comhrá 5 – An Teaghlach**

Bí réidh roimh ré!

Déan an mheaitseáil ar dtús agus beidh tú réidh don chomhrá.

1	Bail ó Dhia ort.	A	Have you got a minute?	1 =
2	An bhail chéanna ortsa.	B	Don't be worried.	2 =
3	An bhfuil nóiméad agat?	C	Hello.	3 =
4	Tá mé gnóthach.	D	Hello.	4 =
5	Cad atá ar siúl agat?	E	I'm busy.	5 =
6	Tá sé an-tábhachtach.	F	I hope you don't have bad news.	6 =
7	Ar aghaidh leat.	G	It's very important.	7 =
8	Tá súil agam nach bhfuil drochscéal agat.	H	Off you go.	8 =
9	Ná bí buartha.	I	Tell me.	9 =
10	Cad atá le rá agat?	J	What are you doing?	10 =
11	Inis dom.	K	What have you to say.	11 =

Bí réidh roimh ré!

Déan an mheaitseáil ar dtús agus beidh tú réidh don chomhrá.

1	Tá sé tuillte agat.	A	It's time you grew up.	1 =
2	Seafóid.	B	Look at your last results.	2 =
3	Ba chóir duit ciall a bheith agat.	C	Nonsense.	3 =
4	Tá sé in am agat fás suas.	D	You are doing nothing.	4 =
5	Níl faic á dhéanamh agat.	E	Now get out of my sight.	5 =
6	Féach ar na torthaí deireanacha a fuair tú.	F	You're down on me since those results came out.	6 =
7	Tá tú anuas orm ó tháinig na torthaí sin amach.	G	You're not working at school or at home.	7 =
8	Níl tú ag obair ar scoil nó sa bhaile.	H	You deserve it.	8 =
9	Anois imigh leat go beo.	I	You should have more sense.	9 =

Bí réidh roimh ré!

Déan an mheaitseáil ar dtús agus beidh tú réidh don chomhrá.

1	Ba mhaith liom breis airgid phóca.	A	Aren't they lucky?	1 =
2	Ceapaim go bhfuil sé tuillte agam.	B	Each one of my friends gets €20 a week.	2 =
3	Faigheann gach duine de mo chairde €20 in aghaidh na seachtaine.	C	How much do you want?	3 =
4	Nach bhfuil an t-ádh leo?	D	I can't find a job.	4 =
5	Ní fhaighim ach trian de sin.	E	You and I have work to do.	5 =
6	Cé mhéad atá uait?	F	I think I deserve it.	6 =
7	An dtabharfá €15 dom?	G	I'll change.	7 =
8	Ní thabharfainn.	H	I'll start working at home, around the house and in school of course.	8 =
9	Ní thig liom post a fháil.	I	I'd like more pocket money.	9 =
10	Athróidh mé.	J	I wouldn't.	10 =
11	Tosóidh mé ag obair sa bhaile, ar fud an tí agus ar scoil dar ndóigh.	K	We'll see …	11 =
12	An dtabharfaidh tú €10 in aghaidh na seachtaine dom mar sin?	L	… when the exam results come home from school	12 =
13	Feicfimid …	M	Will you give me €10 a week, then?	13 =
14	nuair a thiocfaidh torthaí na scrúduithe abhaile ón scoil.	N	Would you give me €15?	14 =
15	Tá obair le déanamh agamsa agus agatsa.	O	I only get a third of that.	15 =

Páipéar 1   D (1997)

Tá tú ag iarraidh ar d'athair (nó do mháthair) breis airgid phóca a thabhairt duit. Scríobh an comhrá a bheadh eadraibh.

Mise: Bail ó Dhia ort.
Máthair: An bhail chéanna ortsa. Cad atá ar siúl agat?
Mise: Faic. An bhfuil nóiméad agat?
Máthair: Tá mé gnóthach faoi láthair.
Mise: Tá sé an-tábhachtach.
Máthair: Ar aghaidh leat, mar sin. Tá súil agam nach bhfuil drochscéal agat.
Mise: Ná bí buartha.
Máthair: Bhuel, cad atá le rá agat? Inis dom.
Mise: Ba mhaith liom breis airgid phóca. Ceapaim go bhfuil sé tuillte agam.
Máthair: Tuillte agat! Seafóid.
Mise: Faigheann gach duine de mo chairde €20 in aghaidh na seachtaine.
Máthair: Nach bhfuil an t-ádh leo?
Mise: Ní fhaighim ach trian de sin.
Máthair: Cé mhéad atá uait?
Mise: Fiche euro.
Máthair: Ba chóir duit ciall a bheith agat.
Mise: An dtabharfá €15 dom?
Máthair: Ní thabharfainn. Tá sé in am agat fás suas. Ba chóir duit post a fháil.
Mise: Post, ní féidir liom post a fháil. Táim ag staidéar go dian don ardteistiméireacht.
Máthair: Níl faic á dhéanamh agat. Féach ar na torthaí deireanacha a fuair tú.
Mise: Tá tú anuas orm ó tháinig na torthaí sin amach.
Máthair: Bhuel, níl tú ag obair ar scoil nó sa bhaile.
Mise: Athróidh mé.
Máthair: Conas?
Mise: Tosóidh mé ag obair sa bhaile, ar fud an tí agus ar scoil dar ndóigh. An dtabharfaidh tú €10 in aghaidh na seachtaine dom, mar sin?
Máthair: Feicfimid.
Mise: Cathain?
Máthair: Nuair a thiocfaidh torthaí na scrúduithe abhaile ón scoil. Anois imigh leat go beo anois, tá obair le déanamh agamsa agus agatsa.

● **Cuir tic sa bhosca ceart.**

	Fíor	Bréagach
1 Faigheann do chairde €30 sa tseachtain mar airgead póca.	☐	☐
2 Faigheann tusa €2.	☐	☐
3 Tá €20 uait mar airgead póca.	☐	☐
4 Níl do thuismitheoirí sásta an t-airgead a thabhairt duit.	☐	☐
5 Níl tú ag obair ar scoil.	☐	☐
6 Gheobhaidh tú €10 in aghaidh na seachtaine nuair a thiocfaidh torthaí na scrúduithe abhaile ón scoil.	☐	☐

● **Líon isteach na bearnaí.**

Tá tú ag iarraidh ar d'athair (nó do mháthair) airgead a thabhairt duit chun ríomhaire nua a cheannach. Scríobh an **comhrá** a bheadh eadraibh.

Mise: Bail ó ___1___ ort, a Dhaid.
Athair: An bhail ___2___ ortsa. Cad atá uait?
Mise: An bhfuil ___3___ agat? Tá sé an-tábhachtach.
Athair: Bhuel, tá ___4___ i mbun oibre ach ar aghaidh leat.
Mise: Bhí mé ___5___ smaoineamh.
Athair: Bhuel, inis ___6___.
Mise: Ba mhaith ___7___ ríomhaire nua.
Athair: Céard é sin?
Mise: Ceapaim go bhfuil sé tuillte ___8___.
Athair: Ríomhaire nua! Tuillte agat!
Mise: Fuair gach duine de mo chairde ríomhaire nua don Nollaig seo ___9___.
Athair: An mar sin atá an ___10___?
Mise: Cabhróidh sé ___11___ m'obair scoile.
Athair: Conas?
Mise: Is féidir taighde a dhéanamh ar an Idirlíon agus bíonn dlúthdhioscaí iontacha ann ___12___ cuidiú liom.
Athair: Cé mhéad atá ar an ríomhaire seo?
Mise: Níl air ach dhá mhíle ___13___.
Athair: Dhá mhíle euro! An gceapann tú gur ___14___ críochnaithe mé?
Mise: Ní chosnaíonn sé ach €30 in aghaidh na seachtaine.
Athair: Ba chóir duit ___15___ a bheith agat. Níl an t-airgead sin agam.
Mise: Á, a Dhaid.
Athair: Tá sé in ___16___ agat fás suas. Ceannaigh tú féin é.
Mise: Conas?
Athair: ___17___ chóir duit post a fháil.

ag	ciall
agam	féaráilte
am	dhia
amadán	dom
ba	euro
beo	le
bodhar	liom
caite	mé
chéanna	nóiméad
chun	scéal

Mise: Mise, ag obair! Níl an t-am agam.
Athair: Bhuel, níl an t-airgead agamsa.
Mise: Níl sé sin ___18___.
Athair: Imigh leat go ___19___ anois, ní theastaíonn uaim labhairt leat.
Mise: Céard faoi ríomhaire ar son míle euro?
Athair: An ___20___ atá tú? Ní féidir leat ríomhaire a fháil. Glan as mo radharc!

● Obair duitse

Tá tú ag iarraidh ar d'athair (nó do mháthair) airgead a thabhairt duit chun gluaisrothar a cheannach ach níl do mháthair (nó d'athair) sásta an t-airgead sin a thabhairt duit. Scríobh an comhrá a bheadh eadraibh.

● Comhrá 6 – Drugaí agus Alcól

Bí réidh roimh ré!

Déan an mheaitseáil ar dtús agus beidh tú réidh don chomhrá.

1	A Sheáin, cad atá ar siúl agat?	A	Are you mad?	1 =
2	Faic, a Shíle.	B	Are you out of your mind?	2 =
3	An bhfuil nóiméad agat, mar sin?	C	Certainly, what is it?	3 =
4	Cinnte, céard é?	D	Have you got a minute?	4 =
5	Ba chóir duit ciall a bheith agat.	E	Do you think I am a complete fool?	5 =
6	Nach bhfuil ciall ar bith agat?	F	Go away right now.	6 =
7	An bhfuil tú craiceáilte?	G	Have you no sense at all?	7 =
8	An gceapann tú gur amadán críochnaithe mé?	H	I don't want to talk to you.	8 =
9	Tóg go bog é, in ainm Dé.	I	I think you're an idiot. Goodbye.	9 =
10	An bhfuil tú as do mheabhair?	J	nonsense	10 =
11	raiméis	K	It's time you grew up.	11 =
12	Tá sé in am agat fás suas.	L	Nothing, Sheila.	12 =
13	Níl ciall agat agus sin sin.	M	Seán, what are you up to?	13 =
14	Tá tú chomh crosta le mála easóg.	N	Take it easy, for God's sake.	14 =
15	Imigh leat go beo anois.	O	You are as cross as a bag of weasels.	15 =
16	Ní theastaíonn uaim caint leat.	P	You have no sense and that's it.	16 =
17	Ceapaim gur amadán tú. Slán.	Q	You should have more sense.	17 =

Bí réidh roimh ré!

Déan an mheaitseáil ar dtús agus beidh tú réidh don chomhrá.

1	Bhuel, chuala mé drochscéal fút.	A	Don't believe a lazybones like Liam.	1 =
2	Ní fheadar céard é?	B	I'm on cloud nine.	2 =
3	D'inis Liam dom go raibh tú ag tógáil drugaí.	C	I won't try any of those pills.	3 =
4	Chun an fhírinne a rá, níor chreid mé é.	D	What, I wonder?	4 =
5	Ná creid leisceoir mar Liam.	E	Danielle and Fiona told me the same story.	5 =
6	D'inis Danielle agus Fióna an scéal céanna dom.	F	Liam told me that you were taking drugs.	6 =
7	Ní fhaca siad tada.	G	Relax and have one.	7 =
8	Cad iad na piollaí sin atá i do mhála?	H	They are only E.	8 =
9	Níl ann ach E.	I	There is no harm in them.	9 =
10	Coinníonn siad suaimhneach mé.	J	They are poisonous and dangerous.	10 =
11	Déanann siad an-damáiste don tsláinte.	K	They keep me calm.	11 =
12	Bain trial as ceann amháin.	L	They saw nothing.	12 =
13	Ní féidir leat breithiúnas a thabhairt munar thriail tú na drugaí tú féin.	M	To tell you the truth, I didn't believe him.	13 =
14	Ní bhlaisfidh mé piolla ar bith acu.	N	Try one.	14 =
15	Brisfidh tú do shláinte.	O	Wait for me.	15 =
16	Níl baol ar bith ann.	P	Well, I've heard bad news about you.	16 =
17	Tá daoine ann a fuair bás tar éis E a thógáil!	Q	What are those pills in your bag?	17 =
18	Lig do scíth agus tóg ceann amháin.	R	You can't judge unless you have tried the drugs yourself.	18 =
19	Tá siad nimhneach contúirteach.	S	You'll ruin your health.	19 =
20	Táim ar scamall a naoi.	T	Some people have died after taking E!	20 =
21	Fan liomsa.	U	They damage your health seriously.	21 =

Páipéar I D (2000)

Chuala tú go bhfuil cara leat ag tógáil drugaí. Ní maith leatsa é sin a chloisteáil. Scríobh an comhrá a bheadh eadraibh.

Mise: A Sheáin, cad atá ar siúl agat?
Cara: Faic, a Shíle.
Mise: An bhfuil nóiméad agat, mar sin?
Cara: Cinnte, cad é?
Mise: Bhuel, chuala mé drochscéal fút.
Cara: Ní fheadar céard é?
Mise: D'inis Liam dom go raibh tú ag tógáil drugaí.
Cara: Seafóid!
Mise: Chun an fhírinne a rá, níor chreid mé é.
Cara: Bhuel, ba chóir duit ciall a bheith agat. Ná creid leisceoir mar Liam.
Mise: D'inis Danielle agus Fióna an scéal céanna dom.
Cara: Ní fhaca siad tada.
Mise: Cad iad na piollaí sin i do mhála?
Cara: Níl ann ach E. Coinníonn siad suaimhneach mé.
Mise: Nach bhfuil ciall ar bith agat? Brisfidh tú to shláinte. Faigheann daoine bás tar éis E a thógáil, uaireanta!
Cara: Ní dóigh liom é. Bain triail as ceann amháin.
Mise: An bhfuil tú craiceáilte?
Cara: Ní féidir breithiúnas a thabhairt munar thriail tú na drugaí tú féin.
Mise: An gceapann tú gur amadán críochnaithe mé? Ní bhlaisfidh mé piolla ar bith acu.
Cara: Tóg go bog é, in ainm Dé. Níl baol ar bith ann.
Mise: An bhfuil tú as do mheabhair?
Cara: Lig do scíth agus tóg ceann amháin.
Mise: Tá siad nimhneach contúirteach.
Cara: Raiméis. Féach ormsa. Táim ar scamall a naoi.
Mise: Tá sé in am agat fás suas. Níl ciall agat agus sin sin.
Cara: Tá tú chomh crosta le mála easóg. Fan liom.
Mise: Táim ag imeacht. Ní theastaíonn uaim caint leat. Ceapaim gur amadán tú. Slán.

● **Cuir tic sa bhosca ceart.**

		Fíor	Bréagach
1	Chuala tú go raibh do chara ag ól.	☐	☐
2	Dúirt Liam go raibh do chara ag tógáil drugaí.	☐	☐
3	Dúirt Danielle nach raibh sé ag tógáil drugaí.	☐	☐
4	Bhí hearóin ina mhála.	☐	☐
5	Dar leis, ní raibh baol ar bith leis.	☐	☐
6	Bhí do chara ar scamall a naoi.	☐	☐

● **Líon isteach na bearnaí.**

Ólann do chara a lán alcóil agus ceapann tú go bhfuil sé baolach. Scríobh an **comhrá** a bheadh eadraibh.

ag	críochnaithe	ort
agam	go	siúl
am	leat	taitneamh
amadán	liom	teach
bheith	maidin	tú
bog	measa	uafásach
chaoi	meisce	
chóir	ól	

Mise: Haigh, a Shíle.
Cara: Cén ___1___ a bhfuil tú?
Mise: Thar cionn. Agus ___2___ féin?
Cara: Mothaím ___3___ ar maidin.
Mise: An bhfuil slaghdán ___4___?
Cara: Níl, tá sé i bhfad níos ___5___ ná sin.
Mise: Ná habair ___6___ bhfuil fliú ort.
Cara: Gan amhras níl. Chaith mé an oíche ar fad ___7___ ól aréir. Is dócha go ndeachaigh mé rud beag thar fóir.
Mise: Bhí tú ar ___8___?
Cara: Bhuel, bhí mé ólta súgach. Bhí oíche iontach ___9___.
Mise: Cad a bhí ar ___10___ agat?
Cara: Ní chuimhin ___11___.
Mise: Ba chóir duit ciall a ___12___ agat.
Cara: Tá ciall agam. Bainim ___13___ as oíche óil.
Mise: Féach ortsa ar ___14___. Is óinseach tú.
Cara: Tóg go ___15___ é, in ainm Dé. Tá tinneas cinn agam.
Mise: Tá sé tuillte agat.
Cara: Anocht beidh mé féin agus Lorcán ag dul chuig an ___16___ tábhairne arís. Ar mhaith leat teacht?
Mise: Níor mhaith.
Cara: Ba ___17___ duit do scíth a ligean.
Mise: Tá bealaí eile agam le mo scíth a ligean. An gceapann tú gur amadán ___18___ mé?
Cara: Tá tú chomh crosta le mála easóg. Tar linn ag ___19___ anocht.
Mise: Ní thiocfaidh mé. Tá sé in ___20___ agat fás suas.
Cara: Is duine fásta mé. Nach bhfuilim in ann alcól a láimhseáil?
Mise: Níl, féach ort ar maidin. Agus ní cuimhin ___21___ an oíche aréir. Brisfidh tú do shláinte.

Cara: Ní dóigh liom é. Níl baol ar bith ann.
Mise: Is ___22___ amach is amach tú. Slán.

● **Obair duitse**

Caitheann do chara tobac agus ceapann tusa go bhfuil sé baolach. Scríobh an comhrá a bheadh eadraibh.

● **Comhrá – Poist**

Bí réidh roimh ré!

Déan an mheaitseáil ar dtús agus beidh tú réidh don chomhrá.

1	Bail ó Dhia ort, a dhuine uasail.	A	Don't mention it.	1 =	
2	An bhail chéanna ortsa.	B	Firstly, I would like to ask you a question.	2 =	
3	Táim an-bhuíoch díot …	C	… for this chance …	3 =	
4	… as an seans seo a fháil …	D	Hello (to person in authority).	4 =	
5	… chun labhairt leat.	E	Hello.	5 =	
6	Ar dtús, ba mhaith liom ceist a chur ort.	F	I'm grateful to you …	6 =	
7	Ar aghaidh leat.	G	You're welcome.	7 =	
8	Ná habair é.	H	… to speak to you.	8 =	
9	Tá fáilte romhat.	I	Off you go.	9 =	

Bí réidh roimh ré!

Déan an mheaitseáil ar dtús agus beidh tú réidh don chomhrá.

1	Cathain ar thosaigh tú ag obair mar gharda?	A	Did you like that work?	1 =	
2	Bhuel, ar dtús inis dom an chaoi ar thosaigh tú mar gharda.	B	Was it difficult to get a place in the Garda Síochána?	2 =	
3	An raibh sé deacair áit a fháil sa Gharda Síochána?	C	Did you like the new location?	3 =	
4	Ar thaitin an obair sin leat?	D	Well, first tell me how you began work as a garda.	4 =	
5	Cad a bhí ar siúl agat ina dhiaidh sin?	E	What about the changes for the better?	5 =	
6	Ar thaitin an suíomh nua leat?	F	What are the differences between then and now?	6 =	
7	Cérbh iad?	G	What are they?	7 =	
8	Cén fáth go dtaitníonn an saol seo leat?	H	What did you do after that?	8 =	
9	Cad iad na difríochtaí idir an t-am sin agus an lá inniu?	I	When did you start work as a garda?	9 =	
10	Céard faoi athruithe maithe?	J	What were they?	10 =	
11	Cad iad?	K	Why do you like this way of life?	11 =	

Bí réidh roimh ré!

Déan an mheaitseáil ar dtús agus beidh tú réidh don chomhrá.

1	Sa bhliain 1982 thosaigh mé sa Gharda Síochána.	A	Drugs being sold on the streets, violence and crime.	1 =	
2	Ba gharda mo mháthair.	B	I'm a good detective.	2 =	
3	Thaitin an post léi agus chuir mé iarratas isteach tar éis fógra nuachtáin a fheiceáil.	C	I'm good at it.	3 =	
4	Bhí sé deacair go leor.	D	I did, because there there were great challenges involved.	4 =	
5	Bhí an iomaíocht géar.	E	I don't have to go around on a bike.	5 =	
6	Chuaigh mé go Teampall Mór ar chúrsa traenála ar dtús.	F	I liked it a lot.	6 =	
7	Thaitin sé go mór liom.	G	I liked that work but the hours were too long.	7 =	
8	Ansin d'oibrigh mé i nDún na nGall.	H	I moved to Dublin.	8 =	
9	Thaitin an obair sin liom ach bhí na huaireanta ró-fhada.	I	I really enjoyed the work.	9 =	
10	Bhí mé spíonta go minic.	J	I spent two years there.	10 =	
11	Chaith mé dhá bhliain ann.	K	I suppose there are one or two.	11 =	
12	Bhain mé an-sásamh as an obair.	L	I was often exhausted	12 =	
13	D'aistrigh mé go Baile Átha Cliath.	M	I was young and innocent.	13 =	
14	Bhain, mar bhí dúshláin mhóra i gceist.	N	I went to Templemore on a training course at first.	14 =	
15	Drugaí á ndíol ar na sráideanna, foréigean agus coireacht.	O	In the year 1982 I joined the Garda.	15 =	
16	Tá mé go maith chuige.	P	It was difficult enough.	16 =	
17	Is bleachtaire maith mé.	Q	My mother was a garda.	17 =	
18	Is mór an difear eatarthu.	R	Now they are full of drug pushers, robbers and joyriders.	18 =	
19	Bhí mé óg agus soineanta.	S	She enjoyed the job, and after I saw a newspaper advertisement I applied.	19 =	
20	Bhíodh na sráideanna ciúin.	T	The cars are better now.	20 =	
21	Anois bíonn siad lán le mangairí drugaí, gadaithe agus bradmharcaigh.	U	The streets were quiet.	21 =	
22	Fan go bhfeice mé.	V	Then I worked in Donegal.	22 =	
23	Is dóigh go bhfuil ceann nó dhó ann.	W	There is a great difference between them.	23 =	
24	Bíonn na gluaisteáin níos fearr anois.	X	There was strong competition.	24 =	
25	Ní gá dom dul timpeall ar rothar.	Y	Wait till I see.	25 =	
26	Úsáidimid an trealamh is fearr anois.	Z	We have helicopters and every kind of scientific equipment.	26 =	
27	Bíonn héileacaptair agus gach sórt uirlis eolaíoch againn.	AA	We use the best equipment now.	27 =	

Páipéar 1   Ceist ID (1998)

Tá tú ag caint le ball den Gharda Síochána faoin saol atá aige (aici). Scríobh an comhrá a bheadh eadraibh.

Mise: Bail ó Dhia ort, a dhuine uasail.
Garda: An bhail chéanna ortsa.
Mise: Táim an-bhuíoch díot as an seans seo a fháil chun labhairt leat. Ar dtús, ba mhaith liom ceist a chur ort.
Garda: Ar aghaidh leat.
Mise: Cathain a thosaigh tú ag obair mar gharda?
Garda: Sa bhliain 1982 thosaigh mé sa Gharda Síochána.
Mise: Bhuel, ar dtús inis dom an chaoi ar thosaigh tú mar gharda?
Garda: Ba gharda mo mháthair. Thaitin an post léi agus chuir mé iarratas isteach tar éis fógra a fheiceáil i nuachtán.
Mise: An raibh sé deacair áit a fháil sa Gharda Síochána?
Garda: Bhí sé deacair go leor. Bhí an iomaíocht géar.
Mise: Cá ndeachaigh tú don traenáil?
Garda: Chuaigh mé go Teampall Mór ar chúrsa traenála ar dtús. Thaitin sé go mór liom. Ansin d'oibrigh mé i nDún na nGall.
Mise: Ar thaitin an obair sin leat?
Garda: Thaitin an obair sin liom ach bhí na huaireanta ró-fhada. Bhí mé spíonta go minic. Chaith mé dhá bhliain ann. Bhain mé an-sásamh as an obair.
Mise: Cad a bhí ar siúl agat ina dhiaidh sin?
Garda: D'aistrigh mé go Baile Átha Cliath.
Mise: Ar thaitin an suíomh nua leat?
Garda: Bhain, mar bhí dúshláin mhóra i gceist.
Mise: Cérbh iad?
Garda: Drugaí á ndíol ar na sráideanna, foréigean agus coireacht.
Mise: Cén fáth go dtaitníonn an saol seo leat?
Garda: Tá mé go maith chuige. Is bleachtaire maith mé.
Mise: Cad iad na difríochtaí idir an t-am sin agus an lá inniu?
Garda: Is mór an difear eatarthu. Bhí mé óg agus soineanta an uair sin. Bhíodh na sráideanna ciúin. Anois bíonn siad lán le mangairí drugaí, gadaithe agus bradmharcaigh.
Mise: Céard faoi athruithe maithe?
Garda: Fan go bhfeice mé. Is dóigh go bhfuil ceann nó dhó ann.
Mise: Cad iad?
Garda: Bíonn na gluaisteáin níos fearr anois. Ní gá dom dul timpeall ar rothar.
Mise: Aon rud eile?

Garda: Úsáidimid an trealamh is fearr anois. Bíonn héileacaptair agus gach sórt uirlis eolaíoch againn.

Mise: Táim an-bhuíoch díot.

Garda: Ná habair é. Tá fáilte romhat.

● **Cuir tic sa bhosca ceart.**

		Fíor	Bréagach
1	Thosaigh sé mar gharda sa bhliain 1981.	☐	☐
2	Ba gharda é a athair.	☐	☐
3	Bhí sé éasca post a fháil.	☐	☐
4	Rinne sé an traenáil i gCorcaigh.	☐	☐
5	Thaitin an obair leis.	☐	☐
6	D'oibrigh sé i gCiarraí ar dtús.	☐	☐
7	Tá drugaí á ndíol ar na sráideanna i mBaile Átha Cliath.	☐	☐
8	Is bleachtaire maith é.	☐	☐
9	Ní úsáideann sé an rothar anois.	☐	☐

● **Líon isteach na bearnaí.**

Chuaigh tú chun cainte le múinteoir scoile mar tá spéis agat sa ghairm sin.

Scríobh an **comhrá** a bheadh eadraibh.

Mise: ___1___ ó Dhia ort, a dhuine uasail.

Múinteoir: An bhail chéanna ___2___.

Mise: Táim an-___3___ díot as an seans seo a fháil chun labhairt leat. Ar dtús, ba ___4___ liom ceist a chur ort.

Múinteoir: Ar ___5___ leat. Tá fáilte romhat.

Mise: An dtaitníonn an ___6___ seo leat?

Múinteoir: Is aoibhinn ___7___ an obair.

Mise: Inis dom an chaoi ar thosaigh tú mar ___8___?

Múinteoir: Chuaigh mé don ___9___ chun céim a bhaint amach.

Mise: An ___10___ sé deacair áit a fháil san ollscoil?

Múinteoir: Bhí sé thar a bheith deacair ___11___ a fháil san ollscoil. D'oibrigh mé go dian dícheallach ar feadh i bhfad.

Mise: Cathain a thosaigh tú ___12___ obair mar mhúinteoir?

Múinteoir: Sa bhliain 1982 ___13___ mé ag múineadh sa chlochar. Bhí mé óg agus bhíodh na daltaí múinte, dícheallach agus béasach.

Mise: Ar ___14___ an obair sin leat?

ag	liom
agat	mhaith
aghaidh	mhúinteoir
áit	ollscoil
as	ortsa
bail	post
bhuíoch	raibh
ciúin	sásta
go	seans
habair	thaitin
inniu	thosaigh

Múinteoir:	Bhain mé an-sásamh ___15___ an obair. Thaitin an obair sin liom ach bhí na huaireanta ró-fhada.	
Mise:	Cad iad na difríochtaí idir an t-am sin agus ___16___?	
Múinteoir:	Is mór an difear eatarthu. Bhíodh na daltaí ___17___. Anois bíonn cuid acu spleodrach, mí-mhúinte agus leisciúil.	
Mise:	Céard faoi athruithe maithe?	
Múinteoir:	Fan go bhfeice mé. Is dóigh ___18___ go bhfuil ceann nó dhó ann. Tá ríomhairí sna scoileanna anois agus ábhair nua cosúil le hinnealtóireacht, teangacha agus teicneolaíocht.	
Mise:	Dá mbeadh ___19___ agat rud éigin a athrú cad a d'athrófá?	
Múinteoir:	Ní athróinn faic. Tá mé ___20___ le mo shaol.	
Mise:	Go raibh maith ___21___. Is mór an chabhair a thug tú dom.	
Múinteoir:	Ná ___22___ é.	

● **Obair duitse**

Tá tú ag caint le príomhoide faoin saol atá aici (aige). Scríobh an comhrá a bheadh eadraibh.

● **Comhrá 8 – Taisteal**

Bí réidh roimh ré!

Déan an mheaitseáil ar dtús agus beidh tú réidh don chomhrá.

1	Bail ó Dhia ort.	A	*Do you have a minute?*	1 =
2	An bhail chéanna ortsa.	B	*Fine.*	2 =
3	An bhfuil nóiméad agat?	C	*Hello.*	3 =
4	Tá mé ag obair faoi láthair.	D	*Hello.*	4 =
5	Cad atá ar siúl agat?	E	*I am working at the moment.*	5 =
6	Tá sé an-tábhachtach.	F	*What are you doing?*	6 =
7	Céard atá uait?	G	*It's very important.*	7 =
8	Ceart go leor.	H	*What do you want?*	8 =

Bí réidh roimh ré!

Déan an mheaitseáil ar dtús agus beidh tú réidh don chomhrá.

1	Beidh Corn an Domhain ag tosú an bhliain seo chugainn.	A	Don't be kidding me.	1 =
2	Níl spéis dá laghad agam ann.	B	Don't worry about that.	2 =
3	Beidh sé ag tosú i gceann tamaill bhig.	C	I'm serious about it.	3 =
4	Tá súil agam nach mbeidh tú ag glacadh an teilifís chugat féin don mhí ar fad.	D	I've no interest in it.	4 =
5	Ná bí buartha faoi sin.	E	I hope you won't be hogging the television for the month.	5 =
6	Ba mhaith liom dul ann.	F	Where will you get the money?	6 =
7	Ná bí ag magadh fúm.	G	It will be starting in a short while.	7 =
8	Táim lándáiríre faoi.	H	The World Cup will be starting next year.	8 =
9	Cá bhfaighidh tú an t-airgead?	I	I would like to go.	9 =

Bí réidh roimh ré!

Déan an mheaitseáil ar dtús agus beidh tú réidh don chomhrá.

1	Ba mhaith liom iasacht airgid a fháil.	A	Aren't they lucky?	1 =
2	Ní féidir leat dul.	B	How much do you want?	2 =
3	Nach bhfuil an t-ádh leo?	C	I'm going to get that job.	3 =
4	Táim ag dul chun an post sin a fháil.	D	I can't stay here.	4 =
5	Ní féidir liom fanacht anseo.	E	I saw an ad in the supermarket.	5 =
6	Ní bheidh deis mar seo agam arís.	F	I'd like a loan.	6 =
7	Cé mhéad atá uait?	G	I would not give it.	7 =
8	Ní thabharfainn.	H	It's time you grew up.	8 =
9	Ba chóir duit ciall a bheith agat.	I	I'll never get an opportunity like this again.	9 =
10	An dtabharfá €1000 dom?	J	Where are you going?	10 =
11	Tá sé in am agat fás suas.	K	Would you give me €1000?	11 =
12	Ba chóir duit post a fháil.	L	You can't go.	12 =
13	Chonaic mé fógra san ollmhargadh.	M	You should get a job.	13 =
14	Cá bhfuil do thriall?	N	You should have more sense.	14 =

Páipéar 1   Ceist ID (2002)

Ba mhaith leat dul chun Corn an Domhain sa sacar a fheiceáil ach níl d'athair (nó do mháthair) sásta cead a thabhairt duit dul ann. Scríobh an comhrá a bheadh eadraibh.

Mise: Bail ó Dhia ort.
Máthair: An bhail chéanna ortsa. Cad atá ar siúl agat?
Mise: Tada. An féidir liom labhairt leat?
Máthair: Tá mé ag obair faoi láthair.
Mise: Tá sé an-tábhachtach.
Máthair: Ceart go leor, céard atá uait?
Mise: Bhuel, tá a fhios agat go mbeidh Corn an Domhain ag tosú an bhliain seo chugainn.
Máthair: Níl spéis dá laghad agam ann.
Mise: Bíodh sin mar atá. Beidh sé ag tosú i gceann tamaill bhig.
Máthair: Bhuel, ní bheidh mise ag breathnú air. Tá súil agam nach mbeidh tú ag glacadh an teilifís chugat féin an mhí ar fad.
Mise: Ná bí buartha faoi sin.
Máthair: Maith an buachaill.
Mise: Ní bheidh mé ag iarraidh breathnú ar an teilifís mar beidh mé ag na cluichí.
Máthair: Ná bí ag magadh fúm.
Mise: Nílim. Táim lándáiríre faoi.
Máthair: Cá bhfaighidh tú an t-airgead?
Mise: Ba mhaith liom iasacht airgid a fháil.
Máthair: Iasacht! Níl sé agam.
Mise: Beidh gach duine de mo chairde ag dul ann.
Máthair: Nach bhfuil an t-ádh leo!
Mise: Ní féidir liom fanacht anseo. Ní bheidh deis mar seo agam arís.
Máthair: Cé mhéad atá uait?
Mise: Dhá mhíle euro.
Máthair: Ba chóir duit ciall a bheith agat.
Mise: A Mhaim, an dtabharfá €1000 dom?
Máthair: Ní thabharfainn. Tá sé in am agat fás suas. Ba chóir duit post a fháil.
Mise: Post, cén áit?
Máthair: Chonaic mé fógra san ollmhargadh. Faigh post ann agus tabharfaidh mé iasacht duit.
Mise: Go hiontach. Déanfaidh mé anois é.
Máthair: Cá bhfuil do thriall?
Mise: Táim ag dul chuig an t-ollmhargadh chun an post sin a fháil. Slán agat.

● **Cuir tic sa bhosca ceart.**

		Fíor	Bréagach
1	Tá Corn na hEorpa ag tosú.	☐	☐
2	Níl spéis ag a mháthair ann.	☐	☐
3	Níl a chairde ag dul go Corn an Domhain.	☐	☐
4	Tá iasacht á lorg aige.	☐	☐
5	Tá €3,000 ag teastáil uaidh.	☐	☐
6	Tá sé chun post a fháil san ollmhargadh.	☐	☐

● **Líon isteach na bearnaí.**

Ba mhaith leat dul go dtí chuig tír iasachta ach níl do mháthair (nó d'athair) sásta cead a thabhairt duit dul ann. Scríobh an **comhrá** a bheadh eadraibh.

Mise:	Bail ó ___1___ ort, a Dhaid.	ag
Athair:	An bhail ___2___ ortsa. Cad atá uait?	agam
Mise:	An ___3___ liom labhairt leat? Tá sé an-tábhachtach.	am
Athair:	Bhuel, tá ___4___ i mbun oibre ach ar aghaidh leat.	amadán
Mise:	Bhí mé ___5___ smaoineamh.	beo
Athair:	Bhuel, inis ___6___.	bodhar
Mise:	Ba mhaith ___7___ dul ar saoire don Spáinn.	chéanna
Athair:	Céard é sin?	chugainn
Mise:	Ceapaim go bhfuil sé tuillte ___8___.	ciall
Athair:	Saoire sa Spáinn! Tuillte agat!	fearáilte
Mise:	Cheannaigh gach duine de mo chairde saoire sa Spáinn don samhradh seo ___9___.	féidir
Athair:	An mar sin atá an ___10___?	Dhia
Mise:	Teastaíonn ___11___ uaim.	dian
Athair:	Cén fáth?	dom
Mise:	Bhí mé ag obair go ___12___ dícheallach i mbliana.	euro
Athair:	Cé mhéad atá ar an saoire seo?	liom
Mise:	Níl air ach ceithre céad ___13___.	mé
Athair:	Ceithre céad euro. An gceapann tú gur ___14___ críochnaithe mé?	scéal
Mise:	Táim bréan den obair scoile agus an aimsir lofa in Éirinn.	saoire
Athair:	Ba chóir duit ___15___ a bheith agat. Níl an t-airgead sin agam. Agus b'fhéidir go mbeidh sé dainséarach …	
Mise:	A Dhaid! Is duine fásta mé. Ba bhreá liom dul ar saoire i m'aonar.	
Athair:	Más duine fásta thú, tá sé in ___16___ agat jab a fháil. Ceannaigh duit féin é.	
Mise:	Níl sé sin ___17___. Tá a fhios agat nach bhfuil an t-airgead agam.	
Athair:	Imigh leat go ___18___ anois agus faigh jab.	
Mise:	Céard faoi iasacht de €200?	
Athair:	An ___19___ atá tú? Níl cead agat dul ar saoire. Glan as mo radharc!	

● Obair duitse

Ba mhaith leat dul ar saoire go Ibiza le do chairde tar éis na hardteistiméireachta ach níl do thuismitheoirí ró-shásta faoin smaoineamh. Scríobh an **comhrá** a bheadh eadraibh.

D An Giota Leanúnach

● Giota 1 – An Teicneolaíocht

Bí réidh roimh ré!

Déan an mheaitseáil ar dtús agus beidh tú réidh don ghiota leanúnach.

1	Tá an tIdirlíon cosúil le leabharlann agus siopa mór.	A	A person can have their own website.	1 =	
2	Is féidir an tIdirlíon a úsáid…	B	Messages can be sent through the Internet.	2 =	
3	… chun eolas a scaipeadh agus a bhailiú.	C	… the advantages.	3 =	
4	Is féidir earraí a cheannach agus a dhíol air.	D	The disadvantages must be avoided.	4 =	
5	Is féidir teachtaireachtaí a sheoladh tríd an Idirlíon.	E	The Internet is like an enormous library and shop.	5 =	
6	Is féidir le duine a láithreán gréasáin féin a bheith aige/aici.	F	Sometimes, the Internet can give us an excess of information.	6 =	
7	Tig leis an Idirlíon saibhreas an chultúir a thaispeáint.	G	We surf the net.	7 =	
8	Tugann an tIdirlíon an iomarca eolais dúinn uaireanta.	H	The Internet can show the wealth of a culture.	8 =	
9	Téimid ag scimeáil ar an Idirlíon.	I	… to spread and collect information.	9 =	
10	Ba chóir dúinn leas a bhaint as …	J	We should make use of …	10 =	
11	… na buntáistí.	K	You can buy and sell goods on it.	11 =	
12	Caithfear na míbhuntáistí a sheachaint.	L	The Internet can be used …	12 =	

An tIdirlíon

Tá an tIdirlíon cosúil le leabharlann agus siopa mór. Is féidir an tIdirlíon a úsáid chun eolas a scaipeadh agus a bhailiú. Is féidir earraí a cheannach agus a dhíol air. Tá an costas céanna ar theachtaireacht a sheoladh tríd an Idirlíon, is cuma cá háit ar domhan atá tú. Tig le duine ar bith a láithreán gréasán féin a oscailt agus a rogha rud a rá air. Is féidir linn saibhreas an chultúir a thaispeáint ann – comhrá, scríobh, ealaín, ceol.

Ach tá fadhbanna móra leis, freisin. Tá saoirse cainte ag daoine ar an Idirlíon agus mar sin tig le daoine eolas bréagach a thabhairt nó daoine eile a cháineadh. Tá a fhios againn freisin go ndéanann daoine iarracht cairdeas míoiriúnach a dhéanamh le páistí uaireanta tríd na seomraí comhrá.

Fadhb eile leis an Idirlíon ná go mbíonn an iomarca eolais ann. Níl cuid mhaith den ábhar ann ar ardchaighdeán. Bíonn sé deacair an t-eolas cruinn a bhíonn uait a scagadh ón eolas míchruinn. Ba chóir dúinn leas a bhaint as na buntáistí a bhaineann leis an Idirlíon – an ceol, an t-eolas agus na margaí saora – agus na míbhuntáistí a sheachaint.

Cuir tic sa bhosca ceart.

		Fíor	Bréagach
1	Tá an tIdirlíon cosúil le garáiste.	☐	☐
2	Is féidir rudaí a cheannach ar an Idirlíon.	☐	☐
3	Faigheann tú ceol agus ealaín ar an Idirlíon.	☐	☐
4	Níl fadhb ar bith leis an Idirlíon.	☐	☐
5	Bíonn an t-eolas ar an Idirlíon cruinn i gcónaí.	☐	☐
6	Níl míbhuntáistí ar bith ag baint leis an Idirlíon.	☐	☐

Líon isteach na bearnaí.

Páipéar 1 Ceist 1A (1998) Ríomhairí

Bíonn an-chuid buntáistí ag baint __1__ ríomhairí. Úsáidtear ríomhairí san oifig, sa __2__ agus in áiteanna eile chun maithis. Baineann daoine taitneamh as cluichí ríomhaire. Is é an tIdirlíon an úsáid is coitianta na laethanta seo. Tá a lán buntáistí __3__ ag baint leis an Idirlíon. Is __4__ siopadóireacht agus gnó bainc a dhéanamh air. Is féidir do chuid __5__ a chleachtadh ar shuíomhanna mar *beo.ie, nuacht.com* agus *foinse.ie*. Ar an taobh eile tá míbhuntáistí móra ag baint leis an __6__, freisin. Bíonn baol ann nuair __7__ cheannaíonn duine earraí ar an Idirlíon. Níl príobháideachas an duine cinnte. Seans go mbainfidh daoine mí-

Idirlíon	léamh
ríomhairí	pháistí
a	móra
teach	le
as	Gaeilge
féidir	buntáistí

100

úsáid __8__. Tá ríomhphoist tapa ach is féidir le haon duine iad a __9__. Ceannaíonn daoine __10__ dá bpáistí. Úsáideann na páistí iad do chluichí agus sin an méid de ghnáth.

Tá roinnt mhaith ábhar gránna ar an Idirlíon. Ba chóir súil ghéar a choimeád ar __11__ nuair atá siad ag scimeáil ar an Idirlíon. Bíonn víris á scaipeadh ann freisin. Cosúil le gach gléas, tá __12__ agus míbhuntáistí ag baint leis.

● **Obair duitse**

Scríobh giota leanúnach ar cheann amháin de na hábhair seo.
1 Ríomhairí
2 An tIdirlíon
3 Cluichí Ríomhaire

● **Giota 2 – Na Meáin Chumarsáide agus Scannáin**

Bí réidh roimh ré!

Déan an mheaitseáil ar dtús agus beidh tú réidh don ghiota leanúnach.

1	Is é Sean Penn an t-aisteoir is fearr liom.	A	*A man with a mental disability.*	1 =	
2	Is aisteoir eisceachtúil é.	B	*He creates quite an atmosphere.*	2 =	
3	Thug sé taispeántas eisceachtúil.	C	*He is an exceptional actor.*	3 =	
4	Fear mall-intinneach.	D	*Not every actor is as talented as he.*	4 =	
5	Téann an aisteoireacht go smior i Sean Penn.	E	*In my opinion, Sean Penn is the finest actor.*	5 =	
6	D'oibrigh sé mar fhreastalaí.	F	*He was nominated for three Oscars.*	6 =	
7	Is fada ó chonaic mé …	G	*He worked as a waiter.*	7 =	
8	Ainmníodh é do thrí Oscar.	H	*Sean Penn has acting in his blood.*	8 =	
9	Ní bhíonn gach aisteoir chomh cumasach leis.	I	*It is a long time since I saw …*	9 =	
10	Cruthaíonn sé atmaisféar ar leith.	J	*to make his character believable.*	10 =	
11	Im thuairimse, is é an t-aisteoir is cumasaí.	K	*He gave an exceptional performance.*	11 =	
12	a charactar a chur i láthair ar bhealach sochreidte.	L	*Sean Penn is my favourite actor.*	12 =	

● **An tAisteoir is Fearr Liom**

Is é Sean Penn an t-aisteoir is fearr liom. Is aisteoir cumasach é Penn. Sa scannán *I am Sam* thug sé taispeántas eisceachtúil. Fear mall-intinneach a bhí ann ag iarraidh páiste aige a thógáil. Bhí intinn linbh naoi mbliana d'aois aige. D'oibrigh sé mar fhreastalaí i mbialann Starbucks. Is í aisteoireacht iontach Penn a fhanfaidh leat i bhfad i ndiaidh an scannáin. Is fada ó chonaic mé taispeántas mar seo ó aisteoir ar bith. Ní bhíonn gach aisteoir chomh cumasach le Penn. Tá an aisteoireacht go smior i Sean Penn. Ainmníodh é do thrí Oscar, *Dead Man Walking* (1995), *Sweet and Lowdown* (1999) agus *I am Sam*. Éiríonn leis i gcónaí atmaisféar ar leith a chruthú agus a charactar a chur i láthair ar bhealach sochreidte. Im thuairimse is é an t-aisteoir is cumasaí i Hollywood anois.

● **Cuir tic sa bhosca ceart.**

		Fíor	Bréagach
1	Is aisteoir lag é Penn.	☐	☐
2	Bhí ról aige sa scannán *I am Sam*.	☐	☐
3	Bhí sé go hiontach sa scannán sin.	☐	☐
4	Ainmníodh é do dhá Oscar.	☐	☐
5	Thug se taispeántas cumasach sa scannán *Dead Man Walking*.	☐	☐

● **Líon isteach na bearnaí.**

Scannán

(*****) ab ___1___ don scannán seo. Thaitin an scannán go mór liom. Ar dtús bhí mé an-sásta le tús an ___2___. Don chéad leathuair den scannán seo bhí ___3___ scanrúil ann. Bhí ___4___ an-tógtha le Liam Neeson sa scannán. Sáriarrachtaí atá ann ó Leonardo di Caprio, atá le moladh ar ___5___ an scannáin. Measaim gurb é Robert De Niro is mó a léiríonn cumas aisteoireachta ___6___ scannán seo. Ó thaobh na haisteoireachta ___7___ léirigh sé go raibh sé in ann taispeántas cumasach a thabhairt uaidh. Tá an ___8__ proifisiúnta agus an stiúrthóireacht ___9___ scoth. Chun a bheith fírinneach faoi is ___10___ ar fad an scannán atá i gceist. Tá ___11___ mór sa scéal ag an deireadh. Measaim go ndéantar an scannán seo a láimhseáil go ___12___. Níl an scannán ___13__ locht ach is scannán cliste, taitneamhach atá ann.

ainm	healaíonta
gan	fud
sa	de
den	iontach
aisteoireacht	scannáin
atmaisféar	mé
casadh	

Gluais

stiúrthóireacht	directing	casadh	twist
láimhseáil	handle	gan locht	faultless

● Obair duitse

Scríobh giota leanúnach ar cheann amháin de na hábhair seo.

1. Scannáin (2002)
2. An Scannán is Fearr Liom
3. Aisteoirí

● Giota 3 – An Óige agus an Scoil

Bí réidh roimh ré!

Déan an mheaitseáil ar dtús agus beidh tú réidh don ghiota leanúnach.

1	Conas is féidir a rá?	A	cause of worry	1 =	
2	an t-am is measa	B	He or she feels …	2 =	
3	Braitheann sé nó sí …	C	freedom	3 =	
4	saoirse	D	How can we say?	4 =	
5	Is príosún é an teach.	E	It is a problem which has become more serious.	5 =	
6	sclábhaithe	F	It is the most vulnerable generation.	6 =	
7	siopa áitiúil	G	slaves	7 =	
8	Is iad an ghlúin is leochailí.	H	local shop	8 =	
9	ábhar buartha	I	Teenagers feel the pressure.	9 =	
10	Is fadhb í atá imithe in olcas.	J	alcohol problem	10 =	
11	fadhb alcóil	K	The house is a prison.	11 =	
12	Ionsaíonn fir óga a chéile go minic tar éis oíche óil.	L	the worst time	12 =	
13	Mothaíonn déagóirí an brú.	M	to get a place in a third level course	13 =	
14	áit a bhaint amach i gcúrsa tríú leibhéal	N	Young men sometimes attack one another after a night's drinking.	14 =	

● **Saol an Duine Óig**

Conas is féidir a rá gur breá an rud an óige? Is é an t-am is measa é i saol an duine. Tá sé nó sí ag brath go huile is go hiomlán ar dhaoine fásta. Níl aon saoirse acu. Is príosún é an teach cónaithe le hamanna oscailte agus dúnta. Níl aon airgead acu ach an méid a fhaigheann siad óna dtuismitheoirí. Má tá jab acu, oibríonn siad mar sclábhaithe sa siopa áitiúil. Is iad an ghlúin is leochailí riamh ó thaobh drugaí de. Is ábhar buartha fadhb na ndrugaí sa tír. Is fadhb í atá imithe in olcas. Tá fadhb an alcóil go dona. Ionsaíonn fir óga a chéile go minic tar éis oíche óil. Cuireann na gardaí an milleán ar alcól. Ar scoil mothaíonn an déagóir an brú is mó. Bíonn brú láidir orthu áit a bhaint amach i gcúrsa tríú leibhéal ansin. Idir scolaíocht, mangairí drugaí, baol an óil agus foréigean ar na sráideanna, níl saol sona ag an duine óig.

● **Cuir tic sa bhosca ceart.**

		Fíor	Bréagach
1	Bíonn saol deas ag daoine óga.	☐	☐
2	Níl saoirse acu.	☐	☐
3	Oibríonn siad sa gharáiste áitiúil.	☐	☐
4	Tá fadhb na ndrugaí go hainnis.	☐	☐
5	Mothaíonn déagóirí brú ar scoil.	☐	☐
6	Tá saol sona ag déagóirí.	☐	☐

● **Líon isteach na bearnaí.**

Ag Féachaint Siar ar Laethanta m'Óige

Níl cuimhne iontach ___1___. Is dócha gur tharla eachtraí iontacha roimhe ___2___. Gan amhras b'iad laethanta m'óige na blianta ab aoibhne i mo shaol. Sa naíonra b'í an bhuairt ba mhó a bhí agam ___3___ bréagán áirithe a aimsiú ag tús an lae. Thaitin na blianta sin __4__ mór liom.

   Sa bhunscoil chaith mé ___5___ mbliana sona ag foghlaim agus ag spraoi. Tháinig tuairisc scoile abhaile bliain i ndiaidh a chéile do mo mholadh bliain i ___6___ a chéile. Ba shárscoláire ___7___. Ghnóthaigh mé na grádanna ab fhearr. Chríochnaigh an scolaíocht sa bhunscoil agus thosaigh mé sa __8__. Bhí na hábhair ___9___ ní ba dheacra. Scrúduithe agus brú, b'in an saol. Níor thaitin an taobh sin __10__. Ach ar an taobh ___11___ tugadh níos mó saoirse dúinn. Chuaigh mé do cheolchoirmeacha. D'fhreastail mé ar an dioscó áitiúil ar dtús. Diaidh ar ndiaidh chuaigh mé don bhaile mór ag an deireadh seachtaine. D'fheabhsaigh cúrsaí airgid nuair a fuair mé ___12___ páirt-aimseartha.

   Ag breathnú siar ar laethanta m'óige caithfidh mé a rá gur laethanta sona a bhí iontu.

liom
ná
go
ocht
ndiaidh
mé
agam
seo
mheánscoil
scoile
post
eile

● Obair duitse

Scríobh giota leanúnach ar cheann amháin de na hábhair seo.

Daoine Óga in Éirinn (2001)

Saol an Duine Óig

Ag Féachaint Siar ar mo Laethanta Scoile

● Giota 4 – Poist

Bí réidh roimh ré!

Déan an mheaitseáil ar dtús agus beidh tú réidh don ghiota leanúnach.

1	Ba mhaith liom bheith i mo chuntasóir.	A	a difficult job		1 =	
2	Is aoibhinn liom …	B	ability		2 =	
3	Táim go maith chuici.	C	accurate, careful		3 =	
4	Maíonn an múinteoir go …	D	company		4 =	
5	cumas	E	honesty and zeal		5 =	
6	chabhraigh mé	F	I am good at it.		6 =	
7	d'oibrigh mé	G	I answered …		7 =	
8	D'fhreagair mé …	H	I helped		8 =	
9	… fiosrúcháin na gcustaiméirí.	I	I love …		9 =	
10	post deacair	J	I worked		10 =	
11	faoi bhrú	K	I would like to be an accountant.		11 =	
12	cruinn cúramach	L	in Ireland or abroad		12 =	
13	macántacht agus díograis	M	qualifications		13 =	
14	céim a bhaint amach san ollscoil	N	… the customer enquiries.		14 =	
15	comhlacht	O	The teacher states that …		15 =	
16	cáilíochtaí	P	to get a degree in university		16 =	
17	in Éirinn nó thar sáile	Q	under pressure		17 =	

Páipéar 1 Ceist 1A (1997)
Slí Bheatha a Ba Mhaith Liom

Ba mhaith liom bheith i mo chuntasóir. Is aoibhinn liom matamaitic. Táim go maith chuici. Faighim marcanna arda san ábhar sin. Maíonn an múinteoir cuntasaíochta go bhfuil cumas áirithe agam sa chuntasaíocht.

San idirbhliain chaith mé coicís ag obair le cuntasóir. Chabhraigh mé léi san oifig. D'oibrigh mé ar an ríomhaire. D'fhreagair mé an fón. Bhí mé ag plé le fiosrúcháin na gcustaiméirí. Thaitin an t-am go mór liom.

Dar ndóigh is post deacair é freisin.

Bíonn an cuntasóir faoi bhrú i gcónaí. Caithfidh sé nó sí bheith cruinn cúramach leis na huimhreacha an t-am go léir. Baineann macántacht agus díograis leis an obair seo. Beidh orm céim a bhaint amach san ollscoil. Ina dhiaidh sin rachaidh mé ag obair le comhlacht cuntasaíochta. Tógfaidh sé neart blianta na cáilíochtaí go léir a bhaint amach. Beidh seans iontach agam ansin post maith a fháil in Éirinn nó thar sáile. Ba bhreá liom an domhan mór a fheiceáil. Tabharfaidh an post seo an seans sin dom.

● **Cuir tic sa bhosca ceart.**

		Fíor	Bréagach
1	Ba mhaith leis a bheith ina mheicneoir.	☐	☐
2	Is aoibhinn leis cuntasaíocht.	☐	☐
3	Faigheann sé marcanna arda sa stair.	☐	☐
4	D'oibrigh sé i siopa san idirbhliain.	☐	☐
5	Caithfidh sé dul don ollscoil chun cuntasaíocht a dhéanamh.	☐	☐
6	B'aoibhinn leis dul timpeall an domhain.	☐	☐

● **Líon isteach na bearnaí.**
Mo Rogha Post Amach Anseo

Ba mhaith __1__ a bheith i m'innealtóir. Déanaim innealtóireacht agus líníocht theicniúil __2__ scoil. Is aoibhinn liom an dá ábhar sin. Táim __3__ maith chucu. Deir an múinteoir innealtóireachta freisin go bhfuilim go maith chucu. Faighim marcanna arda iontu. Sa chúigiú bliain chaith mé seachtain __4__ obair le hinnealtóir. Chabhraigh mé leis san __5__. D'oibrigh mé ar an ríomhaire. Chuaigh mé amach leis chuig an ionad tógála. Phléigh mé an post leis. Thaitin an __6__ go mór liom. Dar ndóigh is post __7__ é freisin. Bíonn an t-innealtóir faoi bhrú i gcónaí. Caithfidh sé nó sí bheith cruinn cúramach nó titfidh na foirgnimh. Ceapaim go n-oirfeadh an post dom. Is duine dícheallach __8__ mé. Tógann sé an t-uafás ama chun cáilíochtaí __9__ bhaint amach chun bheith i d'innealtóir. Ar dtús beidh orm céim a bhaint amach san __10__. Ba bhreá liom dul chuig institiúid teicneolaíochta Bhaile

go
ag
ollscoil
ceithre
oifig
t-am
deacair
liom
ar
macánta
a
cúrsa

106

Átha Cliath chun innealtóireacht a dhéanamh. Tógfaidh sé __11__ blianta chun céim a bhaint amach. Tá an cumas agus an spéis agam an __12__ a dhéanamh. Ba bhreá liom an domhan mór a fheiceáil. Tabharfaidh an post seo an seans sin dom.

● **Obair duitse**

Scríobh giota leanúnach ar cheann amháin de na hábhair seo.

Mo Shlí Bheatha

An tSlí Bheatha a Ba Mhaith Liom (1997)

Poist

An Saol a Bheidh Agam (2001)

● **Giota 5 – Ceol**

Bí réidh roimh ré!

Déan an mheaitseáil ar dtús agus beidh tú réidh don ghiota leanúnach.

1	d'eisigh Christy	A	absolutely exhausted	1 =
2	ó shin i leith	B	Christy released	2 =
3	Bhí baint aige le ceol.	C	he decided	3 =
4	chinn sé	D	He has been involved in music.	4 =
5	chaith sé dhá thréimhse	E	he made two visits	5 =
6	an dá am ab fhearr	F	he played	6 =
7	sheinn sé	G	he spent two periods	7 =
8	os comhair	H	He was doing too much.	8 =
9	Bhí an iomarca ar siúl aige.	I	He gave it up.	9 =
10	thug sé dhá chuairt	J	in front of	10 =
11	coirmeacha éagsúla	K	since then	11 =
12	spíonta traochta	L	the two best times	12 =
13	D'éirigh sé as.	M	various concerts	13 =

An Ceoltóir is Fearr Liom – Christy Moore

I 1968, d'eisigh Christy a chéad albam – *Christy Moore: Paddy on the Road*. Ó shin i leith tá baint aige le ceol. Anois tá os cionn 35 bliain caite aige ina cheoltóir.

Tar éis an chéad albam chinn sé féin agus Andy Irvine, Donal Lunny agus Liam O'Flynn ar ghrúpa a bhunú – Planxty. Chuaigh siad isteach sa stiúideo agus dhein siad an chéad albam as trí albam le chéile.

Chaith Christy dhá thréimhse i ngrúpaí ceoil, le Planxty agus, níos déanaí, le Moving Hearts. B'iad siúd an dá am ab fhearr ina shaol. Sheinn sé sa Point os comhair 10,000 duine ar feadh seacht n-oíche. B'shin 70,000 duine ar fad.

Ach bhí an iomarca ar siúl aige. Thug sé dhá chuairt ar na Stáit Aontaithe, agus cuairteanna éagsúla ar an mBreatain Mhór, an nGearmáin, an Astráil agus an Nua Shéalainn, chomh maith le coirmeacha éagsúla ar fud na hÉireann. Faoi dheireadh bhí sé 52 bliain d'aois agus é spíonta traochta. Go tobann, d'éirigh sé as.

Cuir tic sa bhosca ceart.

		Fíor	Bréagach
1	Thosaigh sé ag ceol sa bhliain 1970.	☐	☐
2	Tá sé 35 bliain ag déanamh ceoil.	☐	☐
3	Thosaigh sé an grúpa Planxty.	☐	☐
4	Sheinn sé i gCorcaigh os comhair 70,000 duine.	☐	☐
5	Nuair a bhí sé 52 bliain d'aois d'éirigh sé as.	☐	☐

Líon isteach na bearnaí.

Ceol in Éirinn (2000)

Oíche ar bith is féidir leat gach saghas ceoil a chloisteáil beo. Bíonn an-tóir ar __1__ traidisiúnta agus ar phopcheol.

Más ceol claisiceach atá uait is féidir dul __2__ an gCeoláras Náisiúnta i mBaile Átha Cliath, nó chuig an Áras Ceoldrámaíochta i gCorcaigh, nó Halla Ollscoil Luimní. Gan amhras tá ceol tíre flúirseach sa tír freisin le Daniel O'Donnell agus a leithéid. Is féidir snagcheol a chloisteáil ag na féilte móra i __3__.

Tá flúirse ceoil in Éirinn. Mhéadaigh an meas atá againn ar cheol na tíre le teacht *Riverdance*. Tagann cuairteoirí ó áiteanna i bhfad i gcéin chun __4__

cheol
U2
gCorcaigh
Sasana
éisteacht
ar
chuig
saghas
rogha
tír
liomsa

le ceol traidisiúnta na tíre. Chomh maith leis an gceol traidisiúnta tá cáil anois __5__ phopcheol agus ar rac-cheol na hÉireann. Is beag duine nach n-aithníonn ceol __6__ anois. Ar an taobh eile tagann na sluaite chuile bhliain go __7__ Chonaill chun Daniel O'Donnell a chloisteáil. Bíonn an-tóir air i __8__. Tá rogha leathan ceoil ann le 2 FM, Raidió na Gaeltachta, Lyric FM agus stáisiúin áitiúla de gach __9__. Is fearr __10__ 2 FM agus an réimse ceoil a sheinneann siad. Nach méanar dúinn an __11__ iontach ceoil atá againn.

● Obair duitse

Scríobh giota leanúnach ar cheann amháin de na hábhair seo.

Ceol Traidisiúnta in Éirinn

Popcheol

An Ceoltóir is Fearr Liom

An Ceol is Fearr Liom

Caitheamh Aimsire – an Tábhacht a Bhaineann Leo (2001)

● Giota 6 – Turasóireacht agus Laethanta Saoire

Bí réidh roimh ré!

Déan an mheaitseáil ar dtús agus beidh tú réidh don ghiota leanúnach.

1	fáilte faoi leith	A	dearest	1 =	
2	geimhreadh fuar fliuch	B	a special welcome	2 =	
3	i rith an tsamhraidh	C	cold wet winter	3 =	
4	sos a ghlacadh	D	during the summer	4 =	
5	taitneamh a bhaint as laethanta fada	E	less	5 =	
6	is daoire	F	looking for a sun holiday	6 =	
7	níos lú	G	prices, services and welcome	7 =	
8	turasóirí agus cuairteoirí	H	pub	8 =	
9	tionscal na turasóireachta	I	tourists and visitors	9 =	
10	praghsanna, seirbhísí agus fáilte	J	to take a break	10 =	
11	ag lorg saoire gréine	K	the tourism industry	11 =	
12	teach tábhairne	L	to enjoy the long days	12 =	

● Turasóirí agus an Samhradh

Cuirimid fáilte faoi leith anseo in Éirinn roimh lá breá. Leis an ngeimhreadh fuar fliuch a bhíonn againn de ghnáth, bíonn sé tábhachtach go mbeadh seans againn i rith an tsamhraidh sos a ghlacadh, taitneamh a bhaint as laethanta fada agus as an solas iontach, suas go dtí a deich a chlog istoíche.

Tá tionscal na turasóireachta i dtrioblóid in Éirinn. Táimid ar an dara tír is daoire san Eoraip. Deir daoine nach gcuirtear 'Céad Míle Fáilte' roimh chuairteoirí go dtí an tír seo níos mó.

Ní féidir linn aon rud a dhéanamh faoin aimsir. Ach i gcás praghsanna, seirbhísí agus fáilte is fúinn féin atá sé.

Ní thagann éinne go dtí an tír seo ag lorg saoire gréine. Cuirimid níos mó béime ar áiseanna spóirt agus ar imeachtaí in aimsir fhliuch. Is féidir le grúpa de dhaoine fásta dul ag imirt gailf, ag éisteacht le ceol nó chun bualadh le daoine sa teach tábhairne. Níl dóthain áiseanna ar fáil fós do pháistí nuair a bhíonn an aimsir fliuch.

● Cuir tic sa bhosca ceart.

		Fíor	Bréagach
1	Cuirimid fáilte faoi leith anseo in Éirinn roimh lá breá.	☐	☐
2	Táimid ar an dara tír is saoire san Eoraip.	☐	☐
3	Cuirimid 'Céad Míle Fáilte' roimh chuairteoirí.	☐	☐
4	Níl tionscal na turasóireachta i dtrioblóid.	☐	☐
5	Tagann daoine go dtí an tír seo ag lorg saoire gréine.	☐	☐

● Líon isteach na bearnaí.

Turasóirí

Tagann na mílte turasóirí go hÉirinn __1__ bliain. Deir siad go bhfuil tír __2__ againn. Téann siad timpeall na hÉireann chun na háiteanna stairiúla agus na radharcanna áille a __3__. Ní chuireann an drochaimsir isteach orthu. Tagann siad bliain i __4__ a chéile. Is cuma leo faoin aimsir.

Baineann turasóirí taitneamh as an saol anseo in __5__. Cuireann daoine __6__ rompu. Fanann cuid acu san oirthear i gceantar Bhaile Átha Cliath. Taistealaíonn an-chuid díobh don iarthar. Is __7__ leo na háiteanna stairiúla agus áilleacht na tíre faoin tuath. Taitníonn an __8__ traidisiúnta go mór leo.

Ba chóir dúinn fáilte chroíúil a chur roimh thurasóirí agus chuig gach cuairteoir go dtí na tíre seo. Déanann siad maitheas __9__ tír. Caitheann siad __10__ anseo, rud a chruthaíonn poist do mhuintir na hÉireann. Nuair a thiteann líon na dturasóirí cailleann oibrithe a gcuid post sna hostáin agus sna __11__. Ní bhíonn dóthain oibre do na freastalaithe ar eitleáin agus do thiománaithe cóistí. Mar sin nuair a thagann na cuairteoirí anseo is mithid dúinn a bheith __12__ leo.

aoibhinn
gach
Éirinn
fáilte
álainn
airgead
bialanna
cairdiúil
fheiceáil
ndiaidh
ceol
don

Obair duitse

Scríobh giota leanúnach ar cheann amháin de na hábhair seo.

Cuairteoirí don Tír

Turasóireacht

Cuairteoirí an tSamhraidh

Nuair a Thagann an Samhradh (1999)

Giota 7 – Mo Cheantar

Bí réidh roimh ré!

Déan an mheaitseáil ar dtús agus beidh tú réidh don ghiota leanúnach.

1	Tá sé leath bealaigh idir Gaillimh agus Inis.	A	a small village	1 =
2	ceantar suaimhneach	B	as regards facilities	2 =
3	leadránach	C	most of them	3 =
4	Cónaíonn suas le míle duine ann.	D	It is halfway between Galway and Ennis.	4 =
5	siúlóirí	E	boring	5 =
6	an chuid is mó acu	F	nothing has changed	6 =
7	turasóirí	G	terrible service	7 =
8	seirbhís uafásach	H	a peaceful area	8 =
9	an-fhiáin agus iargúlta	I	tourists	9 =
10	níor athraigh faic	J	Up to one thousand people live there.	10 =
11	sráidbhaile beag	K	very wild and remote	11 =
12	ó thaobh áiseanna de	L	walkers	12 =

Mo Cheantar

Lios na Ríthe is ainm dom mo cheantar. Tá sé leath bealaigh idir Gaillimh agus Inis. Tá an ceantar seo an-fhiáin agus iargúlta. Níor athraigh faic ann leis na mblianta. Is dócha gur ceantar suaimhneach socair é. Ceapaim féin go bhfuil an saol anseo leadránach. Cónaíonn suas le míle duine ann. Seandaoine an chuid is mó díobh. Tá an tsráidbhaile beag trí chéad bliain d'aois.

Ó thaobh áiseanna de níl mórán ann, seachas an bhunscoil, siopa amháin, teach tábhairne agus séipéal. Níl ach lóistín bia agus bricfeasta amháin sa cheantar uilig. Na turasóirí a thagann anseo, is siúlóirí an chuid is mó díobh. Tagann tumadóirí, iascairí agus seandálaithe freisin – duine ar bith ar maith leo an saol amuigh faoin spéir.

Tá an tseirbhís bhus go huafásach ann. Téann bus amháin go Gaillimh uair sa ló. Ba bhreá liom an ceantar a fhágáil.

● **Cuir tic sa bhosca ceart.**

		Fíor	Bréagach
1	Tá sé leath bealaigh idir Gaillimh agus Lios Mór.	☐	☐
2	Is ceantar suaimhneach socair é.	☐	☐
3	Tá an saol ansin leadránach.	☐	☐
4	Cónaíonn suas le dhá mhíle duine ann.	☐	☐
5	Is siúlóirí a thagann mar thurasóirí ansin.	☐	☐
6	Tá seirbhís mhaith busanna ann.	☐	☐

● **Líon isteach na bearnaí.**

Áit Stairiúil i mo Cheantar (1999)

Cosúil le gach déagóir ní thugaim aird ar __1__ cheantar. Níor athraigh faic __2__ le blianta. Is dócha gur __3__ suaimhneach socair é. Dún na Ríthe is __4__ do mo cheantar. Is bruachbhaile é sa chathair. Tá sé leath bealaigh idir lár na cathrach agus na sléibhte. Tá aithne agam féin ar chuile shráid agus chuile bhóthar ann. Cónaíonn suas le __5__ míle duine ann. Tógadh na tithe go léir ann caoga bliain ó __6__.

　　Ó thaobh áiseanna de níl mórán ann seachas dhá scoil, __7__ de gach saghas agus séipéal. Roimhe sin ní raibh ann ach páirceanna agus caisleán. Is caisleán __8__ é. Téann sé chomh fada siar leis na Normannaigh. Shocraigh na daoine sa cheantar an caisleán a __9__. Dheisigh siad na fallaí. Chuir siad díon nua ar an gcaisleán. Rinne siad fuinneoga nua agus áirse __10__ millteach don gheata mór. Is áit iontach í anois. Is féidir siúl timpeall lá ar bith. Anois is __11__ bíonn féasta mór ann san oíche.

mór
ársa
deich
mo
ann
ainm
shin
siopaí
arís
dheisiú
áit

● **Obair duitse**

Scríobh giota leanúnach ar cheann amháin de na hábhair seo.

Mo Cheantar

Stair mo Bhaile

Caisleán Áitiúil

Giota 8 – Caitheamh aimsire

Bí réidh roimh ré!

Déan an mheaitseáil ar dtús agus beidh tú réidh don ghiota leanúnach.

1	Ní féidir an damhsa a shárú.	A	dancing full-time	1 =
2	Is aoibhinn liom …	B	I go to classes.	2 =
3	Téim chuig ranganna.	C	earning	3 =
4	Bhuaigh mé duais.	D	I love …	4 =
5	ag damhsa go lánaimseartha	E	I won a prize.	5 =
6	ag teagasc rince	F	lonely life	6 =
7	tuarastal	G	on stage	7 =
8	ag saothrú	H	opportunity	8 =
9	seans	I	practice	9 =
10	cleachtadh	J	salary	10 =
11	ar stáitse	K	teaching dance	11 =
12	saol uaigneach	L	Nothing beats dancing.	12 =

Mo Chaitheamh Aimsire

Ní féidir an damhsa a shárú mar chaitheamh aimsire. Is aoibhinn liom gach sórt damhsa. Téim chuig ranganna go rialta. Tá duaiseanna buaite agam anois is arís. Ba bhreá liom leanúint leis an gcaitheamh aimsire seo. B'fhéidir go mbeidh seans agam damhsa le *Riverdance* nó leis an mBolshoi. Is aoibhinn liom an damhsóir Breandán de Gallaí. Tá sé ag damhsa go lánaimseartha le *Riverdance*. Ba bhreá liom bheith ag damhsa leis nó ag teagasc rince. Tá mé ag damhsa ó bhí mé ocht mbliana d'aois.

Is féidir tuarastal maith a dhéanamh as damhsa. Nuair a cuireadh tús le *Riverdance* mí Feabhra 1996, ba é Michael Flatley an príomhdhamhsóir agus bhí sé ag saothrú $75,000 sa tseachtain. Bíonn seans agat an domhan a fheiceáil freisin.

Ní caitheamh aimsire éasca é. Bíonn ar an damhsóir cleachtadh a dhéanamh gach lá. Nuair a bhíonn siad ag obair is minic a bhíonn siad ar an mbóthar an t-am go léir. Bíonn an damhsóir ar an stáitse sé lá sa tseachtain agus uaireanta caitheann sé sé mhí ag obair gan sos. Is saol uaigneach é gan do mhuintir.

Ar an taobh eile, bíonn seans iontach agat damhsa leis na damhsóirí is fearr. Ba bhreá liom é.

● **Cuir tic sa bhosca ceart.**

		Fíor	Bréagach
1	Is aoibhinn leis an damhsa.	☐	☐
2	Téann sé chuig ranganna go rialta.	☐	☐
3	Bhuaigh sé duais.	☐	☐
4	Is aoibhinn leis an damhsóir Michael de Gallaí.	☐	☐
5	Tá sé ag damhsa ó bhí sé naoi mbliana d'aois.	☐	☐
6	Mí Feabhra 1996 bhí sé ag saothrú $75,000 sa tseachtain.	☐	☐
7	Bíonn an damhsóir ar an stáitse cúig lá sa tseachtain.	☐	☐

● **Líon isteach na bearnaí.**

Nuair a Thagann an Samhradh (1999)

Is aoibhinn __1__ an samhradh. Tosaíonn na laethanta __2__. Cuirim na leabhair scoile go léir sa chófra. Bím saor. Faighim __3__ páirtaimseartha don samhradh. De ghnáth oibrím san ollmhargadh. Is post leadránach é. Tosaíonn an obair ag a __4__ chuile mhaidin agus críochnaíonn sé ag a hocht san oíche. Is fuath liom an obair féin. Ach is __5__ liom an t-airgead. Caithim an t-airgead ag an deireadh seachtaine. Téim go rialta chuig an bpictiúrlann le mo __6__. Uair sa tseachtain téim ag siopadóireacht. Ceannaím mo rogha rud. Ní bhíonn srian ar bith __7__. Seachas obair agus siopadóireacht tá comórtais spóirt de gach saghas ann i rith an __8__. Bainim taitneamh as na comórtais ghailf, an leadóg i Wimbledon agus ar ndóigh an iomáint agus an pheil Ghaelach. Is fearr liom an iomáint ná spórt ar bith __9__. Imrím le mo chlub áitiúil agus tacaím le mo chontae. Nuair a bhíonn craobh na hÉireann ar __10__, téim chuig na cluichí go léir. Go hiondúil bíonn an __11__ ar fheabhas. Bíonn craic agus spraoi ag na cluichí go léir. Nuair a thagann cluiche ceannais na hÉireann bíonn a fhios agam go __12__ an samhradh thart.

| saoire |
| bhfuil |
| chairde |
| tsamhraidh |
| liom |
| eile |
| siúl |
| post |
| orm |
| deich |
| maith |
| aimsir |

● **Obair duitse**

Scríobh giota leanúnach ar cheann amháin de na hábhair seo.

1. Spórt – An Tábhacht a Bhaineann Leis
2. Laethanta Saoire
3. Caitheamh Aimsire

Caibidil 2
Cluastuiscint

Ceisteanna Gnáthleibhéal

Aonad 1: An Teaghlach

Gluais

teaghlach *family* • **feighlí linbh** *childminder* • **cibé duine** *whoever* • **níor mhór do na hiarrthóirí** *the applicants must* • **líofa** *fluent* • **meon tuisceanach** *an understanding nature* • **ceadúnas tiomána** *driver's licence* • **tuarastal maith** *a good salary* • **lóistín** *accommodation* • **díolachán troscáin** *a furniture sale* • **na tógálaithe** *the builders* • **sé árasán galánta** *six luxurious apartments* • **bheartaigh siad** *they decided* • **m'áit dhúchais** *my home place* • **bhraith mé uaim mo chlann** *I missed my family* • **comhlacht** *a company* • **a chur ar bun** *to set up* • **taighde** *research* • **ar an Idirlíon** *on the Internet* • **oiriúnach** *suitable* • **réiteoidh mé** *I will arrange* • **is ar mhaithe le** *in aid of* • **i gcathaoir rotha** *in a wheelchair* • **an t-ádh dearg** *great luck* • **tugadh déagóir os comhair na cúirte** *a teenager was in court* • **seodra ina sheilbh aige** *in possession of jewellery* • **ag teitheadh** *fleeing* • **ghearr an breitheamh pionós (air)** *the judge sentenced (him)* • **ar iarraidh** *missing* • **gruaig chatach rua** *curly red hair* • **an-bhuartha** *very upset* • **a foilsíodh le déanaí** *recently published* • **fadhb an alcólachais** *problem of alcoholism*

● **Cuid A**

Fógra a haon

Líon isteach an t-eolas atá á lorg sa ghreille anseo.

1 Áit a bhfuil an chlann ina gcónaí.	
2 An post atá i gceist anseo.	
3 Aois an bhuachalla.	
4 Rud amháin a chaithfidh a bheith ag gach iarrthóir.	

Fógra a dó

1a Cén áit a mbeidh an díolachán ar siúl? _____

1b Cathain a mbeidh an díolachán ar siúl? _____

2a Cén t-am a thosóidh an díolachán? _____

2b Cathain a thosóidh na tógálaithe ar an obair? _____

Fógra a trí

Líon isteach an t-eolas atá á lorg sa ghreille anseo.

1 Cad atá á lorg ag an teaghlach?	
2 Cén áit?	
3 An méid páistí atá acu anois.	
4 An méid seomraí codlata atá ag teastáil.	

● **Cuid B**

Comhrá a haon

An chéad mhír

1 Cá raibh Bríd roimhe seo? _____

2 Cén aois a mac? _____

An dara mír

1 Cé mhéad seomra codlata atá sa teach nua? _____

2 Ainmnigh rud amháin a bheidh ar díol acu. _____

Comhrá a dó

An chéad mhír

1 Cathain a mbeidh an oíche cheoil ar siúl? _____

2 Cad a bhí ar siúl ag an bhfear óg nuair a tharla an timpiste? _____

An dara mír

1 Cá bhfuil an fear óg anois? _____

2 An mbeidh Nora ag dul go dtí an oíche cheoil? _____

Comhrá a trí

An chéad mhír

1   Cén clár teilifíse a raibh Tomás ag féachaint air aréir? _____

2   Ainmnigh rud amháin a bhuaigh an fear óg as Ciarraí. _____

An dara mír

1 Ainmnigh rud amháin a bhuaigh an bhean óg as Ciarraí. _____

2 Ar cheannaigh Tomás cárta don Lotto riamh? _____

● **Cuid C**

Píosa a haon

Líon isteach an t-eolas atá á lorg sa ghreille anseo.

1 Aois an déagóra seo.	
2 An oíche a tharla an eachtra seo.	
3 Cá raibh muintir an tí an oíche seo?	
4 Rud amháin a ghoid sé.	

Píosa a dó

1   Cén aois an bhean óg atá ar iarraidh? _____

2   Cén dath a bhí ar an gcóta a bhí á chaitheamh aici? _____

Píosa a trí

1   Cén tAire atá i gceist anseo? _____

2   Cén fhadhb atá ag dul in olcas sa tír seo, dar leis? _____

Aonad 2: Sláinte agus Bia, Timpistí agus Tubaistí

Gluais

cruinniú *meeting* ● **feirmeoireacht orgánach** *organic farming* ● **i láthair** *present* ● **fáilte roimh chách** *everyone welcome* ● **Bord Sláinte an Tuaiscirt** *Northern Health Board* ● **príomh-mháinlia fiaclóireachta** *chief dental surgeon* ● **fónann** *serves* ● **céim** *a degree* ● **ceadúnas** *license* ● **taithí sásúil** *suitable experience* ● **béile breá blasta a réiteach** *to prepare a tasty meal* ● **ar na duganna** *on the docks* ● **meáchan** *weight* ● **cailleadh** *died* ● **tragóid phríobháideach** *private tragedy* ● **an t-iriseoir** *the journalist* ● **coitianta** *common* ● **baolach** *dangerous* ● **galar** *disease* ● **ag fulaingt** *suffering* ● **seachain** *avoid* ● **aisteoirí fíorthanaí** *very thin actors* ● **is annamh** *rarely* ● **aiste bia** *diet* ● **teachtaireacht na meán cumarsáide** *the message of the media* ● **goilleann** *upset* ● **an tseirbhís sláinte ina raic** *health system in chaos* ● **luaite** *mentioned* ● **gann i bhfoireann** *short of staff* ● **brú** *pressure* ● **níl sé ar a gcumas** *they are not able to* ● **na hothair sa dorchla** *patients in corridors* ● **obráid croí** *heart surgery* ● **náire** *shame* ● **asma** *asthma* ● **boladh an deataigh** *smell of smoke* ● **caitheamh toitíní** *smoking* ● **na tábhairneoirí** *the publicans* ● **na comhlachtaí tobac** *the tobacco companies* ● **a choimeád milis** *keeping (them) sweet* ● **ag méadú** *increasing* ● **ailse scamhóg** *lung cancer* ● **galar croí** *heart disease* ● **is ait an mac an saol** *life is strange* ● **dug na Gaillimhe** *Galway docks* ● **an tÚdarás Náisiúnta um Bhóithre** *National Roads Authority* ● **luas géar** *great speed* ● **dea-scéal** *good news* ● **aistear fada** *a long journey*

● **Cuid A**

Fógra a haon

Líon isteach an t-eolas atá á lorg sa ghreille anseo.

1 An oíche a bheidh an cruinniú ar siúl.	
2 An t-am a thosóidh sé.	
3 Cé dó an cruinniú?	
4 Uimhir theileafóin Cumas Teo.	

Fógra a dó

1 Cén post atá i gceist anseo? Dochtúir nó fiaclóir? _____

2 Luaigh dhá rud a chaithfidh a bheith ag an iarratasóir:

   i _____

   ii _____

b Cad é an data deireanach do na hiarratais? _____

Fógra a trí

Líon isteach an t-eolas atá á lorg sa ghreille anseo.

1 An oíche a mbeidh an clár seo ar siúl.	
2 An t-am a mbeidh an clár seo ar siúl.	
3 An cineál cláir atá i gceist.	
4 An áit a dtosaíonn an turas bia seo.	

● **Cuid B**

Comhrá a haon

An chéad mhír

1 Cén sórt scéil a bhí sa nuachtán inné, dar le Sorcha? _____

_____

2 Cén aois an cailín a fuair bás? _____

An dara mír

1 Cad atá á chaitheamh ag na haisteoirí i Hollywood, dar le Sorcha? _____

_____

2 An mbíonn na haisteoirí sna hirisleabhair tanaí nó ramhar, dar le hÍde? _____

_____

Comhrá a dó

An chéad mhír

1 Cén teideal atá ar an aiste Ghaeilge a fuair siad? _____

2 Cén sórt daoine atá á lorg ag na hospidéil sa tír? _____

An dara mír

1 Cá fhad atá an fear ag fanacht ar obráid croí, dar le Bríd? _____

2 Cén tseirbhís atá ag dul chun donais, dar le Rónán? _____

Comhrá a trí

An chéad mhír

1 Cad a bhí ar siúl sa Chloigín Gorm aréir? _____

2 Cén rud *nach maith* le hEdel agus Shane sa teach tábhairne? _____

An dara mír

1   Cé hiad na daoine is mó atá ag caitheamh tobac, dar le Edel? _____

_____

2   Luaigh tinneas nó galar *amháin* a thagann ón tobac, dar le hEdel. _____

_____

● **Cuid C**

Píosa a haon

Líon isteach an t-eolas atá á lorg sa ghreille anseo.

1 Cár tharla an timpiste?	
2 Cárbh as don bhfear a fuair bás?	
3 Cá raibh sé ag obair nuair a tharla an timpiste?	
4 Cár tugadh an fear ina dhiaidh sin?	

Píosa a dó

1   Cén áit sa tír is measa do thimpistí bóthair? _____

2   Cé hiad na daoine is mó a bhíonn ciontach i dtimpistí ina mbíonn an t-ólachán i gceist?

_____

Píosa a trí

1   Cá raibh an dea-scéal le cloisteáil inniu? _____

_____

2   Cé mhéad airgid atá i gceist? _____

_____

Aonad 3: Saol na Scoile

Gluais

athláimhe *secondhand* ● **coiste na scoile** *school committee* ● **ag eagrú** *organising* ● **tuilleadh eolais** *more information* ● **sraith nua** *new series* ● **iar-bhunscoile** *post primary* ● **luach** *value* ● **mar phríomhdhuais** *as the main prize* ● **ag déanamh urraíochta** *sponsoring* ● **foirmeacha iontrála** *entry forms* ● **ionaid áitiúla** *local venues* ● **maireann** *lasts* ● **dírithe ar** *aimed at* ● **i bponc** *in trouble* ● **Scrúdú na hArdteistiméireachta** *Leaving Certificate exam* ● **ar an gcéad dul síos** *to begin with* ● **bunphointí** *basic points* ● **ar ball** *in a while* ● **praiseach ceart** *a right mess* ● **an iomarca ama** *too much time* ● **achan cheist** *every question* ● **amharc** *to look at* ● **torthaí** *results* ● **cinnte go dteipfinn** *sure I would fail* ● **bunmhúinteoireacht** *primary teaching* ● **Taispeántas Eolaithe Óga** *Young Scientists' Exhibition* ● **caighdeán na hiomaíochta** *standard of competition* ● **ag bronnadh na nduaiseanna** *presenting the prizes* ● **tionscadal** *project* ● **bonn óir** *gold medal* ● **comórtas díospóireachta** *debating competition* ● **ag freastal** *attending* ● **daoine óga** *young people*

● **Cuid A**

Fógra a haon

Líon isteach an t-eolas atá á lorg sa ghreille anseo.

1 An cineál díolacháin atá i gceist.	
2 An áit ina mbeidh sé ar siúl.	
3 An t-am a thosóidh an díolachán.	
4 Uimhir theileafóin.	

Fógra a dó

Líon isteach an t-eolas atá á lorg sa ghreille anseo.

1 An stáisiún teilifíse atá i gceist.	
2 An lá a mbeidh an clár ar siúl.	
3 Duais amháin atá i gceist.	
4 Méid daoine a bheidh ar na foirne.	

Fógra a trí

Líon isteach an t-eolas atá á lorg sa ghreille anseo.

1 An cineál ranganna atá i gceist.	
2 Cathain a bheidh na ranganna ar siúl?	
3 Fad an chúrsa.	
4 An t-am a thosaíonn na ranganna ar maidin.	

● **Cuid B**

Comhrá a haon

An chéad mhír

1   Cén teideal atá ar an aiste Ghaeilge a fuair siad? _____

2   Cad atá ar siúl ag Síle i mbliana ar scoil? _____

An dara mír

1   An bhfuil Síle sásta leis na pointí a thugann Pól di? _____

2   Cén cuireadh a thugann Pól do Shíle? _____

Comhrá a dó

An chéad mhír

1   Cén scrúdú a bhí ar siúl ag Brenda agus Seán ar maidin? _____

2   Cé mhéad ceist a rinne Seán sa scrúdú? _____

An dara mír

1   An ndearna Seán an cheist a bhí ar leathanach a sé? _____

2   Cén scrúdú a bheidh acu amárach? _____

Comhrá a trí

An chéad mhír

Líon isteach an t-eolas atá á lorg sa ghreille anseo.

1 Bhí imní an domhain ar Shorcha. Cathain?	
2 An grád a fuair Sorcha sa Ghaeilge.	
3 An grád a fuair Sorcha sa stair.	
4 An grád a fuair Sorcha sa mhatamaitic.	

An dara mír

1 Cén grád a fuair Fiachra sa Ghaeilge? _____

2 Cén chéad rogha a bhí ag Fiachra ar a fhoirm CAO? _____

● Cuid C

Píosa a haon

1 Cé a rinne an taispeántas a oscailt go hoifigiúil aréir? _____

2 Fuair cailín amháin an chéad duais. Scríobh síos rud amháin faoin *duais* sin. _____

Píosa a dó

1 Cathain a seoladh an comórtas nua seo? _____

2 Cé mhéad duine a bheidh ar gach aon fhoireann? _____

Píosa a trí

1 Cá bhfuil an t-ionad nua seo suite? _____

2 Cé mhéad déagóir a mbeidh spás ann dóibh ar an gcúrsa seo? _____

Aonad 4: Obair

Gluais

Fiontar, Ollscoil Chathair Bhaile Átha Cliath *Fiontar, Dublin City University* ● **i ríomhlann** *in a computer lab* ● **mar tháille** *fee* ● **foirm iarratais** *entry form* ● **Foras na Gaeilge** ● **cúram** *responsibility* ● **rúnaí** *secretary* ● **ardchumas** *a high degree of skill* ● **pearsantacht thaitneamhach** *pleasant personality* ● **dáta deireanach iontrála** *last date for entry* ● **Glór na nGael** ● **bunaíodh** *founded* ● **a chur chun cinn** *to promote* ● **bainisteoir** *manager* ● **scéim phinsin** *pension scheme* ● **spriocdháta** *closing date* ● **an tuarascáil** *the report* ● **in ainneoin an Tíogair Cheiltigh** *despite the Celtic Tiger* ● **an sochaí** *society* ● **gan dídean** *homeless* ● **an fhadhb a réiteach** *to solve the problem* ● **Naomh Uinseann de Pól** *St. Vincent de Paul* ● **Clann Síomóin** *Simon Community* ● **dallamullóg** *blindfold* ● **monarcha** *factory* ● **clúdaíonn sé** *it covers* ● **ní lia duine ná tuairim** *everyone is different* ● **i ndán dúinn** *in store for us* ● **ag fótachóipeáil** *photocopying* ● **meaisín facs** *fax machine* ● **clóscríobh** *typing* ● **chaith mé seal** *I spent some time* ● **ag athrú boinn** *changing tyres* ● **i mbaol** *in danger* ● **Údarás na Gaeltachta** ● **cathaoirleach** *chairperson* ● **na fostaithe** *the employees* ● **drochbhail air** *in a bad way* ● **eacnamaíocht na tíre** *the country's economy* ● **olltoghchán** *general election* ● **caiteachas poiblí** *public spending* ● **as riocht** *out of shape* ● **ráflaí** *rumours* ● **go gcruthófar** *will be created* ● **forbairt miondíoltóireachta** *retail development* ● **go meallfaidh** *will entice*

Cuid A

Fógra a haon

Líon isteach an t-eolas atá á lorg sa ghreille anseo.

1 Cá bhfuil an ollscoil seo?	
2 Cé dó an cúrsa ríomhaireachta?	
3 Fad an chúrsa.	
4 An táille don chúrsa.	

Fógra a dó

1a Cén post atá le líonadh? _____

1b Cén Bord Stáit atá i gceist anseo? _____

2a Rud amháin a chaithfidh a bheith ag an duine a fhaigheann an post seo. _____
_____

2b Cad é an dáta deireanach do na hiarratais? _____

Fógra a trí

Líon isteach an t-eolas atá á lorg sa ghreille anseo.

1 An bhliain inar bunaíodh Glór na nGael.	
2 An post atá le líonadh.	
3 Rud amháin a chaithfidh a bheith ag an duine a cheapfar.	
4 An dáta deireanach do na hiarratais.	

Cuid B

Comhrá a haon

An chéad mhír

1 Cén teideal atá ar an aiste Ghaeilge a fuair siad? _____

2 Cathain a bhí Pól ag féachaint ar an teilifís? _____

An dara mír

1 Cá bhfuil an bhochtaineacht le feiceáil sa tír seo, dar le Pól? _____

2 Ainmnigh grúpa amháin a luann Treasa atá ag tabhairt cabhair do dhaoine bochta.
_____

Comhrá a dó

An chéad mhír

Líon isteach an t-eolas atá á lorg sa ghreille anseo.

1 An fhoirm a luann Fiachra.	
2 Ábhar amháin atá mar chéad rogha ag Sinéad.	
3 An coláiste atá mar chéad rogha ag Sinéad.	
4 An méid blianta a mbeidh Sinéad ag staidéar.	

An dara mír

1 An mbeidh Fiachra ag dul go coláiste? _____

2 Cé leis an comhlacht tógála? _____

Comhrá a trí

An chéad mhír

1 Cá mbeidh Rhona ag obair an samhraidh seo chugainn? _____

2 Luaigh *rud amháin* a bheidh ar siúl ag Rhona nuair atá sí ag obair. _____
_____

An dara mír

1 Cá mbeidh Tomás ag obair? _____

2 Cén t-am a chríochnóidh Rhona ag obair gach lá? _____

● **Cuid C**

Píosa a haon

1 Cé mhéad post atá i mbaol anois sa chomhlacht? _____

2 Cá mbeidh an comhlacht ag dul anois? _____

Píosa a dó

1 Cathain a bhí an t-olltoghchán ar siúl? _____

2 Cé mhéad euro atá an Taoiseach ag iarraidh a shábháil? _____

Píosa a trí

Líon isteach an t-eolas atá á lorg sa ghreille anseo.

1 Cá raibh an dea-scéal le cloisteáil inniu?	
2 An méid post nua a chruthófar sa bhaile.	
3 An méid post a chruthófar leis an obair thógála.	
4 An méid post a bheidh le fáil agus na siopaí ar oscailt.	

Aonad 5: Caitheamh Aimsire: Spórt, Ceol agus Siamsaíocht

Gluais

ar champaí samhraidh *on summer camps* ● **trí mheán na Gaeilge** *through Irish* ● **urraíocht** *sponsorship* ● **comhar creidmheasa** *credit union* ● **fíorbhuíoch** *very grateful* ● **an-bhródúil** *very proud* ● **clúdaíonn an costas** *the cost covers* ● **léacht** *lecture* ● **dráma grinn** *comic play* ● **dubh-choiméide** *black comedy* ● **Sult** ● **aíonna speisialta** *special guests* ● **triail a bhaint as** *to try it out* ● **ag labhairt ar son an rúin** *speaking in favour of the motion* ● **in aghaidh an rúin** *against the motion* ● **i bhfábhar an rúin** *in favour of the motion* ● **ag dul in olcas in aghaidh an lae** *getting worse every day* ● **intinn slán i gcorp folláin** *a healthy mind in a healthy body* ● **braitheann sé** *it depends* ● **dúnmharfóir** *murderer* ● **bréan de** *fed up with* ● **seachas** *except for* ● **fuil** *blood* ● **foréigean** *violence* ● **buamaí** *bombs* ● **scannáin fhicsean-eolaíochta** *science fiction films* ● **measartha** *reasonably* ● **saoradh** *was released* ● **an comhluadar** *the audience* ● **nia** *nephew* ● **ar camchuairt** *on tour* ● **sult agus spraoi** *great fun* ● **Ard-fheis Chonradh na Gaeilge** ● **go hoifigiúil** *officially* ● **an t-ardú croí** *lifted hearts* ● **Comórtas Peile na Gaeltachta** ● **i mbliana** *this year* ● **bhuaigh sé** *he won* ● **comórtas sinsearach** *senior competition* ● **mar phríomhurra** *as main sponsor*

● **Cuid A**

Fógra a haon

Líon isteach an t-eolas atá á lorg sa ghreille anseo.

1. Cé dó an campa samhraidh seo?	
2 Dhá spórt atá luaite san fhógra.	
i	
ii	
3 An teanga a bheidh á húsáid sa champa.	

Fógra a dó

1 Cén cineál scoil samhraidh a bheidh ar siúl? _____

2 Cá mbeidh an scoil samhraidh ar siúl? _____

3 Cé mhéad a chosnaíonn sé? _____

4 Cén uimhir theileafóin atá luaite san fhógra? _____

Fógra a trí

Líon isteach an t-eolas atá á lorg sa ghreille anseo.

1 An rud a bheidh ar siúl.	
2 An áit a mbeidh sé ar siúl.	
3 Cén t-am a thosaíonn sé?	
4 Uimhir theileafóin.	

Cuid B

Comhrá a haon

An chéad mhír

1 Cén cineál club é? _____

2 Cathain a mbeidh sé ar siúl arís? _____

An dara mír

1 Cá mbeidh sé ar siúl? _____

2 Cén t-am a thosaíonn an club? _____

3 Cé mhéad atá ar na ticéid? _____

Comhrá a dó

An chéad mhír

1 Cén teideal atá ar an díospóireacht a bheidh ar siúl amárach sa rang Gaeilge?

_____

2 Cé leis a bhí Caroline ag caint? _____

An dara mír

1 Cén rud a chuireann iontas ar Charoline? _____

2 Cé a ghlacann páirt i gcúrsaí spóirt, dar le Pat? _____

Comhrá a trí

An chéad mhír

Líon isteach an t-eolas atá á lorg sa ghreille anseo.

1 An áit a mbeidh Seosamh ag dul ar an Aoine.	
2 An fáth nach raibh Ciara sásta an uair eile.	
3 Dhá chineál scannáin a thaitin le Ciara:	
i	
ii	

An dara mír

1 Cén scannán a mbeidh Ciara sásta leis? _____

2 Cén t-am a mbeidh siad ag bualadh le chéile? _____

● Cuid C

Píosa a haon

1 Cén rud a sheoladh oíche aréir sa Merchant? _____

2 Ainmnigh duine amháin a bhí i láthair ag an ócáid. _____

3 Cé leis a raibh Breandán ag seinm an oíche sin? _____

Píosa a dó

Líon isteach an t-eolas atá á lorg sa ghreille anseo.

1 An áit a raibh an ócáid ar siúl.	
2 Ainm an duine a d'oscail an ócáid go hoifigiúil.	
3 An lá a thosaigh an ócáid.	
4 Rud amháin a bhí ar siúl an oíche sin.	

Píosa a trí

1 Cén rud a bhí ar siúl le déanaí? _____

2 Cé mhéad cluiche a imríodh thar an deireadh seachtaine? _____

Aonad 6: Na Meáin Chumarsáide

Gluais

fáilteoidh *will welcome* ● **Bord Scannán na hÉireann** *Irish Film Board* ● **gearrscannáin** *short films* ● **ar a laghad** *at least* ● **ar an scáileán** *on the screen* ● **treoirlínte** *guidelines* ● **Oireachtas na Gaeilge** ● **saothair scríbhneoireachta** *written work* ● **duaischiste** *prize fund* ● **láithreoir** *presenter* ● **irischlár** *magazine programme* ● **spraíúil** *funloving* ● **múch an diabhal torann sin** *turn off that damned noise* ● **Raidió na Gaeltachta** ● **figiúir éisteachta** *listening figures* ● **stiúideo nua** *new studio* ● **Raidió na Life** ● **liricí Béarla** *English lyrics* ● **sna cairteacha** *in the charts* ● **tionchar na meán cumarsáide** *influence of the media* ● **feachtas fógraíochta** *advertising campaign* ● **go spreagann fógraí an t-aos óg i dtreo an ólacháin** *that advertisements encourage young people to drink* ● **d'aithin siad** *they recognised* ● **tionchar** *influence* ● **mainicíní fíorthanaí** *very thin models* ● **brú millteanach** *terrible pressure* ● **tionscal an cheoil** *the music industry* ● **dúshaothrú** *exploitation* ● **ag leathnú** *widening* ● **greim níos daingne** *a stronger hold* ● **á chraoladh** *being broadcast* ● **cúrsaí reatha** *current affairs* ● **togha agus rogha** *the best choice* ● **thar na blianta** *over the years* ● **ó mhaidin go faoithin** *from dawn til dusk* ● **Pléaráca Chonamara** ● **ag reáchtáil** *organising* ● **imeachtaí éagsúla** *a variety of events* ● **seó faisin** *fashion show* ● **sobaldráma** *soap opera* ● **cumann carthanachta** *charitable organisation* ● **bean agus fear a'tí na hoíche** *the hosts for the night* ● **bailíodh** *was collected* ● **go bliantúil** *every year*

● **Cuid A**

Fógra a haon

Líon isteach an t-eolas atá á lorg sa ghreille anseo.

1 An stáisiún teilifíse atá i gceist.	
2 An rud atá á lorg acu.	
3 An dáta deireanach do na hiarratais.	
4 Seoladh an stáisiúin theilifíse.	

Fógra a dó

1 Cé dó an comórtas seo? _____

2 Cé mhéad comórtas atá ann i mbliana? _____

3 Cén duais atá i gceist sa chomórtas? _____

4 Cad é an dáta deireanach do na hiarratais? _____

Fógra a trí

Líon isteach an t-eolas atá á lorg sa ghreille anseo.

1 Cé dó an clár nua seo?	
2 An lá a mbeidh an clár ar siúl.	
3 Ábhar amháin cainte a bheidh á phlé ar an gclár nua.	
4 An dáta deireanach do na hiarratais.	

Cuid B

Comhrá a haon

An chéad mhír

1 Cad a bhí ar siúl ag Gearóid nuair a ghlaoigh Pól air? _____

2 Cén cineál ceoil a thaitníonn le Gearóid? _____

An dara mír

1 Cé hiad na daoine nach n-éisteann leis an stáisiún, dar le Gearóid? _____

2 Cén fáth a raibh deifir ar Ghearóid ansin? _____

Comhrá a dó

An chéad mhír

1 Cén teideal atá ar an aiste Ghaeilge a fuair siad? _____

2 Cá bhfuil an feachtas nua seo ar siúl? _____

An dara mír

1 Cén aois na daoine óga a ghlac páirt sa suirbhé seo? _____

2 Cad atá le feiceáil sna hirisleabhair do chailíní óga, dar le hÉilis? _____

Comhrá a trí

An chéad mhír

Líon isteach an t-eolas atá á lorg sa ghreille anseo.

1 An stáisiún raidió atá i gceist.	
2 Luaigh dhá rud a bhíonn ar siúl ar an stáisiún seo.	
3 An cineál ceoil nach maith le Maidhc.	
4 An lá a mbíonn an clár 'An Poc ar Buile' ar siúl.	

An dara mír

1 Cé mhéad duine a bhíonn ag éisteacht leis an stáisiún seo, dar le hÚna? _____

2 Cén sórt comórtais atá ar siúl? _____

● **Cuid C**

Píosa a haon

1 Cé mhéad bliain atá Raidió na Gaeltachta á chraoladh i mbliana? _____

2 Ainmnigh dhá rud a bhíonn ar siúl ar RnaG:

   i _____

   ii _____

Píosa a dó

Líon isteach an t-eolas atá á lorg sa ghreille anseo.

1 An lá a mbeidh an cruinniú ar siúl.	
2 An áit a mbeidh an cruinniú ar siúl.	
3 An t-am a mbeidh an cruinniú ag tosú.	
4 Rud amháin a eagraíonn Pléaráca do mhuintir Chonamara.	

Píosa a trí

1 Cad a bhí ar siúl an Satharn seo caite? _____

2 Cé mhéad airgid a bailíodh an oíche sin? _____

Aonad 7: Taisteal, an Eoraip agus an Domhan

Gluais

An Fóram Náisiúnta um an Eoraip ● **cruinnithe poiblí** *public meetings* ● **deis do bharúil féin a thabhairt** *a chance to give your own opinion* ● **Aontas Eorpach** *European Union* ● **a fheabhsú** *to improve* ● **neodracht na hÉireann** *Irish neutrality* ● **treo** *direction* ● **a phlé** *to discuss* ● **ag lorg cúnaimh airgid** *looking for financial support* ● **gorta** *famine* ● **ag bagairt** *threatening* ● **ag fulaingt go géar ón ocras** *suffering badly from hunger* ● **na barraí** *the crops* ● **scriosta ag tuilte agus báisteach** *destroyed by floods and rain* ● **Bord Fáilte** ● **fáilteoir** *receptionist* ● **Goidé mar atá tú?** *How are you?* ● **dath gréine a suntan** ● **san Éigipt** *in Egypt* ● **fórsa gardaí cosanta** *defense police force* ● **treoraithe** *guides* ● **na radhairc** *the sights* ● **teampall ollmhór** *huge temple* ● **lig do scíth** *to relax* ● **déistineach** *disgusting* ● **an iomarca á n-alpadh** *eating too much* ● **ní leor deora** *tears are not enough* ● **cogadh cathartha** *civil war* ● **truaillithe** *polluted* ● **SEIF** *AIDS* ● **dílleachtaí** *orphans* ● **de dhualgas** *duty* ● **na comhlachtaí drugaí** *drugs companies* ● **fadhb an tsaint** *problem of greed* ● **ag dul thar fóir** *going over the top* ● **an ghluaiseacht** *the movement* ● **An Dara Cogadh Domhanda** *the Second World War* ● **go síochánta** *peacefully* ● **ballstáit** *member states* ● **leathnú amach** *enlargement* ● **phléasc buama** *a bomb exploded* ● **maraíodh** *were killed* ● **gortaíodh** *were injured* ● **fógraíodh** *was announced* ● **freagrach** *responsible* ● **ionsaí** *attack* ● **crith talún** *earthquake* ● **cré agus clocha** *clay and rocks* ● **leagadh** *were knocked down* ● **an lucht tarrthála** *the emergency services* ● **fáilteach** *welcoming* ● **neamhthruaillithe** *unspoilt* ● **an tionscal turasóireachta** *the tourism industry* ● **titim suntasach** *significant drop*

● **Cuid A**

Fógra a haon

Líon isteach an t-eolas atá á lorg sa ghreille anseo.

1 An fóram atá i gceist anseo.	
2 Cá mbeidh an cruinniú seo ar siúl?	
3 An dáta.	
4 An t-am a mbeidh an cruinniú ag tosú.	

Fógra a dó

1 Cá bhfuil Concern ag obair faoi láthair? _____

2 Cad atá ag tarlú sa tír sin faoi láthair? _____

3 Cén fáth a bhfuil na barraí sna páirceanna scriosta? _____

4 Cén seoladh atá ag Concern? _____

Fógra a trí

Líon isteach an t-eolas atá á lorg sa ghreille anseo.

1 An post atá i gceist.	
2 Rud amháin a chaithfidh a bheidh ag na hiarratasóirí.	
3 An dáta deireanach do na hiarratais.	
4 An áit a sheolfar na hiarratais.	

● Cuid B

Comhrá a haon

An chéad mhír

1   Cá raibh Síle ar a laethanta saoire? _____

2   Cá fhad a bhí Síle agus Máire ar a laethanta saoire? _____

3   Cén sórt aimsire a bhí acu? _____

An dara mír

1   Breac síos dhá rud a bhí le déanamh acu gach lá. _____

   i   _____

   ii _____

2   Cá mbeidh Liam ag dul ar a laethanta saoire i mbliana? _____

Comhrá a dó

An chéad mhír

1   Céard a bhí ar an teilifís aréir a chuir náire ar Thomás? _____

2   Cé atá ag tabhairt cabhrach do na tíortha sin, dar le Tomás? _____

An dara mír

1   Scríobh síos dhá fhadhb atá ag na daoine sna tíortha sin:

   i   _____

   ii _____

Comhrá a trí

An chéad mhír

1   Cé mhéad leathanach atá scríofa ag Tríona anois? _____

2   Cén teideal atá ar an aiste? _____

An dara mír

1 Cathain a ndeachaigh an tír seo isteach san Aontas? _____

2 Cén fáth a bhfuil Colm sásta leis an euro? _____

● **Cuid C**

Píosa a haon

Líon isteach an t-eolas atá á lorg sa ghreille anseo

1 An rud a tharla ar maidin sa Spáinn.	
2 An t-am a tharla sé.	
3 An méid daoine a fuair bás.	
4 An méid daoine a bhí gortaithe.	

Píosa a dó

1 Cad a tharla inné sa tSeapáin? _____

2 Cén damáiste a rinneadh? _____

Píosa a trí

1 Cathain a mbeidh na fógraí nua ag teacht amach? _____

2 Bhí titim i líon na dturasóirí a thagann ó thír áirithe. Cén tír í? _____

Aonad 8: Drugaí, Alcól agus Coireacht, Sceimhlitheoireacht agus Cearta Daonna

Gluais

sraith léachtaí *series of lectures* ● **imithe ó smacht** *out of control* ● **coiriúlacht** *criminality* ● **saineolaithe** *experts* ● **comórtas bliantúil** *annual competition* ● **institiúidí tríú leibhéil** *third level institutes* ● **sonraí** *details* ● **síocháin sa Tuaisceart** *peace in the North* ● **aisling bhréagach** *a false dream* ● **cearta daonna** *human rights* ● **bunáit mhíleata** *military base* ● **sólaistí** *refreshments* ● **líon na gcoireanna** *number of crimes* ● **fonn troda orthu de bharr meisciúlachta** *looking for a fight because of drunkenness* ● **a fhiosrú** *to investigate* ● **an leibhéal ólacháin** *the level of drinking* ● **sceimhlitheoireacht** *terrorism* ● **aidhmeanna polaitiúla** *political aims* ● **scéin agus uafás** *terror* ● **neamhspleáchas** *independence* ● **na buamadóirí féinmharaithe** *suicide bombers* ● **daoine neamhurchóideacha** *innocent people* ● **fadhb idirnáisiúnta** *international problem* ● **príosúnaigh choinsiasa** *prisoners of conscience* ● **cine** *race* ● **gnéas** *gender* ● **triail chothrom** *fair trial* ● **feachtas** *campaign* ● **ina sheilbh aige** *in his possession* ● **téarma príosúnacha** *prison sentence* ● **breitheamh** *judge* ● **dream** *group* ● **sa bhrollach** *in the chest* ● **ábhar buartha** *a source of concern* ● **mosc beannaithe** *sacred mosque* ● **corraitheach** *would cause anger*

● **Cuid A**

Fógra a haon

Líon isteach an t-eolas atá á lorg sa ghreille anseo.

1 An áit ina mbeidh na léachtaí ar siúl.	
2 An dáta a mbeidh an chéad léacht ar siúl.	
3 Ábhar na léachtaí.	
4 An t-am a mbeidh na léachtaí ag tosú.	

Fógra a dó

1a Cén cineál comórtais atá i gceist? _____

1b Cá mbeidh an comórtas ar siúl? _____

2a Breac síos rud amháin a chaithfidh tú a sheoladh chuig Gael-Linn. _____

2b Cad é an dáta deireanach do na hiarratais? _____

Fógra a trí

Líon isteach an t-eolas atá á lorg sa ghreille anseo.

1 An rud a bheidh ar siúl.	
2 An lá a mbeidh sé ar siúl.	
3 An t-am a mbeidh sé ar siúl.	
4 An áit a mbeidh sé ar siúl.	

● **Cuid B**

Comhrá a haon

An chéad mhír

1 Cén rud a bheidh Liam buartha faoi na laethanta seo? _____

2 Cad is cúis leis an bhfadhb seo, dar le Liam? _____

An dara mír

1 Cén réiteach atá ag na gardaí ar an fhadhb seo, dar le Tríona? _____

2 Cén drochshampla atá le feiceáil ag daoine óga maidir le cúrsaí ólacháin sa tír seo?

_____

Comhrá a dó

An chéad mhír

1 Cén rud a bheidh ar siúl sa rang Gaeilge amárach? _____

2 An mbeidh Peadar ar son nó in aghaidh an rúin? _____

An dara mír

1 Cad a bhíonn ar siúl ag ETA sa Spáinn, dar le Deirdre? _____

2 Cathain a thosaigh na trioblóidí sa Tuaisceart, dar le Peadar? _____

Comhrá a trí

An chéad mhír

Líon isteach an t-eolas atá á lorg sa ghreille anseo.

1 An clár a bhí ar siúl oíche aréir.	
2 Cathain a bunaíodh an ghluaiseacht seo?	
3 Na cearta bunúsacha nach bhfuil ag daoine áirithe.	

An dara mír

1 Cé mhéad duine atá sa ghluaiseacht seo anois, dar le Peadar? _____

2 Cén rud a rinne Sorcha le déanaí sa ghrúpa seo? _____

● Cuid C

Píosa a haon

Líon isteach an t-eolas atá á lorg sa ghreille anseo.

1 An áit a raibh an buachaill inné.	
2 An fáth go raibh sé ann.	
3 An rud a rinne sé anuraidh lasmuigh den dioscó.	
4 Fad an téarma príosúnachta a fuair sé.	

Píosa a dó

Líon isteach an t-eolas atá á lorg sa ghreille anseo.

1 Aois an fhir seo.	
2 An áit a raibh sé inné.	
3 An t-am a thosaigh an troid ar an tsráid.	
4 Conas a gortaíodh é?	

Píosa a trí

1 Cad a tharla i gcathair Iarúsailéim inniu? _____

2 Cathain a thug an Príomh Aire cuairt ar an mosc? _____

Aonad 9: Baile, Ceantar agus Timpeallacht

Gluais

grúpa teifeach *group of refugees* ● **mótorbhealach** *motorway* ● **obair riachtanach** *essential work* ● **ionad nua athchúrsála** *a new recycling centre* ● **boscaí múirín** *compost bins* ● **cruachás na dteifeach** *plight of the refugees* ● **eachtrannaigh** *foreigners* ● **díbríodh iad** *they were deported* ● **cimí** *prisoners* ● **plúchadh** *was smothered* ● **in aghaidh a tola** *against her will* ● **ceannairí na hEorpa** *European leaders* ● **tromlach** *the majority* ● **ina raic** *chaos* ● **seachród** *bypass* ● **an tranglam tráchta** *traffic jam* ● **an tionscal núicléach** *nuclear industry* ● **an bhagairt** *the threat* ● **chosnaigh sé** *it cost* ● **an pléascadh uafásach** *the terrible explosion* ● **breosla** *fuel* ● **an Brat Glas** *the green flag* ● **ag scaipeadh eolais** *spreading information* ● **An Comhaontas Glas** *The Green Party* ● **láithreán líonta talún** *landfill site* ● **urlabhraí** *spokesperson* ● **géarghá** *a great need* ● **boladh bréan** *foul smell*

● **Cuid A**

Fógra a haon

Líon isteach an t-eolas atá á lorg sa ghreille anseo.

1 An rud a bheidh ar siúl.	
2 An lá agus an t-am.	
3 An áit ina bhfuil na teifigh ag fanacht.	
4 Cé a bheidh ag seinm?	

Fógra a dó

Líon isteach an t-eolas atá á lorg sa ghreille anseo.

1 An bóthar a bheidh dúnta.	
2 An lá agus an t-am a mbeidh an bóthar ag dúnadh.	
3 An lá agus an t-am a mbeidh an bóthar ar oscailt arís.	
4 Cén mhí atá i gceist?	

Fógra a trí

1 Cá mbeidh an t-ionad nua suite? _____

2 Ainmnigh dhá rud is féidir le muintir na háite a thabhairt go dtí an t-ionad nua seo.

_____

3 Cé mhéad atá ar na boscaí múirín? _____

Cuid B

Comhrá a haon

An chéad mhír

1. Cén t-ábhar a bhí á phlé ar an gclár *Fortress Europe*? _____
2. Cad a tharla don bhfear as Iamáice? _____

An dara mír

1. Cad a tharla don chailín as an Nigéir? _____
2. Cén fáth ar tháinig na daoine ón Tuirc anseo, dar le Sinéad? _____

Comhrá a dó

An chéad mhír

1. Cén fáth a raibh Bríd déanach ar maidin, dar léi? _____
2. Cá fhad a thógann an t-aistear go lár na cathrach, dar le Marcus? _____
_____

An dara mír

1. Cé mhéad pasáiste atá ann do na busanna sa chathair anois? _____
2. Cén plean atá ag Marcus do Bhríd agus í ag dul ag obair ar maidin?
_____

Comhrá a trí

An chéad mhír

1. Cén teideal atá ar an aiste atá acu don rang Gaeilge? _____
2. Cathain a tharla an timpiste san Úcráin? _____

An dara mír

1. Cé a cheap an plean chun an t-ionad Thorp a dhúnadh síos? _____
2. Cathain a tógadh Thorp? _____

Cuid C

Píosa a haon

Líon isteach an t-eolas atá á lorg sa ghreille anseo.

1 An gradam a bhronn an Taisce ar an scoil seo.	
2 Cá fhad atá Coiste Glas Neasáin ag obair anois?	
3 Cé atá ar an gcoiste?	
4 Rud amháin a rinne siad.	
5 An áit a bhfuil an scoil seo.	

Píosa a dó

Líon isteach an t-eolas atá á lorg sa ghreille anseo.

1 An lá a mbeidh an clár seo ar siúl.	
2 An comhlacht atá i gceist anseo.	
3 An obair a dhéanann an bhean ón Rómáin.	
4 An áit a bhfuil na léarscáileanna á gcrochadh.	

Píosa a trí

1   Cá mbeidh an láithreán fuílligh seo? _____

2   Cén fáth nach bhfuil muintir na háite sásta leis an bplean seo? _____

Aonad 10: Cúrsaí Reatha agus Cúrsaí Creidimh

Gluais

nár foilsíodh riamh *previously unpublished* ● **Foinse** ● **cáilíocht iriseoireachta** *journalism qualification* ● **poist altrachta** *nursing posts* ● **ceannaire an fhreasúra** *leader of the opposition* ● **na hoird eaglasta** *religious orders* ● **íslithe** *diminished* ● **socraidí** *funerals* ● **mórathrú** *a great change* ● **ag teastáil** *needed* ● **oirniú na mban** *women's ordination* ● **rogha** *choice* ● **an cosc** *the ban* ● **Aire** *Minister* ● **Aire Stáit** *Minister of State* ● **dáilcheantar** *constituency* ● **toghchán** *election* ● **post buan** *permanent job* ● **cam** *crooked* ● **leisciúil** *lazy* ● **mímhacánta** *dishonest* ● **díograiseach** *diligent* ● **an ráta coireachta** *crime rate* ● **achaíní** *entreaty* ● **gníomh práinneach** *emergency action* ● **lonnaithe** *based* ● **trialacha mara** *sea trials*

● **Cuid A**

Fógra a haon

Líon isteach an t-eolas atá á lorg sa ghreille anseo.

1 Méid na duaise.	
2 Cad a bheidh le scríobh ag na hiarratasóirí?	
3 Cé dó an comórtas seo?	
4 An dáta deireanach do na hiarratais.	

Fógra a dó

Líon isteach an t-eolas atá á lorg sa ghreille anseo.

1 Na poist atá i gceist.	
2 Rud amháin a chaithfidh a bheith ag na hiarratasóirí.	
3 An áit a sheolfar na hiarratais.	
4 An dáta deireanach do na hiarratais.	

Fógra a trí

Líon isteach an t-eolas atá á lorg sa ghreille anseo.

1 Cá raibh an tAire Sláinte inniu?	
2 An méid leaba a bheidh sa bharda.	
3 An méid post nua a bheidh san ospidéal.	
4 Post amháin a bheidh i gceist.	

● Cuid B

Comhrá a haon

An chéad mhír

1 Cén rud a bhí á léamh ag Aoibheann sa nuachtán? _____

2 Cén aois dóibh na daoine atá sna hoird Eaglasta? _____

An dara mír

1 Cén obair atá le déanamh ag na sagairt sna paróistí, dar le Pól? _____

2 Scríobh síos mórathrú amháin a luann Pól. _____

Comhrá a dó

An chéad mhír

Líon isteach an t-eolas atá á lorg sa ghreille anseo.

1 An duine a phioc Dónal don aiste.	
2 An rud a rinne an duine seo.	
3 An bhliain a tharla an pléascadh san Úcráin.	

An dara mír

1 Cén gradam a fuair an duine seo? _____

2 Cén duine a phioc Deirdre? Cén fáth? _____

Comhrá a trí

An chéad mhír

1 Cad atá le déanamh ag Seoirse? _____

2 Cén t-ábhar atá á phlé aige? _____

An dara mír

1 Luaigh fadhb amháin a bhíonn ag daoine áitiúla don pholaiteoir áitiúil. _____
   _____

2 Cén sórt daoine iad polaiteoirí, dar le Cáit? _____

● **Cuid C**

Píosa a haon

Líon isteach an t-eolas atá á lorg sa ghreille anseo.

1 An duine a bhí á cháineadh sa Dáil.	
2 An mhí ina raibh an toghchán.	
3 An tseirbhís atá i bponc sa tír.	
4 An rud a dúirt an Taoiseach.	

Píosa a dó

Líon isteach an t-eolas atá á lorg sa ghreille anseo.

1 An méid post atá le cailliúint.	
2 An áit a bhfuil an mhonarcha.	
3 An méid post a cailleadh anuraidh.	
4 An méid monarchana eile atá i dtrioblóid sa cheantar.	

Píosa a trí

1 Cén t-ainm atá ar an long seo? _____

2 Cá bhfuil an long anois? _____

3 Cá mbeidh an long ag dul sa todhchaí ar thuras? _____

Caibidil 3
Trialacha Tuisceana

Léamhthuiscint: Páipéar 1, Ceist 2 A, B

1 Léigh an t-alt seo agus freagair na ceisteanna a ghabhann leis.

● An-tóir ar *Ros na Rún* – ar a Shuíomh Idirlín

Más fíor gur teist mhaith é ar do cháil líon na suíomhanna idirlín atá ann id' onóir tá *Ros na Rún* ar bhóthar a leasa.

Tá an chéad 'fansite', bunaithe go hiomlán ar shobalchlár TG4, faoi lánseol ag www.rosnarun.tk áit a mbíonn fanaicigh agus saineolaithe ar an tsraith ag malartú scéalta agus ráflaí faoina laochra.

Ar na rudaí eile atá ar fáil ar an suíomh tá plotaí an chláir, grianghraif eisiacha agus pobalbhreitheanna faoi charachtair.

Tá seomra cainte ann chomh maith ina mbíonn baill den suíomh ag caitheamh tharstu faoi gach gné den tsraith.

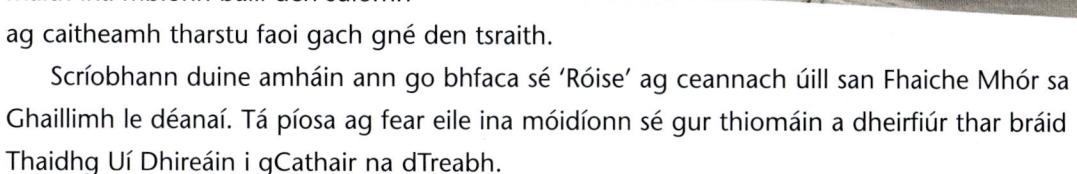

Scríobhann duine amháin ann go bhfaca sé 'Róise' ag ceannach úill san Fhaiche Mhór sa Ghaillimh le déanaí. Tá píosa ag fear eile ina móidíonn sé gur thiomáin a dheirfiúr thar bráid Thaidhg Uí Dhireáin i gCathair na dTreabh.

Tá díospóireacht ghéar ar bun sa seomra cainte faoi láthair ar ché hé nó cé hí an carachtar is measa sa sobalchlár. Dar le duine amháin go mbeadh 'Dave' níos fearr as a bheith ag 'díol bananaí' ar Moore St.

Tá mír shuntasach eile ar an suíomh a thugann deis do scoláirí píosa a fhoghlaim faoin gclár le go bhféadfaidís é a úsáid i scrúdú cainte na hArdteistiméireachta.

I mír na Nuachta den suíomh tá eolas ann ar cad atá idir lámha acu siúd a d'fhág baile *Ros na Rún* le cúpla bliain anuas. Tá Ciara (Siobhán Kelly) ag iarraidh orainn 'tuilleadh ispíní' a cheannach agus í le feiceáil ar fhógra Dennys, a deirtear. Tá ráflaí ann, de réir dealraimh, go bhfuil fógra do chomhlacht fóin phóca ar na bioráin do Robbie (Aongus Weber).

Is féidir ar ndóigh saincheoil *Ros na Rún* a fháil ón suíomh len é a chur ar d'fhón féin.

Ní hiad muintir *Ros na Rún* an t-aon dream ó TG4 a spreagann dúil as cuimse i measc a lucht féachana. Tá, mar shampla, 'fansite' dírithe go hiomlán ar Síle Seoighe, láithreoir Cúla 4, an clár siamsaíochta do dhaoine óga.

Caitheann lucht leanta Shíle níos mó dúthrachta lena bpaisean ná mar atá le feiceáil ar shobalchlár, fiú.

Ar www.síleseoighe.bravepages.net tá fáil ar gach focal, nach mór, a scríobhadh riamh sna páipéir faoin láithreoir óg chomh maith le stór pictiúir di.

I bhforógra ó riarthóir an tsuímh deir sé go bhfuil 30 fístéip lán de Shíle agus Cúla 4 aige agus go bhfuil sé á gcur in oiriúint don suíomh. Tá sé ag obair chomh maith ar fhís de Shíle ag déanamh an 'Britney dance' a chur ar fáil. 'Look forward to that!' a deir sé.

(Foinse)

● **Ceisteanna**

1 Cad atá le fáil ar an gcéad suíomh idirlín *Ros na Rún* atá luaite sa sliocht?
2 Cad a bhí á dhéanamh ag 'Rosie' nuair a chonacthas í le déanaí?
3 Mínigh an díospóireacht atá ar siúl faoi láthair sa seomra cainte.
4 Luann an scríbhneoir beirt aisteoirí a d'fhág *Ros na Rún* le cúpla bliain anuas. Cad atá idir lámha anois ag **ceann amháin** díobh siúd?
5 Cad is féidir a dhéanamh le saincheol *Ros na Rún* ar an suíomh?
6 Cé hí Síle Seoige agus cad atá le fáil ar 'fansite' Shíle?

2 **Léigh an t-alt seo agus freagair na ceisteanna a ghabhann leis.**

● **Caoineadh Goirt don *St. Patrick***

Ba ar a bealach ar ais go Conamara a bhí an *St. Patrick*, nó Bád Chonroy, an Domhnach seo caite tar éis seachtain a chaitheamh sa Bhreatain Bheag nuair a chuaigh sí ar ancaire i nGleann Dobhair i gCorcaigh. Bhí gála anoir aneas ann Dé Máirt agus bhris an slabhra a bhí ag ceangal an bháid den bhuaidhe. Níorbh fhada go bhfuair an fharraige an ceann is fearr uirthi. Is cinnte go n-aireoidh na bádóirí uilig uathu í.

Deir Ruaidhrí Ó Tuairisg a bhí mar bhall den chriú a sheol go hOileáin Fharó i 1987 agus ar dhuine den chriú rialta a bhí ar an *St. Patrick* gur 'cailliúint an-mhór í do na seanbháid a bhfuil an-chuid staire ag baint leo, is í seo an dara bád mór atá caillte ó 1989 ó bádh an Connacht. Is cailliúint mhór don tír í agus go deimhin dár ndúchas.'

Ceaptar gur i 1911 a tógadh an *St. Patrick* ach bheadh tuairimí difriúla agus sárú ag bádóirí éagsúla ar fud cheantar Chonamara faoi seo. Ba é Pádraig Ó Cathasaigh a rinne í. Creidtear gur i gCoill Bhearna a baineadh na crainnte lena haghaidh, gur tugadh ar chapall iad go muileann i nGaillimh agus gur seoladh na sailtreacha ar ais go Muighinis ar bhád mór.

Díoladh an bád le P. D. Conroy timpeall ceithre bliana tar éis a tógála agus b'eisean a sheol Pádraig Mac Piarais agus Joseph Mary Plunkett go hÁrainn i 1912. Ba ag na Conroys a bhí an siopa ba mhó i gConamara ag an am agus chuiridís earraí ar fáil do cheantar Chonamara ar fad.

Timpeall na 1950aidí agus bealaí eile iompair ag fáil níos coitianta, níor theastaigh an bád níos mó ó Mhuintir Chonroy. Cheannaigh John Keane as an gCeathrú Rua í, bhí conradh aigesean le móin *relief* a thabhairt go hÁrainn.

Ba i mí Meán Fómhair na bliana 1973 a cheannaigh Paddy Barry an *St. Patrick* agus is iomaí turas stairiúil atá déanta aici ó shin, ina measc an turas go Meiriceá i 1986, Oileáin Fharó i '87 agus i 1990 an turas taobh istigh den Artach. I 1996 chroch sí a cuid seolta agus thug a haghaidh ar Laitvia agus an Eastóin.

Ba bhád an-láidir a bhí inti agus í feistithe amach i gcomhair thurais fhada, bhí áit inti i gcomhair ochtar criú.

Bhí sé i gceist ag an gcriú coicís a chaitheamh ag seoltóireacht thart ar chósta an Iarthair ag tús mhí Iúil, ach, faraor 'ní mar a shíltear bítear'.

Mar a deir Ruaidhrí is 'briseadh croí don chriú é' agus dar ndóigh d'fhear an bháid, Paddy Barry. B'iomaí lá maith a caitheadh ar an halmadóir ach, faraor, is 10 míle ón Sciobairín i mbaile beag ar a dtugtar Gleann Dobhair a fhanfas an *St. Patrick* agus a seolta deiridh íslithe.

(Foinse)

● **Ceisteanna**

1. Cad a tharla don bhád *St. Patrick* agus é ar a bhealach ar ais go Conamara?
2. Cathain a tógadh an bád agus cé a rinne í, dar leis an scríbhneoir?
3. Cé hiad Muintir Conroy? Chuaigh beirt go hÁrainn leo sa bhliain 1912 ar an mbád. Cérbh iad?
4. Cheannaigh Paddy Barry an bád sa bhliain 1973. Cá ndeachaigh sé leis an mbád?
5. Cén cineál báid a bhí inti?

3 Léigh an t-alt seo agus freagair na ceisteanna a ghabhann leis.

● Easpa Leabhar Gaeilge agus Gearmáinise i mBraille ag Cur Bac ar Fhoghlaim Mhairéid

Is cailín óg gan radharc na súl í Mairéad O'Mahony i gColáiste an Chraoibhín i gCorcaigh agus ós rud é go bhfuil bua na teangacha aici, tá sí ag cuimhniú dul ar aghaidh go hoideachas tríú leibhéal an chéad bhliain eile agus cúrsa éigin a bhaineann le teangacha a dhéanamh. 'Níl a cuid daille ag cur aon bhac ar dhul chun cinn acadúil Mhairéid,' a deir Maggie Blackley, atá ag obair mar chúntóir obair bhaile ag Mairéad. 'Tá Mairéad sa séú bliain ar scoil anois. Beidh sí ag déanamh a scrúduithe Ardteistiméireachta an samhradh seo chugainn. Oibríonn Mairéad go díograiseach ar scoil. Tá ríomhaire beag aici agus clóscríobhann sí isteach gach a dtarlaíonn sa rang. Nuair a théann sí abhaile tá gach ar chlóigh sí isteach taifeadta ar an ríomhaire agus cloistear na nótaí ar fad ar ais ar ghlór ón ríomhaire. Clóscríobhann sí isteach ina hinneall beag braille iad ansin ionas go mbeidh siad aici le staidéar astu.'

Tá sé de dhualgas ar an Roinn Oideachais leabhair bhraille a chur ar fáil. Is i bpríosún Arbour Hill i mBaile Atha Cliath a tháirgítear na leabhair bhraille. Dar le hurlabhraí ón bpríosún, is leabhair oideachais iad 95% de na leabhair a dhéantar in Arbour Hill. 'Níl ach dhá leabhar Gearmáinise déanta anseo le mo chuimhne,' a deir sé. 'Déantar neart leabhar Gaeilge anseo ach níl an cód braille an-sásúil, tá sé sách seanaimseartha. Déanann muidne na leabhair de réir mar a thagann na horduithe isteach ó na scoileanna éagsúla. Bíonn ar a laghad leabhar amháin nua as Gaeilge á dhéanamh againn gach bliain. Tá oifigeach príosúin agus beirt phríosúnaithe anseo atá líofa sa Ghaeilge ag obair orthu.'

Níl Scoil Naomh Seosamh do na Daill i nDroim Conrach ach díreach tosnaithe ag táirgíocht leabhair bhraille le déanaí agus cosúil le Arbour Hill, déanann siadsan na leabhair a chur amach de réir na n-orduithe a fhaigheann siad isteach ó thoscairí na Roinne.

(Foinse)

● Ceisteanna

1. Breac síos pointe eolais amháin faoi Mhairéad O'Mahony.
2. Cad ba mhaith léi a dhéanamh nuair atá scrúdú na hArdteistiméireachta déanta aici?
3. Sa chéad alt deirtear go bhfuil ríomhaire beag ag Mairéad. Cén fáth?
4. Tá a lán á rá sa chuid eile den sliocht faoi leabhair bhraille. Luaigh dhá phointe fúthu.
5. Cé hiad na daoine atá ag obair ar na leabhair Ghaeilge sa phríosún?

4 Léigh an t-alt seo agus freagair na ceisteanna a ghabhann leis.

● Óró mo Bháidín …

Níl a fhios agam an bhfuair tu deis cuairt a thabhairt ar na longa arda a tháinig go Baile Atha Cliath an samhradh seo caite. Duine ar bith a chonaic iad ní dhéanfaidh sé dearmad den fhoraois crann loinge ina líne ar chéanna na hardchathrach ag síneadh ó Ché na Cathrach go Rinn na Séad.

Má tá fonn farraige ort tá scéim ann chun taithí seoltóireachta a chur ar fáil do dhaoine óga in Éirinn. Cuirfidh sé seo ar do chumas dul ar thuras ar an long iontach seoil, an Asgard II. Gach bliain leagann an long clár turais amach agus tugtar cuireadh do dhaoine idir shean agus óg teacht ar bord agus cúrsa traenála a dhéanamh.

Maireann na turais ó thart ar shé lá go dtí trí seachtaine agus cónaíonn tú ar bord na loinge. Tugtar traenáil duit i ngach gné de láimhseáil loinge ó stiúradh go scuabadh na deice. Tá táille le híoc as tréimhse a chaitheamh ag traenáil ar an Asgard: mar shampla, cosnaíonn seacht n-oíche ar bord €213 do dhaoine óga faoi bhun 25 bliain d'aois agus €266 do dhuine os a chionn.

Is le muintir na hÉireann an Asgard II. Tógadh í i gclós cáiliúil loinge Jack Tyrell san Inbhear Mór, Co. Chill Mhantáin i 1981. Is í an saghas loinge í ar a dtugtar bruigeaintín agus tógadh go speisialta í mar long thraenála.

Tá an-cháil ar an Asgard go hidirnáisiúnta agus éiríonn go breá léi i Rás na Long Arda gach bliain. I mbliana tógfaidh an rás sin í go St. Malo na Fraince, Albain agus Aalborg na Danmhairge. Beidh an criú déanta suas den chuid is mó de dhaoine óga ag foghlaim ceird na loingseoireachta.

(Mahogany Gaspipe)

● Ceisteanna

1 Cad atá ann do dhaoine a bhfuil 'fonn farraige' orthu, mar a deir an scríbhneoir?
2 Cá fhad a mhaireann na turais?
3 Cén t-eolas atá sa sliocht maidir leis an gcostas?
4 Cá tógadh an Asgard II agus cén sórt loinge í?
5 'Tá an-cháil ar an Asgard go hidirnáisiúnta …' Cad atá i gceist ag an scríbhneoir?

5 Léigh an t-alt seo agus freagair na ceisteanna a ghabhann leis.

● Staid Oilimpeach nó Eilifint Gheal?

Tá fiacha troma ar Stadium Australia, an staid a tógadh i Sydney do Chluichí Oilimpeach na bliana 2000. I Meán Fómhair 2000, bhí súile an domhain, nó an chuid a bhfuil suim acu i gcúrsaí spóirt ar aon nós, dírithe ar Sydney le haghaidh na gcluichí Oilimpeach. Ach dá mbreathnófá ar an Staid Oilimpeach inniu, ní fheicfeá mórán ag tarlú ann, beag ná mór. Tá fiacha tuairim is $190 milliún ar an gcomhlacht (Stadium Australia) atá ina bhun. Ní léir fós an féidir na deacrachtaí a shárú. Idir an Cháisc agus deireadh na bliana seo níl ach cúig chluiche le n-imirt sa staid – trí chluiche Rugby League agus dhá chluiche rugbaí. I dtús báire, bhí sé ceaptha go mbeadh 40 cluiche in aghaidh na bliana ann agus 40,000 ar an meán ag freastal orthu. Níor tharla sé sin. Tá caint fós ann go bhféadfaí an staid a athchóiriú agus a chur in oiriúint do pheil Astrálach ach bheadh costaisí móra ag baint leis sin.

Tá leisce ar rialtas New South Wales tuilleadh airgid a thabhairt as an státchiste seachas an méid a caitheadh mar chuid de bhuiséad na gcluichí Oilimpeach. Bhí an-chaint tamall ó shin go dtaispeánfadh an fiontar seo gur trí chomhlacht poiblí an bealach ab fhearr agus ab éifeachtaí lena leithéid a bhunú. Níl aon bhlas den chaint sin le clos faoi láthair. Níor díoladh ach tuairim is trian de na pacáistí 'órga' a bhí ar fáil ar $10,000 le scairshealbhóirí a mhealladh, in ainneoin go raibh ticéid Oilimpeach, ballraíocht 30 bliain agus slam scaireanna san áireamh. Maidir leis na scaireanna, tá an tóin tite astu. Eisíodh iad ar $1 an ceann ach níorbh fhiú ach 15 cent iad le gairid.

(Beo.ie)

● Ceisteanna

1. Luaigh an fáth gur tógadh Stadium Australia i dtosach báire.
2. Sa chéad alt luaigh an t-údar deacrachtaí áirithe a bhaineann leis an staid Oilimpeach. Déan cur síos ar cheann amháin díobh.
3. Cén sórt cluichí a bhíonn ar siúl sa staid?
4. Cén fáth a bhfuil leisce ar an rialtas an staid a athchóiriú agus a chur in oiriúint do pheil Astrálach?
5. Cad a bhí le fáil ag scairshealbhóirí?

6   Léigh an t-alt seo agus freagair na ceisteanna a ghabhann leis.

● Stair Raidió na Gaeltachta

Bunaíodh Raidió na Gaeltachta agus tháinig an stáisiún ar an aer den chéad uair ag 3.00 i.n. Domhnach Cásca, 2 Aibreán 1972. Sna blianta tosaigh ní chraoltaí ach cúpla uair an chloig gach tráthnóna agus é sin féin sna ceantair Ghaeltachta amháin, ach de réir a chéile tháinig fás agus forbairt ar an gcraoladh agus ar réimse chlár na seirbhíse. Tá Raidió na Gaeltachta anois le cloisteáil ní hamháin ar fud na tíre, ach ar fud an domhain ar an Idirlíon, ar feadh 24 uair an chloig gach lá den bhliain, ó mhoch maidine, le raon leathan de chláir nuachta agus cúrsaí reatha, irischláir, cláir cheoil de gach cineál, spórt, díospóireachtaí, siamsaíocht &rl.

De réir suirbhé is deireanaí MRBI, tá meán-éisteacht 106,000 duine ag an stáisiún i bPoblacht na hÉireann (dhá thrian díobh lasmuigh de na ceantair oifigiúla Ghaeltachta) agus thart ar 30,000 éisteoir eile i dTuaisceart Éireann. Bíonn fáil freisin ar Raidió na Gaeltachta i Meiriceá Thuaidh agus san Astráil ar chóras satailíte Galaxy agus cloistear an stáisiún san Eoraip ar feadh sé huaire an chloig gach deireadh seachtaine ar chóras satailíte Astra. Mar bhreis air sin, tá sceideal iomlán an stáisiúin anois ar fáil ar fud an domhain, beo ar an Idirlíon ag www.rnag.ie & www.rte.ie.

Idir bhaill foirne, oibrithe ar conradh agus oibrithe páirtaimseartha tá thart ar céad duine fostaithe ag an Raidió faoi láthair. Sa cheanncheathrú i gCasla atá formhór acu sin lonnaithe ach tá riar maith scaipthe freisin ar na stiúideonna eile atá ag an stáisiún ar fud na tíre. Sna mórcheantair Ghaeltachta atá stiúideonna nua-aimseartha Raidió na Gaeltachta lonnaithe – i gCasla (Conamara), i nDoire Beag (Tír Chonaill) agus i mBaile na nGall (Corca Dhuibhne). Cuid de sheirbhís chraolta phoiblí RTÉ é Raidió na Gaeltachta agus is í an Ghaeilge teanga oibre agus teanga chraoltóireachta na seirbhíse.

● Ceisteanna

1   Breac síos dhá phointe eolais faoi thús Raidió na Gaeltachta.
2   Cén t-eolas atá sa sliocht faoi éisteoirí don stáisiún?
3   Cén cineál clár a mbíonn á chraoladh ag an stáisiún?
4   Cé mhéad duine atá ag obair don stáisiún anois agus cá mbíonn siad lonnaithe?
5   Luaitear dhá rud san alt faoi Raidió na Gaeltachta agus an Ghaeilge. Cad iad?

7 Léigh an t-alt seo agus freagair na ceisteanna a ghabhann leis.

● Raidió na Life

Bunaíodh Raidió na Life 106.4 fm i 1993 chun seirbhís raidió lánGhaeilge a sholáthar do Bhaile Átha Cliath agus an ceantar máguaird ar bhonn oideachasúil agus pobail.

Craoltar raon leathan cláracha mar chuid den sceideal i rith na seachtaine, agus is féidir éisteacht le roinnt de na cláracha sin ar an Idirlíon. Tá thart ar 13,000 éisteoir ag Raidió na Life 106.4 fm i mBaile Átha Cliath. Is ar bhonn deonach a bhíonn craoltóirí Raidió na Life 106.4 fm ag craoladh. Is féidir tacaíocht a thabhairt don stáisiún trí páirt a ghlacadh i bhfoireann an stáisiúin, agus scaireanna nó fógraíocht a cheannach.

Bíonn meascán bríomhar de stíleanna agus téamaí le cloisteáil mar chuid de sceideal Raidió na Life 106.4 fm. Ceol, spórt, cúrsaí cultúrtha, cúrsaí reatha, chomh maith le seirbhís chuimsitheach nuachta – ní bhfaighfear raon níos leithne cláracha ar aon stáisiún raidió eile. Bhuaigh an tsraith 'Gaeilge na nGall – Eachtrannaigh a Tháinig i dTír' comórtas 'Eachtraí Nua Craoltóireachta' a d'eagraigh an Coimisiún um Raidió agus Teilifís Neamhspleách.

Is féidir éisteacht le Raidió na Life 106.4 fm timpeall Bhaile Átha Cliath agus Chúige Laighean ar 106.4 fm. freisin.

Craolann Raidió na Life 106.4 fm seacht lá na seachtaine agus gach lá den bhliain. Ó Luan go hAoine tosaíonn cláracha an stáisiúin leis An Meangadh Mór ag 16:30, agus leanann na cláracha ar aghaidh go dtí meán oíche. Ag an deireadh seachtaine, tosaíonn an craoladh ag meán lae agus críochnaíonn sé arís ag meán oíche.

Craolann thart ar 100 duine ar Raidió na Life 106.4 fm gach seachtain, agus thosaigh cuid mhaith craoltóirí gairmiúla ag craoladh ar an stáisiún an chéad lá, Sharon Ní Bheoláin ina measc.

Má tá suim agat a bheith páirteach i Raidió na Life 106.4 fm chun scileanna taighde, craoltóireachta nó teicniúla a fhoghlaim is féidir dul i dteagmháil leo.

Déanann a lán comhlachtaí agus eagraíochtaí urraíocht ar chláracha Raidió na Life 106.4 fm agus fógraíocht air chomh maith. Ina measc tá Bus Éireann, An Post, An VHI, Coillte, Bord Fáilte agus ÁIS.

Raidió na Life.ie

● Ceisteanna

1 Luaigh an fáth gur bunaíodh Raidió na Life i dtosach báire.
2 Tá Raidió na Life ar fáil ar 106.4 fm. Cén áit eile is féidir teacht ar an stáisiún seo?
3 Cén cineál clár atá le fáil ar an stáisiún seo?
4 Cén t-eolas atá sa sliocht faoi na daoine atá ag obair ar Raidió na Life?
5 Cén chaoi a ndéanann an stáisiún airgead?

8 Léigh an sliocht seo agus freagair na ceisteanna a ghabhann leis.

● Siúlach Sealach: An Róimh

Chuamar go dtí an Róimh ag tús mhí an Mheithimh agus dar liomsa b'am foirfe é le dul ann. Bhí an aimsir go hálainn gan a bheith róthe, timpeall 25-30°C gach lá.

I mí an Mheithimh ní bhíonn an iomarca tuarasóirí ann agus mar sin, ní chuirtear am amú i scuainí fada ag fanacht le rudaí a fheiceáil. Bíonn mí Iúil iontach te agus i mí Lúnasa, téann formhór de mhuintir na Róimhe ar a laethanta saoire, rud a chiallaíonn go mbíonn go leor áiteanna dúnta.

Ghlac muidne teach ar cíos i lár na Róimhe agus sílim go bhfuil seo níos feiliúnaí ná a bheith in óstán. Ar an gcéad dul síos, bíonn sé níos saoire má bhíonn slua daoibh ann.

Anuas ar sin tugann sé níos mó saoirse duit do rogha rud a dhéanamh.

Ní raibh againne ach seachtain le radharcanna iomráiteacha na cathrach a fheiceáil, agus i ndáiríre píre thógfadh sé bliain le cuairt a thabhairt ar chuile rud.

Tá sé doiligh fios a bheith agat cén áit le tosú. Is fiú cúpla leabhar a thabhairt leat a chuirfidh ar bhóthar do leasa thú. Ná déan iarracht barraíocht a dhéanamh gach lá mar is fiú tamall a chaitheamh le rudaí agus gach ní a shú isteach, mar a déarfá.

Tá meascán iontach sa Róimh fós den Chríostaíocht agus den phágántacht.

Is é Baisleach Naomh Peadar an séipéal is cáiliúla sa Róimh. Is é an séipéal is mó ar domhan é agus bainfidh iontas na ndealbh agus na healaíona atá ann creathadh asat. Tá an dealbh cáiliúil an *Pieta* le Michaelangelo anseo agus is é an fear céanna a chruthaigh an díon cruinneacháin. Bíodh a fhios agat go gcaithfear éadach oiriúnach a chaitheamh anseo. Ní cheadaítear brístí gearra ná t-léinte gan ghuaillí. Tá siad dian air sin agus is aoibhinn leis na hIodálaigh an chumhacht! Má théann tú go seipéal Naomh Peadar, is fiú go mór dul suas sa *cupola*, nó díon. Ta cúpla céad céim staighre i gceist ach ní tuirseach a bheidh tú ag an radharc dochreidte ar an Róimh atá le feiceáil as.

Is fiú cuairt a thabhairt ar shéipéil eile freisin ar nós an Santa Maria Maggiore, séipéal ón gcúigiú céad, agus San Giovanni in Laterano, áit a bhfuil cloigne Naomh Peadar agus Naomh Pól. Is í seo príomhEaglais na Róimhe. Séipéal eile ná Santa Croce in Gerusalemme áit a bhfuil píosaí den chrois ar ar céasadh Críost.

Foirgneamh de shaghas eile is fiú a fheiceáil ná an seipéal Santa Maria Della Concezione dei Capuccini. Tá seo difriúil mar in ionad pictiúir agus dealbha ar na ballaí, tá na maisiúcháin ar fad déanta de chnámha na manach Caipisíneach. Má tá eagla ort roimh thaibhsí is a leithéid fan amach as an áit seo, mar táim cinnte go bhfuil an áit 'beo' leo.

Áit nach dtéann mórán tuarasóirí ann ná San Clemente. Tá séipéal suimiúil ón dara céad déag ann. Chuaigh sagart Éireannach, an tAthair Mullooly, ag tochailt faoin séipéal seo timpeall 150 bliain ó shin. Samhlaigh an t-ionadh a bhí air nuair a fuair sé séipeal ón gceathrú céad thíos faoi. Agus faoi seo arís tá teampall ó aimsir na Rómhánach! Mar sin, tá séipéal os cionn séipéil os cionn séipéil ann! Tá seans ann go bhfuil tuilleadh faoi seo arís ach níl cead níos mó tochailte a dhéanamh ann! Is dóigh gurb é San Pietro de Montorio an séipéal is mó a thaitin liomsa. Ní amháin go bhfuil radharc iontach ar an Róimh ón gcnoc seo, ach taobh istigh den séipéal tá uaigh Aodh Uí Néill, ceann de laochra stair na hÉireann. Mar gur as ceantar Uí Néill dom féin, bhí suim ar leith agam san áit seo.

(Foinse)

● **Ceisteanna**

1 Chuaigh an scríbhneoir go dtí an Róimh i mí an Mheithimh. Mínigh na buntáistí a bhaineann leis an mhí seo, dar leis.
2 Cár fhan an scríbhneoir agus a theaghlach fad is a bhí siad ann? Mínigh an bhuntáiste a bhaineann leis.
3 Cén t-eolas atá sa sliocht maidir le Baisleach Naomh Peadar?
4 Cén sórt éadaigh nach bhfuil oiriúnach don áit seo?
5 'Má tá eagla ort roimh thaibhsí … fan amach as an áit seo.' Cad atá i gceist ag an scríbhneoir?
6 Mínigh an fáth a raibh ionadh ar an tAthair Mullooly agus é ag tochailt sa Róimh sa dara céad déag.
7 Cén séipéal is mó a thaitin leis an scríbhneoir agus cén fáth?

9 Léigh an sliocht seo agus freagair na ceisteanna a ghabhann leis.

● Ag Obair sa Tríú Domhan

Tá éacht mhór déanta ag Trócaire a chur in iúl dúinn go bhfuil an sclábhaíocht fós go forleathan ar fud an domhain. Shíl muid san iarthar gur tháinig deireadh le sclábhaíocht nuair a fuair Stáit an Tuaiscirt an bua ar an Deisceart i gcogadh cathartha Mheiriceá in 1865. Ach fós tá daoine ag saothrú gan tuarastal ar bith, tá páistí á gceannach is á ndíol. Sna tíortha is saibhre ar domhan, tá páistí ag éileamh na n-éadaí is na bróga reatha is faiseanta, sclábhaithe iad ag na lipéid mhóra ar nós Nike is Adidas. Ar an taobh eile den domhan, is fíorsclábhaíthe iad na milliúin páistí, atá ag obair ó mhaidin go hoíche chun na héadaí is na bróga spóirt faiseanta céanna a dhéanamh sna monarchana.

Dar leis an nGluaiseacht Idirnáisiúnta um Chearta an Duine, oibríonn 250 milliún páiste faoi bhun 14 bliana d'aois, cuid acu chomh hóg le cúig bliana d'aois. Oibríonn 50 milliún de na páistí seo i bpostanna a chuireann a sláinte i mbaol. Freisin, tá i bhfad níos mó brabúis le saothrú nuair a bhíonn páistí i gceist mar go bhfaigheann siad ráta pá an-íseal. San Éigipt, mar shampla, $1 in aghaidh an lae an meántuarastal a thuilleann an milliún páiste atá ag obair sa tír sin, de ghnáth ó 7 a.m. go 6 p.m. Ach bíonn tíortha an iarthair sásta go leor earraí saora a cheannach agus ní chuirtear mórán ceisteanna faoi shaol nó faoi aois na n-oibrithe a chruthaigh na hearraí céanna.

Geallann Coinbhinsean na Náisiún Aontaithe um Chearta an Pháiste a síníodh i 1989 cearta an pháiste oideachas a fháil agus obair a sheachaint. Ach ainneoin an réitigh idirnáisiúnta seo, tá na milliúin páistí fós ag obair nuair ba cheart dóibh a bheith ag freastal ar scoil. Tuigimid féin cé chomh tábhachtach is atá cúrsaí oideachais de bharr rath an Tíogair Cheiltigh. Cé go bhfuil saothar na bpáistí tarraingteach go leor go geárrthéarmach do thuismitheoirí i dtíortha atá i gcruachás leis an mbochtanas, cuirfear srian ar fhorbairt na dtíortha seo amach anseo de bharr easpa oideachais an aosa óig.

Tá díospóireacht ar siúl le roinnt blianta anuas faoi conas is fearr deireadh a chur le saothrú na bpáistí. Chuir na Meiriceánaigh, faoi Clinton, an-bhéim ar thrádáil a chosc le tíortha a chleachtaíonn a leithéid. Ach bhí amhras mór ar na tíortha is boichte nach raibh sa pholasaí seo ach margaí an iarthair a chaomhnú faoi ainm chearta an duine. Sa bhaile againn tá fadhb saothar na bpáistí ag dul i méid. Anois bíonn post páirtaimseartha ag thart faoi leath de scoláirí. Léiríonn suirbhé a deineadh i mBaile Cliath anuraidh gurb í daltaí ó na teaghlaigh is boichte is minicí a mbíonn obair acu.

● **Ceisteanna**

1 Sa chéad alt tá cur síos ar sclábhaíocht. Luaigh dhá phointe faoin ábhar seo.
2 Luaigh difríocht amháin idir páistí san iarthar agus sa chuid eile den domhan.
3 Tá roinnt fíricí ann maidir le hobair pháistí ar fud an domhain. Déan cur síos air.
4 Cén fáth go mbíonn oideachas an pháiste tábhachtach dar leis an triú alt?
5 Cén fhadhb atá againn in Éirinn maidir le páistí ag obair?

10   Léigh an t-alt seo agus freagair na ceisteanna a ghabhann leis.

● **An Ghaeltacht**

Is é atá sa Ghaeltacht, codanna fairsinge de chontaetha Dhún na nGall, Mhaigh Eo, na Gaillimhe agus Chiarraí – agus iad ar fad geall leis ar imeallbhord an Iarthair – agus codanna freisin de Chontaetha Chorcaí, na Mí agus Phort Láirge. Cé go bhfuil Béarla ag daonra uile na Gaeltachta, is sna codanna seo amháin den tír a bhfuil Gaeilge á labhairt fós mar theanga an phobail.

Ó bunaíodh an Stát ghlac Rialtas i ndiaidh a chéile leis go raibh fíorthábhacht ag baint le caomhnú na Gaeltachta mar phobal a labhraíonn an Ghaeilge. Ní hamháin go soláthraíonn sí deis chun leanúnachas an traidisiúin a choinneáil beo, ach freisin soláthraíonn an Ghaeltacht an timpeallacht is fearr ar fad do dhaoine ar mian leo an Ghaeilge a bheith ar a dtoil acu. Is cloch choirnéil thábhachtach í go mbeadh limistéar ann ina maireann an Ghaeilge beo mar theanga phobail i dtaca le pobal dátheangach a chruthú in Éirinn, agus soláthraíonn sé timpeallacht inar féidir leis an teanga fás go nádúrtha i suíomh comhaimseartha.

Bunaíodh Gaeltacht Ráth Cairn sa bhliain 1935 nuair a chuir seacht gclann is fiche as Conamara, go háirithe as ceantar na n-oileán agus ón gCeathrú Rua, fúthu ar thalamh a bhí faighte ag Coimisiún na Talún i gContae na Mí. Ba é ceann de na smaointe ab fhadradharcaí i gcúrsaí athbheochana na Gaeilge riamh.

Tugadh teach Coimisiúin, feirm dhá acra is fiche, capall, cráin mhuice is bainbh agus uirlisí bunúsacha talmhaíochta do gach clann. Sa bhliain 1937 tháinig aon chlann déag eile chun cur fúthu i Ráth Cairn. San iomlán, d'aistrigh 443 duine ó Chonamara go gabháltais nua i gceantar Ráth Cairn le linn na tréimhse seo.

Ba í an t-aon áis phobail amháin a tugadh don phobal nualonnaithe seo ná an Scoil Náisiúnta, Scoil Uí Ghramhnaigh, atá in úsáid fós. Seachas sin fágadh an Ghaeltacht nua seo ar a conlán féin.

Ní go dtí 1967 a bhain Ráth Cairn amach aitheantas oifigiúil mar Ghaeltacht, tar éis feachtais chearta sibhialta a d'eagraigh Craobh Cearta Sibhialta na Gaeltachta i Rath Cairn.

Is i 1973 a bunaíodh Comharchumann Ráth Cairn chun pleanáil agus forbairt a dhéanamh don cheantar. Go dtí seo is iad na fiontair a bhunaigh an Comharchumann nó ar chabhraigh an Comharchumann leo ná, ionad pobail, siopa, bialann, club Ráth Cairn, páirc imeartha, ranganna Gaeilge, cúrsaí samhraidh, cúrsaí deireadh seachtaine, comhlacht scannánaíochta, córas uisce agus móna don phobal.

(Beo.ie)

● Ceisteanna

1 Déan cur síos ar an nGaeltacht. Is leor dhá phointe.
2 Luaigh ceithre chontae a bhfuil Gaeltacht le fáil ann.
3 Cathain a bunaíodh Gaeltacht i Ráth Cairn?
   Cárbh as na daoine a chuir fúthu ann?
4 Cé mhéad díobh a tháinig ar dtús?
   Cad a fuair siad nuair a tháinig siad ar dtús?
5 Cad iad na háiseanna atá acu anois?

11 Léigh an t-alt seo agus freagair na ceisteanna a ghabhann leis.

● Aerlínte Íosa Críost?

Seo scéal faoi aerlíne neamhghnách. Sular bhain Bob Geldof cáil idirnáisiúnta amach le Live Aid a rinne tarrtháil ar na sluaite daoine san Afraic bhí aerlíne eisceachtúil ann ina raibh fir agus mná ag feidhmiú agus obair charthanach idir lámha acu.

San aerlíne seo bhí scríbhneoir cáiliúil Meiriceánach a bhí bainteach le smugláil gunnaí, grúpa saighdiúirí ó thíortha éagsúla agus misinéirí as an tír seo a bhí sásta an dlí a bhriseadh agus a mbeatha a chur i mbaol chun gasúir a bhí ag fáil bháis a shábháil sa Nigéir.

Ba Jesus Christ Airline a bhaist na píolótaí ar an eitleán a thug 5000 misean go Biafra i rith an chogaidh sa Nigéir (1967–70). Meastar gur sábháladh os cionn milliún gasúr le linn na tréimhse seo.

Thosaigh an scéal nuair a fuair grúpa eitleán ar léas ó fhear a bhíodh ag smugláil gunnaí chun beatha a thabhairt chuig daoine a bhí ag fáil bháis leis an ocras. Bliain go leith níos deireanaí bhí scór eitleán agus 60,000 tonna beatha ag dul chuig an tír.

Ba shagairt agus gnáthdhaoine a bhí taobh thiar den eitleán – ba san oíche a bhíodh na heitleáin ag taisteal agus bhí siad ag eitilt in aghaidh an dlí idirnáisiúnta ach ar a laghad bhí beannachtaí an Phápa acu. Ba aerfort neamhghnách an ceann scríbe a bhíodh acu, cosúil le bóthar a bhíodh anseo sular aistríodh é.

Maraíodh 13 duine le linn an achair seo agus ba iomaí ionsaí, buamáil agus ionsaí ó eitleáin agus eile a deinadh orthu le linn na tréimhse. Ba sean-eitleáin a úsáideadh agus b'iomaí ceann acu a raibh timpiste acu.

Is beag eolas atá ag an domhan ar na hiarrachtaí a rinne Jesus Christ Airlines chun tarrtháil a dhéanamh ar mhuintir Biafra, cé go bhfuil pictiúr de na gasúir a bhíodh ag fáil bháis den ocras greamaithe inár n-intinn.

Ceann de na daoine a bhí bainteach leis na turais ná an t-údar Frederick Forsythe a bhí mar iriseoir le linn an ama.

(Foinse)

● **Ceisteanna**

1. Cén cineál daoine a bhí ag obair leis an aerlíne seo?
2. Mínigh an fáth go bhfuair an aerlíne an t-ainm seo?
3. Conas a thosaigh an aerlíne neamhghnách seo?
4. 'Bhí siad ag eitilt in aghaidh an dlí idirnáisiúnta' a deir an scríbhneoir. Cén duine a thug a bheannachtaí dóibh, áfach?
5. Mínigh na deacrachtaí a bhíodh ag an aerlíne agus í i mbun a cuid gnó.

Caibidil 4
Gramadach

An Aimsir Chaite

● Grúpa a hAon
Samplaí

bris *break*	**dún** *close*
Bhris mé	Dhún mé
Bhris tú	Dhún tú
Bhris sé	Dhún sé
Bhris sí	Dhún sí
Bhriseamar	Dhúnamar
Bhris sibh	Dhún sibh
Bhris siad	Dhún siad
(Ar bhris? Bhris/Níor bhris)	(Ar dhún? Dhún/Níor dhún)

féach ar *look/watch*	**ól** *drink*
D'fhéach mé ar	D'ól mé
D'fhéach tú ar	D'ól tú
D'fhéach sé ar	D'ól sé
D'fhéach sí ar	D'ól sí
D'fhéachamar ar	D'ólamar
D'fhéach sibh ar	D'ól sibh
D'fhéach siad ar	D'ól siad
(Ar fhéach? D'fhéach/Níor fhéach)	(Ar ól? D'ól/Níor ól)

● Cleachtaí

Cuir na briathra seo a leanas san Aimsir Chaite agus aistrigh go Béarla iad:
stad *stop*, siúil, gluais *move*, scríobh, léigh, suigh, fág *leave*, taispeáin *show*, coimeád *keep*.

Cuir na briathra seo a leanas in abairtí san Aimsir Chaite:
dún, luigh *lie*, pléigh *discuss*, preab *bounce*, cuir, buail, léim *jump*, rith.

An Aimsir Chaite

● Grúpa a Dó

Samplaí

ceannaigh *buy*	**dúisigh** *wake up*
Cheannaigh mé	Dhúisigh mé
Cheannaigh tú	Dhúisigh tú
Cheannaigh sé	Dhúisigh sé
Cheannaigh sí	Dhúisigh sí
Cheannaíomar	Dhúisíomar
Cheannaigh sibh	Dhúisigh sibh
Cheannaigh siad	Dhúisigh siad
(Ar cheannaigh? Cheannaigh/ Níor cheannaigh)	(Ar dhúisigh? Dhúisigh/Níor dhúisigh)

oscail *open*
D'oscail mé
D'oscail tú
D'oscail sé
D'oscail sí
D'osclaíomar
D'oscail sibh
D'oscail siad
(Ar oscail? D'oscail/Níor oscail)

● Cleachtaí

Cuir na briathra seo a leanas san Aimsir Chaite agus aistrigh go Béarla:

tosaigh *start*, athraigh *change*, inis *tell*, imigh *leave*, dúisigh *wake up*, scanraigh *frighten*, réitigh *solve*, dírigh ar *focus*.

Cuir na briathra seo a leanas in abairtí san Aimsir Chaite:

ardaigh *raise*, freagair *answer*, maraigh *kill*, léirigh *illustrate*, samhlaigh *imagine*, smaoinigh *think*, aithin *recognise*.

An Aimsir Chaite

● Grúpa a Trí

Na briathra neamhrialta

abair *say*	**beir** *catch*
Dúirt mé	Rug mé
Dúirt tú	Rug tú
Dúirt sé	Rug sé
Dúirt sí	Rug sí
Dúramar	Rugamar
Dúirt sibh	Rug sibh
Dúirt siad	Rug siad
(An ndúirt? Dúirt/Ní dúirt)	(Ar rug? Rug/Níor rug)

bí *be*	**clois** *hear*
Bhí mé	Chuala mé
Bhí tú	Chuala tú
Bhí sé	Chuala sé
Bhí sí	Chuala sí
Bhíomar	Chualamar
Bhí sibh	Chuala sibh
Bhí siad	Chuala siad
(An raibh? Bhí/Ní raibh)	(Ar chuala? Chuala/Níor chuala)

déan *make/do*	**ith** *eat*
Rinne mé	D'ith mé
Rinne tú	D'ith tú
Rinne sé	D'ith sé
Rinne sí	D'ith sí
Rinneamar	D'itheamar
Rinne sibh	D'ith sibh
Rinne siad	D'ith siad
(An ndearna? Rinne/Ní dhearna)	(Ar ith? D'ith/Níor ith)

feic *see* Chonaic mé Chonaic tú Chonaic sé Chonaic sí Chonaiceamar Chonaic sibh Chonaic siad (An bhfaca? Chonaic/Ní fhaca)	**faigh** *get/receive* Fuair mé Fuair tú Fuair sé Fuair sí Fuaireamar Fuair sibh Fuair siad (An bhfuair? Fuair/Ní bhfuair)
tabhair *give* Thug mé Thug tú Thug sé Thug sí Thugamar Thug sibh Thug siad (Ar thug? Thug/Níor Thug)	**tar** *come* Tháinig mé Tháinig tú Tháinig sé Tháinig sí Thángamar Tháinig sibh Tháinig siad (Ar tháinig? Tháinig/Níor tháinig)
téigh *go* Chuaigh mé Chuaigh tú Chuaigh sé Chuaigh sí Chuamar Chuaigh sibh Chuaigh siad (An ndeachaigh? Chuaigh/Ní dheachaigh)	

● **Cleachtaí**

Cuir na briathra seo go léir san Aimsir Chaite:

Inné (beir) mé ar mo mhála agus (téigh) mé amach an doras. (feic) mé an carr ag teacht. (bí) mo chara ann. (faigh) mé mo mhála agus (suigh) mé isteach sa charr léi. (tabhair) mé milseán di. (iarr) mé ar a máthair dul níos moille agus (ith) mé milseán freisin. (tar) mé chuig bóthar na scoile ansin agus (déan) mé caol díreach ar dhoras na scoile. (bí) clog na scoile ag bualadh ag an am.

An Aimsir Ghnáthláithreach

● Grúpa a haon

Samplaí

bris *break*	**dún** *close*
Brisim	Dúnaim
Briseann tú	Dúnann tú
Briseann sé	Dúnann sé
Briseann sí	Dúnann sí
Brisimid	Dúnaimid
Briseann sibh	Dúnann sibh
Briseann siad	Dúnann siad
(An mbriseann? Briseann/Ní bhriseann)	(An ndúnann? Dúnann/Ní dhúnann)

● Cleachtaí

Cuir na briathra seo a leanas san Aimsir Ghnáthláithreach agus aistrigh go Béarla:
stad *stop*, gluais *move*, scríobh, léigh, suigh, fág *leave*, taispeáin *show*, coimeád *keep*.

Cuir na briathra seo a leanas in abairtí san Aimsir Ghnáthláithreach:
dún, luigh *lie*, pléigh *discuss*, preab *bounce*, cuir, buail, léim *jump*, rith.

An Aimsir Ghnáthláithreach

● Grúpa a Dó

Samplaí

ceannaigh *buy*	**dúisigh** *wake up*
Ceannaím	Dúisím
Ceannaíonn tú	Dúisíonn tú
Ceannaíonn sé	Dúisíonn sé
Ceannaíonn sí	Dúisíonn sí
Ceannaímid	Dúisímid
Ceannaíonn sibh	Dúisíonn sibh
Ceannaíonn siad	Dúisíonn siad
(An gceannaíonn? Ceannaíonn/ Ní cheannaíonn)	(An ndúisíonn? Dúisíonn/Ní dhúisíonn)

Caibidil 4

oscail *open*
Osclaím
Osclaíonn tú
Osclaíonn sé
Osclaíonn sí
Osclaímid
Osclaíonn sibh
Osclaíonn siad
(An osclaíonn? Osclaíonn/Ní osclaíonn)

- **Cleachtaí**

Cuir na briathra seo a leanas san Aimsir Ghnáthláithreach agus aistrigh iad go Béarla:
tosaigh *start*, athraigh *change*, inis *tell*, imigh *leave*, dúisigh, scanraigh *frighten*, réitigh *solve*, dírigh ar *focus*.

Cuir na briathra seo a leanas in abairtí san Aimsir Ghnáthláithreach:
ardaigh *raise*, freagair *answer*, maraigh *kill*, léirigh *illustrate*, samhlaigh *imagine*, smaoinigh *think*, aithin *recognise*.

An Aimsir Ghnáthláithreach

- **Grúpa a Trí**

Na briathra neamhrialta

abair *say*	**beir** *catch*
Deirim	Beirim
Deir tú	Beireann tú
Deir sé	Beireann sé
Deir sí	Beireann sí
Deirimid	Beirimid
Deir sibh	Beireann sibh
Deir siad	Beireann siad
(An ndeir? Deir/Ní deir)	(An mbeireann? Beireann/Ní bheireann)

bí *be*		**clois** *hear*
GNÁTHLÁITHREACH	LÁITHREACH	Cloisim
Bím	Táim	Cloiseann tú
Bíonn tú	Tá tú	Cloiseann sé
Bíonn sé	Tá sé	Cloiseann sí
Bíonn sí	Tá sí	Cloisimid
Bímid	Táimid	Cloiseann sibh
Bíonn sibh	Tá sibh	Cloiseann siad
Bíonn siad	Tá siad	(An gcloiseann? Cloiseann/Ní chloiseann)
(An mbíonn? Bíonn/Ní bhíonn)	(An bhfuil? Tá/níl)	

déan *make/do*	**ith** *eat*
Déanaim	Ithim
Déanann tú	Itheann tú
Déanann sé	Itheann sé
Déanann sí	Itheann sí
Déanaimid	Ithimid
Déanann sibh	Itheann sibh
Déanann siad	Itheann siad
(An ndéanann? Déanann/Ní dhéanann)	(An itheann? Itheann/Ní itheann)

feic *see*	**faigh** *get/receive*
Feicim	Faighim
Feiceann tú	Faigheann tú
Feiceann sé	Faigheann sé
Feiceann sí	Faigheann sí
Feicimid	Faighimid
Feiceann sibh	Faigheann sibh
Feiceann siad	Faigheann siad
(An bhfeiceann? Feiceann/Ní fheiceann)	(An bhfaigheann? Faigheann/Ní fhaigheann)

tabhair *give* Tugaim Tugann tú Tugann sé Tugann sí Tugaimid Tugann sibh Tugann siad (An dtugann? Tugann/Ní thugann)	**tar** *come* Tagaim Tagann tú Tagann sé Tagann sí Tagaimid Tagann sibh Tagann siad (An dtagann? Tagann/Ní thagann)

téigh *go*
Téim
Téann tú
Téann sé
Téann sí
Téimid
Téann sibh
Téann siad
(An dtéann? Téann/Ní théann)

● **Cleachtaí**

Cuir na briathra seo go léir san Aimsir Ghnáthláithreach:

Gach lá (tar) mé abhaile ón scoil agus (caith) mé mo mhála ar an urlár sa halla. (faigh) mé bia agus deoch, agus (suigh) mé síos ar feadh tamaill. Ansin (téigh) mé amach an doras. (feic) mé mo chara agus (clois) mé í ag glaoch orm. (faigh) mé mo chamán agus (tabhair) mé poc don sliotar. (abair) mé le mo chara go mbeidh mé níos fearr ná Setanta Ó hAilpín lá éigin. Tar éis tamaill (téigh) muid go dtí an siopa agus (ceannaigh) muid milseáin. (ith) muid na milseáin agus (ól) muid deoch. (tar) mé abhaile ina dhiaidh sin agus (bí) an dinnéar réidh sa chistin. Tar éis an dinnéir (déan) mé caol díreach ar dhoras mo sheomra agus (tosaigh) mé ar m'obair bhaile. (féach) mé ar an teilifís nuair a bhíonn an obair bhaile déanta.

An Aimsir Fháistineach

● Grúpa a hAon

Samplaí

bris *break*	**dún** *close*
Brisfidh mé	Dúnfaidh mé
Brisfidh tú	Dúnfaidh tú
Brisfidh sé	Dúnfaidh sé
Brisfidh sí	Dúnfaidh sí
Brisfimid	Dúnfaimid
Brisfidh sibh	Dúnfaidh sibh
Brisfidh siad	Dúnfaidh siad
(An mbrisfidh? Brisfidh/Ní bhrisfidh)	(An ndúnfaidh? Dúnfaidh/Ní dhúnfaidh)

● Cleachtaí

Cuir na briathra seo a leanas san Aimsir Fháistineach agus aistrigh go Béarla:

stad *stop*, siúil, gluais *move*, scríobh, léigh, suigh, fág *leave*, taispeáin *show*, coimeád *keep*.

Cuir na briathra seo a leanas in abairtí san Aimsir Fháistineach:

dún, luigh *lie*, pléigh *discuss*, preab *bounce*, cuir, buail, léim *jump*, rith.

Grúpa a dó

● An Aimsir Fháistineach

Samplaí

ceannaigh *buy*	**dúisigh** *wake up*
Ceannóidh mé	Dúiseoidh mé
Ceannóidh tú	Dúiseoidh tú
Ceannóidh sé	Dúiseoidh sé
Ceannóidh sí	Dúiseoidh sí
Ceannóimid	Dúiseoimid
Ceannóidh sibh	Dúiseoidh sibh
Ceannóidh siad	Dúiseoidh siad
(An gceannóidh? Ceannóidh/ Ní cheannóidh)	(An ndúiseoidh? Dúiseoidh/Ní dhúiseoidh)

Caibidil 4

oscail *open*
Osclóidh mé
Osclóidh tú
Osclóidh sé
Osclóidh sí
Osclóimid
Osclóidh sibh
Osclóidh siad
(An osclóidh? Osclóidh/Ní osclóidh)

● **Cleachtaí**

Cuir na briathra seo a leanas san Aimsir Fháistineach agus aistrigh go Béarla:
tosaigh *start*, athraigh *change*, inis *tell*, imigh *leave*, dúisigh, scanraigh *frighten*, réitigh *solve*, dírigh ar *focus*.

Cuir na briathra seo a leanas in abairtí san Aimsir Fháistineach:
ardaigh *raise*, freagair *answer*, maraigh *kill*, léirigh *illustrate*, samhlaigh *imagine*, smaoinigh *think*, aithin *recognise*

An Aimsir Fháistineach

● **Grúpa a Trí**

Na briathra neamhrialta

abair *say*
Déarfaidh mé
Déarfaidh tú
Déarfaidh sé
Déarfaidh sí
Déarfaimid
Déarfaidh sibh
Déarfaidh siad
(An ndéarfaidh? Déarfaidh/Ní déarfaidh)

beir *catch*
Béarfaidh mé
Béarfaidh tú
Béarfaidh sé
Béarfaidh sí
Béarfaimid
Béarfaidh sibh
Béarfaidh siad
(An mbéarfaidh? Béarfaidh/Ní bhéarfaidh)

bí *be*
Beidh mé
Beidh tú
Beidh sé
Beidh sí
Beimid
Beidh sibh
Beidh siad
(An mbeidh? Beidh/Ní bheidh)

clois *hear*
Cloisfidh mé
Cloisfidh tú
Cloisfidh sé
Cloisfidh sí
Cloisfimid
Cloisfidh sibh
Cloisfidh siad
(An gcloisfidh? Cloisfidh/Ní chloisfidh)

déan *make/do*
Déanfaidh mé
Déanfaidh tú
Déanfaidh sé
Déanfaidh sí
Déanfaimid
Déanfaidh sibh
Déanfaidh siad
(An ndéanfaidh? Déanfaidh/Ní dhéanfaidh)

ith *eat*
Íosfaidh mé
Íosfaidh tú
Íosfaidh sé
Íosfaidh sí
Íosfaimid
Íosfaidh sibh
Íosfaidh siad
(An íosfaidh? Íosfaidh/Ní íosfaidh)

feic *see*
Feicfidh mé
Feicfidh tú
Feicfidh sé
Feicfidh sí
Feicfimid
Feicfidh sibh
Feicfidh siad
(An bhfeicfidh? Feicfidh/Ní fheicfidh)

faigh *get/receive*
Gheobhaidh mé
Gheobhaidh tú
Gheobhaidh sé
Gheobhaidh sí
Gheobhaimid
Gheobhaidh sibh
Gheobhaidh siad
(An bhfaighidh? Gheobhaidh/Ní bhfaighidh)

tabhair *give*
Tabharfaidh mé
Tabharfaidh tú
Tabharfaidh sé
Tabharfaidh sí
Tabharfaimid
Tabharfaidh sibh
Tabharfaidh siad
(An dtabharfaidh? Tabharfaidh/
Ní thabharfaidh)

tar *come*
Tiocfaidh mé
Tiocfaidh tú
Tiocfaidh sé
Tiocfaidh sí
Tiocfaimid
Tiocfaidh sibh
Tiocfaidh siad
(An dtiocfaidh? Tiocfaidh/Ní thiocfaidh)

Caibidil 4

téigh *go*
Rachaidh mé
Rachaidh tú
Rachaidh sé
Rachaidh sí
Rachaimid
Rachaidh sibh
Rachaidh siad
(An rachaidh? Rachaidh/Ní rachaidh)

● **Cleachtaí**

Cuir na briathra seo go léir san Aimsir Fháistineach:

Amárach (tosaigh) an deireadh seachtaine. (fan) mé sa leaba déanach agus tar éis bricfeasta (téigh) mé isteach sa bhaile mór. (feic) mé a lán rudaí deasa ach ní (ceannaigh) mé mórán mar níl an t-airgead agam. (clois) mé ceol sa siopa ceoil agus (ith) mé uachtar reoite ar an tsráid. (faigh) mé an bus abhaile agus (tabhair) mé an t-airgead don tiománaí. (abair) mé leis an áit a bhfuilim ag dul. (tar) mé chuig an bóthar in aice le mo theach agus (fág) mé an bus. (déan) mé caol díreach ar dhoras mo thí mar (bí) ocras orm. Tar éis an dinnéir, (déan) mé an níochán agus (éist) mé le ceol i mo sheomra. Níos déanaí (glaoigh) mé ar mo chara ar an bhfón agus (tabhair) mé cuireadh dó teacht go dtí mo theach chun féachaint ar chluiche peile ar an teilifís.

An Modh Coinníollach

● **Grúpa a hAon**

Samplaí

dún *close*	**bris** *break*
Dhúnfainn	Bhrisfinn
Dhúnfá	Bhrisfeá
Dhúnfadh sé	Bhrisfeadh sé
Dhúnfadh sí	Bhrisfeadh sí
Dhúnfaimis	Bhrisfimis
Dhúnfadh sibh	Bhrisfeadh sibh
Dhúnfaidís	Bhrisfidís

● **Cleachtaí**

Cuir na briathra seo a leanas sa Mhodh Coinníollach agus aistrigh go Béarla:

stad *stop*, siúil, gluais *move*, scríobh, léigh, suigh, fág *leave*, taispeáin *show*, coimeád *keep*.

Cuir na briathra seo a leanas in abairtí sa Mhodh Coinníollach.

dún, luigh *lie*, pléigh *discuss*, preab *bounce*, cuir, buail, léim *jump*, rith.

● **Grúpa a dó**

Samplaí

ceannaigh *buy*	**inis** *tell*
Cheannóinn	D'inseoinn
Cheannófá	D'inseofá
Cheannódh sé	D'inseodh sé
Cheannódh sí	D'inseodh sí
Cheannóimis	D'inseoimis
Cheannódh sibh	D'inseodh sibh
Cheannóidís	D'inseoidís

oscail *open*
D'osclóinn
D'osclófá
D'osclódh sé
D'osclódh sí
D'osclóimis
D'osclódh sibh
D'osclóidís siad

● **Cleachtaí**

Cuir na briathra seo a leanas sa Mhodh Coinníollach agus aistrigh go Béarla:

tosaigh *start*, athraigh *change*, inis *tell*, imigh *leave*, dúisigh, scanraigh *frighten*, réitigh *solve*, dírigh ar *focus*.

Cuir na briathra seo a leanas in abairtí sa Mhodh Coinníollach.

ardaigh *raise*, freagair *answer*, maraigh *kill*, léirigh *illustrate*, samhlaigh *imagine*, smaoinigh *think*, aithin *recognise*

● **Grúpa a Trí**
Na briathra neamhrialta

abair *say*	**beir** *catch*
Déarfainn	Bhéarfainn
Déarfá	Bhéarfá
Déarfadh sé	Bhéarfadh sé
Déarfadh sí	Bhéarfadh sí
Déarfaimis	Bhéarfaimis
Déarfadh sibh	Bhéarfadh sibh
Déarfaidís	Bhéarfaidís

bí *be*	**clois** *hear*
Bheinn	Chloisfinn
Bheifeá	Chloisfeá
Bheadh sé	Chloisfeadh sé
Bheadh sí	Chloisfeadh sí
Bheimis	Chloisfimis
Bheadh sibh	Chloisfeadh sibh
Bheidís	Chloisfidís

déan *make/do*	**ith** *eat*
Dhéanfainn	D'íosfainn
Dhéanfá	D'íosfá
Dhéanfadh sé	D'íosfadh sé
Dhéanfadh sí	D'íosfadh sí
Dhéanfaimis	D'íosfaimis
Dhéanfadh sibh	D'íosfadh sibh
Dhéanfaidís	D'íosfaidís

feic *see*	**faigh** *get/receive*
D'fheicfinn	Gheobhainn
D'fheicfeá	Gheofá
D'fheicfeadh sé	Gheobhadh sé
D'fheicfeadh sí	Gheobhadh sí
D'fheicfimis	Gheobhaimis
D'fheicfeadh sibh	Gheobhadh sibh
D'fheicfidís	Gheobhaidís

tabhair *give*	tar *come*
Thabharfainn	Thiocfainn
Thabharfá	Thiocfá
Thabharfadh sé	Thiocfadh sé
Thabharfadh sí	Thiocfadh sí
Thabharfaimis	Thiocfaimis
Thabharfadh sibh	Thiocfadh sibh
Thabharfaidís	Thiocfaidís

téigh *go*
Rachainn
Rachfá
Rachadh sé
Rachadh sí
Rachaimis
Rachadh sibh
Rachaidís

● **Cleachtaí**

Cuir na briathra seo go léir sa Mhodh Coinníollach:

Dá mbuafainn an Crannchur Náisiúnta, (bí) áthas an domhain orm. (tabhair) mé an dea-scéal do mo chlann agus mo chairde agus (bí) cóisir bhreá againn. (tabhair) mé airgead do mo chlann agus (ceannaigh) mé carr nua agus éadaí nua. (déan) mé coinne le ceachtanna tiomána a bheith agam agus ní fada go mbeinn ag tiomáint an chairr nua. (téigh) mé ar laethanta saoire go dtí tír i bhfad i gcéin agus (caith) mé mí ann. (faigh) (mé) an deis bronntanais a cheannach do mo thuismitheoirí agus (abair) leo go mbeadh saol compordach acu as seo amach. Sea, (bí) an t-ádh dearg orm duais mór airgid a bhuachan. Idir an dá linn, bainfidh mé sult as an saol.

An Aidiacht Shealbhach

	(Ag tosú le guta)
Mo chóta: *my coat*	M'athair: *my father*
Do chóta: *your coat*	D'athair: *your father*
A cóta: *her coat*	A hathair: *her father*
A chóta: *his coat*	A athair: *his father*
Ár gcótaí: *our coats*	Ár n-athair: *our father*
Bhur gcótaí: *your coats*	Bhur n-athair: *your father*
A gcótaí: *their coats*	A n-athair: *their father*

Caibidil 4

Na Réamhfhocail Shimplí

Grúpa a hAon: *ag, as, dar, os, chuig, go, le.*

Ní chuireann na réamhfhocail séimhiú (h) ar an bhfocal a leanann iad. Mar shampla; 1. Bhí Máire as láthair inné. 2. Táim ag dul go Sasana amárach.

Cuireann le agus go 'h' roimh guta (vowel) mar shampla: Chuaigh sé ó áit go háit. Bhí sí ag béicíl le háthas.

Grúpa a Dó: *thar, roimh, ar, faoi, de, do, ó, idir, um, gan, trí, mar.*

Cuireann na réamhfhocail seo séimhiú ar an bhfocal a leanann iad. Mar shampla; 1. Chuaigh mo theach trí thine inné. 2. Bhí sí ag obair mar altra ag an am sin.

Grúpa a Trí: *i.*

Cuireann an réamhfhocal seo urú ar an bhfocal a leanann é. Mar shampla: 1. Táim i mo chónaí i gCiarraí.

Roimh guta, athraíonn i go in, mar shampla: in Éirinn.

Tagann m roimh b, g roimh c, n roimh d, bh roimh f, n roimh g, b roimh p.

Samplaí: ar an mballa, ag an gcúinne, i ndáiríre, ag an bhfarraige, faoin ngeata, as an bpáirc

An Forainm Réamhfhoclach

Forainm + Réamhfhocail		mé	tú	sé	sí	sinn	sibh	siad
ag	at	agam	agat	aige	aici	againn	agaibh	acu
as	from	asam	asat	as	aisti	asainn	asaibh	astu
go	to							
le	with	liom	leat	leis	léi	linn	libh	leo
dar	according to							
chuig	to	chugam	chugat	chuige	chuici	chugainn	chugaibh	chucu
i	in	ionam	ionat	ann	inti	ionainn	ionaibh	iontu
thar	over	tharam	tharat	thairis	thairsti	tharainn	tharaibh	tharstu
roimh	before	romham	romhat	roimhe	roimpi	romhainn	romhaibh	rompu
ar	on	orm	ort	air	uirthi	orainn	oraibh	orthu
faoi	under	fúm	fút	faoi	fúithi	fúinn	fúibh	fúthu
de	from	díom	díot	de	di	dínn	díbh	díobh
do	to/for	dom	duit	dó	di	dúinn	daoibh	dóibh
ó	from	uaim	uait	uaidh	uaithi	uainn	uaibh	uathu
idir	between					eadrainn	eadraibh	eatarthu
gan	without							
trí	through	tríom	tríot	tríd	tríthi	trínn	tríbh	tríothu
um	about	umam	umat	uime	uimpi	umainn	umaibh	umpu

An Chopail

● **Is agus Ba**

Ceanglaíonn an chopail dhá fhocal le chéile.
Samplaí:

Samplaí
Is buachaill é Seán.
Is mise an dalta.
Is gadaí é.
Is óinseach í.
Is amadán mór é.
Is fearr liom bainne ná uisce.
Is aoibhinn liom ceol.

An Aimsir Láithreach Is
Is fear beag é.

An Aimsir Fháistineach Is
Teach nua a bheidh ann.

An Aimsir Chaite Ba
Lá breá a bhí ann./Ba lá breá é.

An Modh Coinníollach Ba
B'amadán é dá ndéanfadh sé a leithéid.
B'fhearr liom dea-scéal ná drochscéal.

Uimhreacha

(Ag comhaireamh)

1	carr amháin	12	dhá charr déag	30	tríocha carr
2	dhá charr	13	trí charr déag	40	daichead carr
3	trí charr	14	ceithre charr déag	50	caoga carr
4	ceithre charr	15	cúig charr déag	60	seasca carr
5	cúig charr	16	sé charr déag	70	seachtó carr
6	sé charr	17	seacht gcarr déag	80	ochtó carr
7	seacht gcarr	18	ocht gcarr déag	90	nócha carr
8	ocht gcarr	19	naoi gcarr déag	100	céad carr
9	naoi gcarr	20	fiche carr	1000	míle carr
10	deich gcarr	21	carr is fiche	100,000	céad míle carr
11	aon charr déag	27	seacht gcarr is fiche	1,000,000	milliún carr

Ag comhaireamh daoine

1	duine	9	naonúr	17	seacht nduine dhéag	60	seasca duine
2	beirt	10	deichniúr	18	ocht nduine dhéag	70	seachtó duine
3	triúr	11	aon duine dhéag	19	naoi nduine dhéag	80	ochtó duine
4	ceathrar	12	dháréag	20	fiche duine	90	nócha duine
5	cúigear	13	trí dhuine dhéag	21	duine is fiche	100	céad duine
6	seisear	14	ceithre dhuine dhéag	30	tríocha duine	200	dhá chéad duine
7	seachtar	15	cúig dhuine dhéag	40	daichead duine	1000	míle duine
8	ochtar	16	sé dhuine dhéag	50	caoga duine		

Aois

1	bliain d'aois	16	sé bliana déag d'aois
1½	bliain go leith	17	seacht mbliana déag d'aois
2	dhá bhliain d'aois	18	ocht mbliana déag d'aois
3	trí bliana d'aois	19	naoi mbliana déag d'aois
4	ceithre bliana d'aois	20	fiche bliain d'aois
5	cúig bliana d'aois	21	bliain is fiche
6	sé bliana d'aois	23	trí bliana is fiche
7	seacht mbliana d'aois	30	tríocha bliain
8	ocht mbliana d'aois	40	daichead bliain
9	naoi mbliana d'aois	50	caoga bliain
10	deich mbliana d'aois	60	seasca bliain
11	aon bhliain déag d'aois	70	seachtó bliain
12	dhá bhliain déag d'aois	80	ochtó bliain
13	trí bliana déag d'aois	90	nócha bliain
14	ceithre bliana déag d'aois	100	céad bliain
15	cúig bliana déag d'aois		

	Comhaireamh	Uimhir rudaí	Bliain ar scoil	Daoine
1	a haon	ceann amháin	an chéad bhliain	duine
2	a dó	dhá cheann	an dara bliain	beirt
3	a trí	trí cinn	an tríú bliain	triúr
4	a ceathair	ceithre cinn	an ceathrú bliain	ceathrar
5	a cúig	cúig cinn	an cúigiú bliain	cúigear
6	a sé	sé cinn	an séú bliain	seisear
7	a seacht	seacht gcinn		seachtar
8	a hocht	ocht gcinn		ochtar
9	a naoi	naoi gcinn		naonúr
10	a deich	deich gcinn		deichniúr

Caibidil 5
Prós Ainmnithe

An Cearrbhach Mac Cába – scéal béaloidis (ní fios cé chum)

Tógadh an scéal seo a leanas as an leabhar scéalta Johnny Shéamaisín, *cnuasach de scéalta a scríobh Niall Ó Dónaill (Niall Johnny) síos ó bhéal Sheáin Uí Dhónaill (Johnny Shéamaisín).*

Rugadh Seán Ó Dónaill i Rann na Feirste, Co. Dhún na nGall, agus is ann a chaith sé a shaol ach gur chuaigh sé ó am go ham ag obair go hAlbain, maraon lena lán de mhuintir Dhún na nGall. Bhí suim mhór aige sa seanchas riamh agus bhí clú agus cáil air mar sheanchaí. Fuair sé na scéalta óna thuismitheoirí agus ó mhuintir na háite. Chuaigh an seanchaí Niall Ó Baoill i bhfeidhm go mór air agus is iomaí scéal a fuair sé uaidh.

Bhí cró tí agus giota beag talaimh ag an Chearrbhach Mhac Cába, cosúil leis an chuid eile de na comharsana, ach má bhí féin, bhí sé beo bocht. Ní raibh aon bhealach dá dtéadh sé nach mbíodh paca cártaí leis ina phóca, nó aon duine dá gcastaí air nach gcuireadh sé ceiliúr imeartha air. Bhíodh sé ina shuí san oíche ag imirt agus ina luí sa lá ina chodladh, agus ar an dóigh sin lig sé a chuid talaimh chun báine. De réir mar bhí a chomharsana ag bisiú sa tsaol, is é rud a bhí seisean ag dul ar gcúl.

Bhí sé oíche amháin ag imirt gur chaill sé an phingin dheireanach dá raibh ina sheilbh. Tháinig sé chun an bhaile le bodhránacht an lae agus é briste, brúite, brónach, gan pingin ar a thús ná ar a dheireadh. Ar theacht a fhad leis an teach dó, fuair sé mná na comharsan cruinn ann ag freastal ar a bhean a bhí i bpriacal ó oíche. Rugadh mac óg di nuair a bhí sé as baile ag cearrbhachas.

D'iarr na mná ar an Chearrbhach sagart a fháil a bhaistfeadh an leanbh. Dúirt sé gurbh é sin an saothar ba lú dó a dhéanamh. D'imigh sé, agus níorbh fhada a chuaigh go bhfaca sé fear óg ag tarraingt air. D'aithin sé ar chruthaíocht an fhir óig gur strainséir a bhí ann. Bhreathnaigh sé é ó mhullach a chinn go barr a chos, agus chonacthas dó ina dheilbh agus ina ghné nach bhfaca sé aon fhear riamh chomh dóighiúil leis. Bheannaigh an Cearrbhach don strainséir agus bheannaigh an strainséir dó.

'Tá tú ag dul fá choinne sagairt a bhaistfeas do leanbh,' arsa an strainséir.

'Tá,' arsa an Cearrbhach, 'ach cad é mar tá a fhios agatsa cá bhfuil mé ag dul nó cad é mo ghnoithe?'

'Is mise Dia,' arsa an strainséir. 'Pill ar ais agus baistfidh mé do leanbh.'

'Cha phillim,' arsa an Cearrbhach. 'Más tú Dia, is olc an ceart atá tú a thabhairt dom. Nuair atá mo chomharsa ag bisiú sa saol, is é rud atá mise ag dul ar gcúl, agus ar an ábhar sin, ní bheidh baint agat le mo leanbh.'

Shiúil sé leis, agus níorbh fhada go bhfaca sé strainséir eile ag tarraingt air. Creatlach d'fhear mór fada a bhí ann. Bhí sé dubh, buí, meirgeach, agus ní raibh ann ach na cnámha agus an craiceann. Dar leis an Chearrbhach: 'Is neamhchosúil le chéile tusa is Dia.' Bheannaigh siad dá chéile.

'Tá tú ag dul fá choinne sagairt a bhaistfeas do leanbh,' arsa an strainséir.

'Tá,' arsa an Cearrbhach, 'ach ba mhaith liom fios a fháil cad é mar aithníos tusa cá bhfuil mé ag dul.'

'Is mise an Bás,' arsa an strainséir. 'Ní thig neach ar an saol agus ní fhágann neach an saol gan fhios dom. Casadh Dia ort romham agus thairg sé do leanbh a bhaisteadh. D'fhéad tú a chomhairle a ghlacadh. Pill anois agus beidh mise i mo charas Críost ag do leanbh.'

Phill an Cearrbhach agus an Bás gur tháinig siad ar fhad leis an áit a raibh Dia ag fuireacht leo. Chuaigh an triúr go teach an Chearrbhaigh agus bhaist Dia an leanbh agus bhí an Bás ina charas Críost aige. Ansin d'imigh Dia.

Arsa an Bás leis an Chearrbhach: 'Níor chóir duit Dia a ligean uait gan achainí a iarraidh air.'

Gluais

1. cearrbhach = *a card-player, gambler*
3. nó aon duine dá gcastaí air nach gcuireadh sé ceiliúr imeartha air = *or any person he would meet that he would'nt invite to play*
5. ar an dóigh sin [sa tslí sin] lig sé a chuid talaimh [talún] chun báine = *in that way he let his land go fallow*
5. de réir mar = *according as*
6. ag bisiú sa tsaol = ag dul chun cinn, *getting on in life*
6. ag dul ar gcúl [chúl] = *falling behind, making no progress*
7. ina sheilbh = *in his possession*
8. bodhránacht an lae = breacadh an lae, *daybreak*
10. ag freastal ar = *attending to, helping*
10. i bpriacal = *in childbirth*
11. ag cearrbhachas = ag imirt cártaí
12. a bhaistfeadh an leanbh = *who would baptise the child* (baistim = *I baptise*)
13. an saothar [obair] ba lú dó a dhéanamh = *the least he could do*
14. ag tarraingt air = ag teacht ina threo, *coming towards him*
14. d'aithin sé = *he recognised* (aithním = *I recognise*)
14. cruthaíocht = *shape, appearance*
14. d'aithin sé ar chruthaíocht an fhir óig gur strainséir a bhí ann = *he recognised from the appearance of the young man that he was a stranger*
15. bhreathnaigh sé é ó mhullach a chinn go barr a chos (ó bhun go barr) = *he examined him from head to toe* (breathnaím = *I observe*)
15. chonacthas dó ina dheilbh agus ina ghné nach bhfaca sé aon fhear riamh chomh dóighiúil leis = *it seemed to him that he had never seen a man before so handsome in shape and appearance;* (dealbh = *shape*; gné = *appearance*; dóighiúil = *handsome*)
16. bheannaigh an Cearrbhach don strainséir = *the Gambler greeted the stranger* (beannaím do = *I greet*)
19. cad é mar tá a fhios agatsa? = conas atá a fhios agatsa?
20. mo ghnoithe [ghnó] = *my business*
21. pill ar ais = *turn back* (pillim = fillim, *I return*)
22. cha phillim [ní fhillim] = ní fhillfidh mé, *I do not (will not) return*
23. ar an ábhar sin = *because of that*
25. creatlach = *a skeleton*
26. bhí sé dubh = bhí gruaig dhubh air
26. buí = gránna, *ugly*
26. meirgeach = *crusty, irritable*
27. neamhchosúil le chéile = *unlike each other*
30. ach ba mhaith liom fios a fháil cad é mar aithníos [aithníonn] tusa cá bhfuil mé ag dul = *but I would like to know how you know where I am going*
32. ní thig = ní thagann
32. neach = duine
33. gan fhios dom = *without my knowledge*
33. casadh Dia ort = bhuail Dia leat, *God met you*
33. thairg sé do leanbh a bhaisteadh = *he offered to baptise your child* (tairgim = *I offer*)
34. d'fhéad (d'fhéadfadh) tú a chomhairle a ghlacadh = *you should have accepted his advice*
34. caras Críost = *a godparent, friend*
36. ag fuireacht leo = ag fanacht leo, *waiting for them*
37. bhaist Dia an leanbh = *God baptised the child* (baistim = *I baptise*)
39. níor chóir duit = níor cheart duit, *you shouldn't*
39. gan achainí a iarraidh air = *without asking for a wish* (achainí = *wish, request*)

Caibidil 5

40	D'imigh an Cearrbhach i ndiaidh Dé, agus nuair a tháinig sé a fhad leis, d'fhiafraigh Dia cad é bhí sé a iarraidh.

'Tá mé ag iarraidh achainí ort,' arsa an Cearrbhach.

'Cad é an achainí í?' arsa Dia.

'Bua chearrbhach an domhain a thabhairt dom,' arsa an Cearrbhach.

45	'Gheobhaidh tú sin,' arsa Dia.

Phill an Cearrbhach ar an bhaile go sásta. Casadh an Bás dó ar an bhealach agus d'fhiafraigh an bhfaca sé Dia.

'Chonaic mé Dia agus fuair mé achainí,' arsa an Cearrbhach. 'Cad é an achainí í?' arsa an Bás.

50	'Achainí mhaith,' arsa an Cearrbhach, 'bua chearrbhach an domhain a bheith agam. Agus anois bainfidh mé an méid airgid a chaill mé riamh, agus tuilleadh lena chois.'

'Is dona d'achainí,' arsa an Bás. 'Lean arís é agus iarr achainí mhaith air.'

D'imigh an Cearrbhach arís gur tháinig sé a fhad le Dia agus gur iarr achainí eile air.

'Cad é an achainí í?' arsa Dia.

55	'Bua dhochtúirí an domhain a bheith agam,' arsa an Cearrbhach.

'Gheobhaidh tú sin,' arsa Dia.

Phill an Cearrbhach fá lúcháir, agus nuair a casadh an Bás air, d'inis sé dó fán achainí eile a fuair sé.

'Is dona an achainí í,' arsa an Bás. 'Lean arís é agus iarr achainí mhaith air an iarraidh
60	seo.'

D'imigh an Cearrbhach i ndiaidh Dé gur iarr sé an treas achainí air.

'Cad é an achainí í?' arsa Dia.

'Tá crann úll ag fás sa gharraí agam,' arsa an Cearrbhach, 'agus nuair a bhím ar shiúl ag imirt san oíche, thig páistí na comharsan go ngoideann siad na húlla de. Iarraim
65	achainí do dhuine ar bith a leagfas lámh ar úll ann a lámh greamú den úll agus an t-úll greamú den chrann go dtí gur mian liomsa a scaoileadh.'

'Gheobhaidh tú an achainí,' arsa Dia.

Ansin chuaigh an Cearrbhach chuig an Bhás agus dúirt leis go bhfuair sé achainí mhaith an iarraidh seo.

70	'Cad é an achainí í?' arsa an Bás.

'Chan insím sin do dhuine ar bith,' arsa an Cearrbhach.

'Maith go leor,' arsa an Bás, 'tá bua dhochtúirí an domhain agat agus is olc a fhóireas sin domsa. Déanfaidh mé margadh fán achainí sin leat. Nuair a rachas tú i dteach ina bhfuil duine tinn, má bhímse i mo shuí ag cosa na leapa, déan a leigheas, agus má bhím
75	ag ceann na leapa lig liom é, nó beidh tú féin agam ina áit.'

'Margadh é,' arsa an Cearrbhach.

D'imigh an Bás i gceann a ghnoithe agus d'imigh an Cearrbhach a dh'imirt cártaí mar ba ghnách leis. Bhain sé an méid airgid a chaill sé riamh agus tuilleadh lena chois,

Gluais

44	bua chearrbhach an domhain = *the talent of all the gamblers of the world* (bua = *gift/talent*)	71	chan insím = ní insím, *I do not (will not) tell*
46	casadh an Bás dó [air] = bhuail an Bás leis, *Death met him*	72	is olc a fhóireas [fhóireann] sin domsa = *that doesn't help me very much*
51	bainfidh mé an méid airgid a chaill mé riamh, agus tuilleadh lena chois = *I will win all the money I ever lost, and more besides*	73	margadh = *a bargain*
55	bua dhochtúirí an domhain = *the gift/talent of all the doctors in the world*	73	nuair a rachas [théann] tú i dteach ina bhfuil duine tinn, má bhímse i mo shuí ag cosa na leapa, déan a leigheas, agus má bhím ag ceann na leapa lig liom é, nó beidh tú féin agam ina áit = *when you go into a house in which a person is sick, if I am sitting at the end of the bed cure him, and if I am at the top of the bed let me have him, or I will have you in his place*
57	lúcháir = áthas		
59	an iarraidh seo = an t-am seo, *this time*		
61	treas = tríú, *third*		
64	thig [tagann] páistí na comharsan = *the neighbour's children come*		
64	iarraim achainí do dhuine ar bith a leagfas lámh ar úll ann a lámh greamú den úll agus an t-úll greamú den chrann go dtí gur mian liomsa a scaoileadh = *I request that anybody who lays a hand on an apple will have his hand stuck to the apple and the apple stuck to the tree until I wish to release him*	77	i gceann a ghnoithe = i mbun a ghnó, *about his business*
		78	mar ba ghnách leis = *as was usual for him*
		78	agus tuilleadh lena chois = *and more besides*

go dtí sa deireadh nach bhfuair sé duine ar bith le himirt leis. Ansin thosaigh sé a
80   dhochtúireacht.

Bhí an Cearrbhach Mac Cába ag leigheas daoine tinne go dtí go raibh a shaibhreas déanta aige. Chuaigh a gháir níb fhaide ná chuaigh a chos agus bhí clú air go raibh bua dhochtúirí an domhain aige.

Bhí fear saibhir ina chónaí sa Spáinn agus bhuail breoiteacht é. Bhí dochtúirí na
85   Spáinne ag freastal air, ach ní raibh dul acu biseach a dhéanamh dó. Tháinig a ghaolta agus chomhairligh siad dá bhean scéala a chur chuig an Chearrbhach Mhac Cába a theacht chuige. Ghléas siad long is foireann agus sheol siad go hÉirinn gur thug anonn an Cearrbhach leo chun na Spáinne.

Nuair a chuaigh an Cearrbhach isteach sa seomra a raibh an fear tinn ina luí ann fuair
90   sé an Bás ina shuí ag ceann na leapa. Chuir an Bás cár ar an Chearrbhach agus chuir an Cearrbhach cár air.

'An dtig leat m'fhear céile a leigheas?' arsa an bhantiarna.

'Ní thig liom,' arsa an Cearrbhach.

'Is mairg a chuir go hÉirinn fá do choinne,' ar sise, 'más anall a chur cáir air a tháinig
95   tú.'

Thaispeáin sí cófra óir dó.

'Bhéarfaidh mé a bhfuil d'ór ansin duit má leigheasann tú é,' ar sise.

Shantaigh an Cearrbhach an t-ór. D'iarr sé uirthi ceathrar de bhuachaillí gasta a thabhairt isteach chuige. Nuair a tháinig siad d'iarr sé orthu breith ar cheithre postaí na
100 leapa agus í a thiontú thart. Rinne siad sin agus d'fhag siad an Bás ina shuí ag cosa na leapa. Ansin thug an Cearrbhach luibh íce don fhear tinn agus d'éirigh sé amach chomh slán folláin is bhí sé riamh.

Thug na buachaillí an cófra óir chun na loinge don Chearrbhach, ach tháinig an Bás ina ndiaidh ar an bhealach agus fuair greim sceadamáin ar an Chearrbhach.
105 'Tá tú agam anois in áit an fhir a leigheas tú,' ar seisean.

'A charas Chríost dílis,' arsa an Cearrbhach, 'tá mé ag iarraidh achainí ort mo ligean go hÉirinn go dtuga mé an t-ór do mo theaghlach agus go ndéana mé tiomna eatarthu sa dóigh nach mbíonn siad ag troid mar gheall air.'

'Gheobhaidh tú an achainí,' arsa an Bás, 'ach ní fada go mbí mise chugat arís.'
110 Sheol an Cearrbhach go hÉirinn lena chuid óir. An oíche a bhain sé an baile amach bhí sé ag caint agus ag comhrá ar a eachtra gur chaith sé an choinneal go dtí an t-orlach. Ansin thug sé orlach na coinnle go colbha na leapa leis agus chuaigh a luí. Nuair a bhí sé sínte sa leaba, fuair an Bás greim sceadamáin air.

'A charas Chríost dílis,' arsa an Cearrbhach, 'níl mo thiomna déanta go fóill agam.
115 Iarraim spás ort go raibh orlach na coinnle dóite.'

'Gheobhaidh tú sin,' arsa an Bás.

Chuir an Cearrbhach séideog ar an choinneal agus chuir as é.

'Sin orlach nach ndóitear go ceann seacht mbliana,' ar seisean.

Gluais

82	chuaigh a gháir níb fhaide ná chuaigh a chos agus bhí clú air go raibh bua dhochtúirí an domhain aige = *his fame spread farther than he went and he was famous for having the gift of all the doctors in the world* (gáir = *fame*; clú = *fame*)	97	bhéarfaidh mé = tabharfaidh mé, *I will give*
84	bhuail breoiteacht é = bhuail tinneas é, d'éirigh sé tinn	98	shantaigh an Cearrbhach an t-ór = *the gambler coveted the gold* (santaím = *I covet*)
85	ag freastal air = *attending him*	99	gasta = *quick, clever, nimble*
85	ní raibh dul acu biseach [feabhas] a dhéanamh dó = ní raibh siad ábalta é a leigheas, *they were not able to cure him*	101	luibh íce = *a healing herb*
		102	slán folláin = *well and healthy*
		103	long = *a ship* (tuiseal ginideach: loinge)
85	tháinig a ghaolta agus chomhairligh siad dá bhean scéala a chur chuig an Chearrbhach Mhac Cába a theacht chuige = *his relatives came and advised his wife to send a message to the Gambler Mac Cába to come to him* (gaol = *a relation*; comhairlím = tugaim comhairle dó, *I advise*; scéala = *news*)	104	fuair greim sceadamáin ar an Chearrbhach = *caught the Gambler by the throat*
		106	ag iarraidh achainí ort = *asking you for a wish*
		107	teaghlach = *a household, family*
		107	tiomna = *a will*
		108	sa dóigh nach mbíonn siad ag troid mar gheall air = *so that they do not fight over it*
87	ghléas siad long is foireann = *they equipped a ship and crew*	111	ag comhrá ar a eachtra gur chaith sé an choinneal go dtí an t-orlach = *talking about his adventure until he burned the candle down to one inch* (eachtra = *incident, adventure*)
90	chuir an Bás cár ar an Chearrbhach = *Death made a grimace at the Gambler* (cár = *a grin, grimace*)		
92	an dtig leat m'fhear céile a leigheas? = *can you cure my husband?*	112	go colbha na leapa = *to the bedside*
		114	go fóill = *yet*
94	is mairg a chuir go hÉirinn fá do choinne [i do chomhair] más anall a chur cáir air a tháinig tú = *it's a pity to have sent to Ireland for you if you came over to make faces at him*	115	iarraim spás ort = *I ask you for time*
		117	chuir an Cearrbhach séideog ar an choinneal agus chuir as é = *the Gambler covered the candle and put it out*
		118	sin orlach nach ndóitear [ndófar] go ceann seacht mbliana = *that's an inch that will not be burned for seven years*

Níor tháinig an Bás chuig an Chearrbhach go raibh na seacht mbliana istigh. Ach
más fada an lá tig an oíche sa deireadh. Oíche cheann na seacht mbliana, nuair a bhí an
Cearrbhach ina luí ar a leaba, fuair an Bás greim sceadamáin arís air.

'Caithfidh tú teacht liom anois, a Chearrbhaigh,' ar seisean.

'A charas Chríost dílis,' arsa an Cearrbhach, 'is mór an tart atá tú a chur orm. Dá
mbainteá úll as an gharraí dom sula dtuga tú leat mé, b'fhéidir go leigheasfadh sé
m'íota.'

Chuaigh an Bás amach go crann na n-úll, ach nuair a leag sé a lámh air, ghreamaigh
sí den úll agus ghreamaigh an t-úll den chrann. D'éirigh an Cearrbhach amach de léim.

'Beidh tú ansin gur mian liomsa do scaoileadh,' ar seisean.

'Sin an treas achainí a fuair tú ó Dhia agus níor inis tú dom í,' arsa an Bás. 'Lig saor
anois mé agus ní thiocfaidh mé chugat go ceann seacht mbliana eile.'

Lig an Cearrbhach lámh shaor leis an Bhás agus ní fhaca sé arís é ar feadh seacht
mbliana. I gceann an ama sin tháinig an Bás agus chuir a ghlac lena sceadamán agus
thug tachtadh maith dó.

'A charas Chríost dílis,' arsa an Cearrbhach, 'tá tú ag cur crua orm. Tá mé ag iarraidh
aon achainí amháin eile ort, agus chan achainí bheo í. Lig dom paidir urnaí a rá, rud nár
dhúirt mé riamh go fóill ó thosaigh mé a chearrbhachas.'

'Gheobhaidh tú an achainí,' arsa an Bás.

'Sin paidir nach n-abraim go deo,' arsa an Cearrbhach.

'Chím,' arsa an Bás. 'Is mian leat a bheith beo i mo dhiaidhse agus i ndiaidh an tsaoil.'

D'imigh an Bás agus chuaigh seacht mbliana thart agus bhí an Cearrbhach ag
déanamh a shaibhris achan lá. Bhí sé lá amháin ag siúl amuigh le pléisiúr dó féin agus
chonaic sé gasúr ina shuí ag caoineadh ar ghruaibhín an bhealaigh mhóir.

'Cad é tá ort?' arsa an Cearrbhach leis.

'Ní ligfear chun comaoine mé,' ar seisean, 'cionn is nach bhfuil m'urnaí agam.'

'Cad chuige nach dtugann d'athair agus do mháthair d'urnaí duit?' arsa an Cearrbhach.

'Tá m'athair agus mo mháthair marbh agus tá mise i mo dhílleachta,' arsa an gasúr.

Tháinig trua ag an Chearrbhach dó.

'Bhéarfaidh mise d'urnaí duit,' ar seisean.

Thosaigh an Cearrbhach ar an Phaidir agus an gasúr á rá ina dhiaidh. Nuair a bhí an
Phaidir ráite aige, d'éirigh an Bás ina sheasamh as cruthaíocht an ghasúir agus fuair
greim sceadamáin air.

'Ní bheidh tú ag cleasaíocht ormsa níos faide,' ar seisean, agus thacht sé tirim é.

Thug an Cearrbhach a phaca cártaí go hifreann leis. Bhí sé féin agus na diabhail ag
imirt go dtí nár fhág sé aon bhall seilbhe ar ifreann acu. Ansin chruinnigh siad air agus
dhíbir siad amach as ifreann é lena phaca cártaí.

D'imigh an Cearrbhach leis go raibh sé ag geataí na bhflaitheas, ach bhí na geataí
druidte air agus níor ligeadh isteach é. Shuigh sé amuigh ar charraig agus thosaigh a
dh'imirt leis féin. Chuir sé trua ar Pheadar na nEochracha.

Gluais

120 **más fada an lá tig [tagann] an oíche sa deireadh** = *however long the day, night comes at last*

122 **caithfidh tú** = *you must*

124 **b'fhéidir go leigheasfadh sé m'íota** = *maybe it would cure my thirst*

127 **ghreamaigh sí (a lámh) den úll** = *his hand stuck to the apple*

128 **beidh tú ansin gur mian liomsa do scaoileadh** = *you'll be there until I wish to release you*

129 **an treas [tríú] achainí** = *the third wish*

132 **chuir a ghlac lena sceadamán agus thug tachtadh maith dó** = *he put his hand to his throat and gave him a good choking*

134 **tá tú ag cur crua orm** = *tá tú ag dul dian orm, you are hard on me*

135 **achainí bheo** = *a material wish*

135 **urnaí** = *paidir, a prayer*

135 **rud nár dhúirt [nach ndúirt] mé riamh go fóill ó thosaigh mé a chearrbhachas** = *a thing I never said yet since I started gambling*

138 **sin paidir nach n-abraim [n-abróidh mé, ndéarfaidh mé] go deo** = *that's a prayer I will never say*

139 **chím** = *feicim, I see*

139 **is mian leat a bheith beo i mo dhiaidhse agus i ndiaidh an tsaoil** = *you wish to be there after me and after the world has ended*

140 **ag déanamh a shaibhris achan lá** = *ag cur lena chuid airgid gach lá, making money every day*

142 **ag caoineadh ar ghruaibhín an bhealaigh mhóir** = *crying on the verge of the road*

144 **ní ligfear chun comaoine mé, cionn is nach bhfuil m'urnaí agam** = *I am not let go to communion, because I do not know my prayer*

145 **cad chuige?** = *cén fath?*

145 **dílleachta** = *an orphan*

147 **trua** = *pity*

148 **bhéarfaidh [tabharfaidh] mise d'urnaí duit** = *I will teach you your prayer*

149 **an Phaidir** = *the Lord's Prayer*

150 **d'éirigh an Bás ina sheasamh as cruthaíocht an ghasúir agus fuair greim sceadamáin air** = *Death rose out of the shape of the boy and grabbed him by the throat (cruthaíocht = shape, form)*

152 **ag cleasaíocht** = *tricking*

152 **thacht sé tirim é** = *he choked him to death (tachtaim = I choke; tirim = marbh, dead)*

153 **ifreann** = *hell*

153 **diabhal** = *a devil (iolra: diabhail)*

154 **go dtí nár fhág sé aon bhall seilbhe ar ifreann acu** = *until he left them without an article of possession in hell (ball seilbhe = an article of possession)*

154 **chruinnigh siad air agus dhíbir siad amach as ifreann é lena phaca cártaí** = *they gathered around him and banished him from hell with his pack of cards (cruinním = I gather; díbrím = I banish)*

156 **geataí na bhflaitheas** = *the gates of Heaven*

157 **druidte** = *dúnta, closed*

157 **carraig** = *a rock*

158 **Peadar na nEochracha** = *Naomh Peadar, Peter of the Keys*

160   Fá dheireadh d'oscail Peadar an geata agus d'iarr air a theacht isteach ar son na trua a bhí aige don dílleachta ar shíl sé nach raibh a urnaí aige. Chaith an Cearrbhach uaidh na cártaí le lucháir agus shiúil sé isteach ar gheata na bhflaitheas.

Tá cártaí an Chearrbhaigh Mhic Cába spréite ar charraig ag geataí na bhflaitheas ón lá sin go dtí an lá inniu, agus tá siad le feiceáil ag duine ar bith a rachas an bealach.

Gluais

159 ar son na trua a bhí aige don dílleachta ar shíl sé nach raibh a urnaí aige = *because of the pity he had for the orphan whom he thought did not know his prayer*

162 spréite = *spread*

163 a rachas an bealach = a théann an bealach, *who goes that way*

Achoimre ar an Scéal

Bhí fear ann fadó. An Cearrbhach Mac Cába ab ainm dó. Tugadh an Cearrbhach air mar chaith sé na hoícheanta ag cearrbhachas (ag imirt cártaí). Bhí teach beag aige agus giota beag talún, ach bhí sé beo bocht, mar bhí a raibh aige caite ar na cártaí. Cé go raibh a chomharsana ag dul chun cinn sa saol, is amhlaidh go raibh an Cearrbhach ag éirí níos boichte.

Tháinig sé abhaile go brónach lá, le héirí na gréine, gan pingin ina phóca aige, tar éis an oíche a chaitheamh ag imirt cártaí. Rugadh mac dá bhean chéile fad a bhí sé ag imirt, agus nuair a shroich sé a theach chuir mná na comharsan é ag triall ar shagart chun an leanbh a bhaisteadh.

Ar an mbealach bhuail sé le strainséir dathúil a bheannaigh dó. Bhí ionadh ar an gCearrbhach go raibh a fhios ag an strainséir cá raibh sé ag dul. Dúirt an strainséir leis gur Dhia a bhí ann, agus go rachadh sé abhaile leis chun an leanbh a bhaisteadh. Ach stop an Cearrbhach é. Dúirt sé le Dia nach raibh fáilte aige roimhe sa bhaile. Dar leis, bhí a chomharsana ag dul ar aghaidh go maith sa saol agus ní raibh ag éirí leis in aon chor, mar níor thug Dia aon chabhair dó.

Ar aghaidh leis an gCearrbhach agus níorbh fhada gur bhuail sé le strainséir eile. Fear mór fada ab ea é. Bhí sé dubh agus chomh tanaí sin nach raibh ann ach na cnámha agus an craiceann. Dúirt an strainséir leis an gCearrbhach go raibh a fhios aige cá raibh sé ag dul, mar gurbh é féin an Bás. Dúirt sé go raibh a fhios aige cathain a thagann duine ar an saol seo agus cathain a théann sé as. Dúirt sé leis an gCearrbhach ligint do Dhia an leanbh a bhaisteadh agus go mbeadh sé féin ina charas Críost ag an leanbh.

Chuaigh an triúr acu go dtí an teach agus bhaist Dia an leanbh. Dúirt an Bás leis an gCearrbhach ansin achainí a iarraidh ar Dhia. Rinne an Cearrbhach amhlaidh, agus fuair sé bua chearrbhach an domhain ó Dhia (d'iarr sé ar Dhia cearrbhach iontach cliste a dhéanamh de). Cheap sé nárbh fhada go mbeadh sé saibhir, ach dúirt an Bás nár mhaith an achainí í sin. Dúirt an Bás leis an gCearrbhach achainí eile a iarraidh ar Dhia. Chuaigh an Cearrbhach agus fuair sé bua dhochtúirí an domhain (d'iarr sé ar Dhia dochtúir iontach cliste a dhéanamh de). Ar ndóigh, ní raibh an Bás ró-shásta leis sin.

---

tugadh an Cearrbhach Mac Cába air = *he was called the Gambler McCabe*
beo bocht = *impoverished*
bhí a raibh aige caite ar na cártaí = *he had spent all he had on the cards*
a chomharsana = *his neighbours*
ag dul chun cinn = *making progress, doing well*
rugadh mac dá bhean chéile fad a bhí sé ag imirt = *his wife had a child while he was playing*
mná na comharsan = *neighbouring women*
ag triall ar shagart chun an leanbh a bhaisteadh = *looking for a priest to baptise the child*
strainséir dathúil = *a good-looking stranger*
a bheannaigh dó = *who greeted him*
ionadh = *amazement*
nach raibh fáilte aige roimhe sa bhaile = *that he was not welcome at home*

bhí a chomharsana ag dul ar aghaidh go maith sa saol = *his neighbours were getting on fine in life*
cabhair = *help*
tanaí = *thin*
ní raibh ann ach na cnámha agus an craiceann = *he was only skin and bones*
caras Chríost = *a godparent*
achainí = *a wish*
rinne an Cearrbhach amhlaidh = *the Gambler did just that*
bua chearrbhach an domhain = *the gift/talent of all the gamblers in the world*
iontach cliste = *wonderfully clever*
bua dhochtúirí an domhain = *the gift of all the doctors in the world*

Dúirt an Bás leis an Chearrbhach achainí eile a iarraidh ar Dhia. Dúirt an Cearrbhach le Dia go raibh crann úll ag fás sa gharraí aige agus go dtiocfadh páistí na gcomharsan istíoche ag goid na n-úll de. D'iarr sé ar Dhia go ngreamófaí den chrann aon duine a bhain leis na húlla. Ní inseodh an Cearrbhach don Bhás an treas achainí a fuair sé.

Dúirt an Bás leis an gCearrbhach nach raibh sé sásta go raibh bua dhochtúirí an domhain aige, agus rinne sé margadh leis an gCearrbhach faoi sin. Thug sé cead don gCearrbhach duine a leigheas dá mbeadh sé féin ina shuí ag bun na leapa ach dá mbeadh an Bás ag ceann na leapa, ní raibh cead ag an gCearrbhach an duine a leigheas nó thógfadh an Bás an Cearrbhach in áit an duine thinn.

Bhí an Cearrbhach sásta leis sin, agus d'imigh sé ag imirt cártaí mar ba ghnách leis. Bhuaigh sé ar gach duine, agus faoi dheireadh ní raibh aon duine sásta imirt leis. Chuaigh sé ag obair mar dhochtúir ansin, agus níorbh fhada go raibh clú agus cáil air.

Bhí fear saibhir tinn sa Spáinn agus ní raibh na dochtúirí in ann é a leigheas. Cuireadh long go hÉireann agus tugadh an Cearrbhach go dtí an Spáinn. Ach nuair a chuaigh an Cearrbhach isteach sa seomra ina raibh an fear tinn bhí an Bás ina shuí ag ceann na leapa. Smaoinigh sé ar an margadh a rinne sé leis an mBás, agus dúirt sé le bean uasal an tí nach mbeadh sé in ann an fear a leigheas. Ach nuair a gheall an bhean uasal cófra óir dó d'éirigh sé santach. D'iompaigh sé an leaba thart nó go raibh an Bás ag bun na leapa. Ansin leigheas sé an fear.

Nuair a bhí an Cearrbhach ag imeacht leis an ór rug an Bás air in áit an fhir a leigheas sé. D'iarr an Cearrbhach air é a ligint abhaile chun an t-ór a roinnt ar a mhuintir, i dtreo is nach mbeidís ag troid lena chéile faoi. Lig an Bás dó dul abhaile, ach dúirt sé leis nárbh fhada go mbeadh sé chuige arís.

Nuair a shroich an Cearrbhach a theach chaith sé an oíche ag caint faoin eachtra. Nuair a chuaigh sé go dtí a leaba bhí an choinneal beagnach caite. Tháinig an Bás chuige agus rug greim air. Ach bhuail an Cearrbhach bob air arís. Dúirt sé leis nach raibh a thiomna déanta aige fós, agus d'iarr sé ar an mBás fanacht go mbeadh an choinneal caite. Nuair a dúirt an Bás go

---

d'iarr sé ar Dhia go ngreamófaí den chrann aon duine a bhain leis na húlla = *he asked God that anyone who touched the apples would be stuck to the tree*

margadh = *a bargain*

dá mbeadh an Bás ag ceann na leapa, ní bheadh cead ag an Chearrbhach an duine a leigheas nó thógfadh sé an Cearrbhach in áit an duine thinn = *he was forbidden to cure him if he (Death) were at the top of the bed or he would have the Gambler instead (of the sick person)*

mar ba ghnách leis = *as was usual for him*

bhuaigh sé ar gach duine = *he beat everybody*

clú agus cáil = *fame and renown*

smaoinigh sé ar an margadh a rinne sé leis an mBás = *he remembered the bargain he made with Death*

nuair a gheall an bhean uasal cófra óir dó d'éirigh sé santach = *when the noblewoman promised him a chest of gold he got greedy*

d'iompaigh sé an leaba thart agus leigheas sé an fear = *he turned the bed round and cured the man*

in áit an fhir a leigheas sé = *in place of the man he had cured*

chun an t-ór a roinnt ar a mhuintir i dtreo is nach mbeidís ag troid lena chéile faoi = *to divide the gold among his people so that they would not be fighting over it*

eachtra = *an adventure, incident*

bhuail an Cearrbhach bob air arís = *d'imir an Cearrbhach cleas air arís*, *the Gambler played a trick on him again*

tiomna = *a will*

raibh sé sásta leis sin, mhúch an Cearrbhach an choinneal agus dúirt nach ndófadh sé an choinneal chéanna go ceann seacht mbliana.

Nuair a bhí na seacht mbliana istigh tháinig an Bás chuig an gCearrbhach oíche agus é ina luí ar a leaba. Rug sé greim air agus dúirt: 'Caithfidh tú teacht liom, a Chearrbhaigh.' Dúirt an Cearrbhach go raibh tart mór air agus d'iarr sé ar an mBás úll a fháil as an ngarraí dó a bhainfeadh an tart de. Níorbh fhada go raibh an Bás greamaithe den chrann úll, mar ní raibh a fhios aige go bhfuair an Cearrbhach an achainí sin ó Dhia. Scaoil an Cearrbhach é nuair a gheall an Bás nach dtiocfadh sé ar ais á lorg go ceann seacht mbliana eile.

Chuaigh na seacht mbliana thart agus d'fhill an Bás. Rug sé greim ar an gCearrbhach chun é a bhreith leis. D'iarr an Cearrbhach air deis a thabhairt dó paidir a rá, mar nach ndúirt sé paidir ó thosaigh sé ag imirt cártaí. Nuair a dúirt an Bás go raibh sé sásta leis sin, dúirt an Cearrbhach nach ndéarfadh sé an phaidir go deo. D'imigh an Bás leis ansin.

Chuaigh seacht mbliana thart agus bhí an Cearrbhach ag éirí níos saibhre in aghaidh an lae. Lá dá raibh sé ag spaisteoireacht bhuail sé le buachaill beag a bhí ag caoineadh ar thaobh an bhóthair. Dúirt an buachaill leis go raibh sé ina dhílleachta agus go raibh sé ag gol mar nach raibh cead aige dul chun Comaoine, de bharr nach raibh a phaidreacha aige. Bhí trua ag an gCearrbhach don ghasúr agus thosaigh sé ag múineadh a phaidreacha dó. Ach nuair a bhí paidir ráite aige d'éirigh an Bás as corp an gharsúin. Rug sé greim scornaigh ar an gCearrbhach, agus mharaigh sé é.

Chuaigh an Cearrbhach go hifreann. Ach ní fada a bhí sé ann nuair a thosaigh sé ag imirt cártaí leis na diabhail ann, agus bhuaigh sé glan orthu. Faoi dheireadh, chuir siad an ruaig air. Chuaigh an Cearrbhach ar aghaidh gur shroich sé geataí na bhflaitheas. Ach bhí na geataí dúnta air, agus thosaigh sé ag imirt cártaí leis féin. Faoi dheireach, bhí trua ag Naomh Peadar dó. Lig sé isteach é mar go raibh trua ag an gCearrbhach don gharsún ar cheap sé nach raibh a phaidreacha aige. Bhí an oiread áthais ar an Chearrbhach gur chaith sé na cártaí in airde san aer.

Tá cártaí an Chearrbhaigh Mhic Cába scaipthe ag geataí na bhflaitheas fós, agus tá siad le feiceáil ag aon duine a théann an bealach sin.

mhúch an Cearrbhach an choinneal = *the Gambler quenched the candle*	nach raibh cead aige dul chun Comaoine = *that he wasn't allowed to go to Communion*
nach ndófadh sé = *that he would not burn*	trua = *pity*
caithfidh tú teacht liom = *you must come with me*	thosaigh sé ag múineadh a phaidreacha dó = *he started teaching him his prayers*
a bhainfeadh an tart de = *that would take away his thirst*	nuair a bhí paidir ráite aige = *when he had a prayer said*
greamaithe den chrann = *stuck to the tree*	d'éirigh an Bás as corp an gharsúin = *Death rose up out of the body of the boy*
scaoil an Cearrbhach é nuair a gheall an Bás = *the Gambler released him when Death promised*	rug sé greim scornaigh ar an gCearrbhach = *he grabbed the Gambler by the throat*
chun é a bhreith leis = *to take him with him*	ifreann = *hell*
deis = *seans, a chance*	na diabhail = *the devils*
nach ndéarfadh sé an phaidir go deo = *that he would never say the prayer*	bhuaigh sé glan orthu = *he beat them hollow*
ag éirí níos saibhre = *getting richer*	chuir siad an ruaig air = *they chased him out*
in aghaidh an lae = *by the day*	geataí na bhflaitheas = *the gates of heaven*
ag spaisteoireacht = *strolling*	scaipthe = *scattered*
ag caoineadh = *ag gol, crying*	an bealach sin = *that way*
dílleachta = *an orphan*	

● **Ceisteanna**

1. 'De réir mar a bhí a chomharsana ag bisiú sa tsaol, is é rud a bhí seisean ag dul ar gcúl.' Cén fáth go raibh an Cearrbhach beo bocht?
2. Cén fáth ar tugadh 'an Cearrbhach' ar Mhac Cába?
3. Cén fáth a ndeachaigh an Cearrbhach ag triall ar shagart lá?
4. 'D'imigh sé, agus níorbh fhada a chuaigh go bhfaca sé fear óg ag tarraingt air.' Cérbh é an fear óg úd? Déan cur síos air.
5. Cad a dúirt Dia leis an gCearrbhach? Cén freagra a thug an Cearrbhach air?
6. Déan cur síos ar an mBás. Cad a dúirt sé leis an gCearrbhach nuair a bhuail sé den chéad uair leis?
7. Cad iad na trí achainí a d'iarr an Cearrbhach ar Dhia? Cén fáth nach raibh an Bás ró-shásta le ceann de na hachainíocha úd?
8. Cén margadh a rinne an Cearrbhach leis an mBás?
9. Conas a tharla gur éirigh an Cearrbhach saibhir?
10. Cén fáth a ndeachaigh an Cearrbhach i mbun dochtúireachta?
11. Cén fáth a ndeachaigh an Cearrbhach go dtí an Spáinn?
12. Inis go cruinn cad a tharla ón uair a shroich an Cearrbhach an Spáinn go dtí gur fhill sé ar Éirinn.
13. Cén bob a bhuail an Cearrbhach ar an mBás an oíche a shroich sé a theach féin tar éis dó filleadh ón Spáinn?
14. 'Sin an treas achainí a fuair tú ó Dhia agus níor inis tú dom í. Lig saor anois mé agus ní thiocfaidh mé chugat go ceann seacht mbliana eile.' Cén bob a bhuail an Cearrbhach air a thug ar an mBás é sin a rá?
15. 'A charas Chríost dílis,' arsa an Cearrbhach, 'tá tú ag cur crua orm. Tá mé ag iarraidh aon achainí amháin eile ort, agus chan achainí bheo í. Lig dom paidir urnaí a rá, rud nár dhúirt mé riamh go fóill ó thosaigh mé a cearrbhachas.' Cén bob a bhuail an Cearrbhach ar an mBás tar éis dó é sin a rá?
16. Cén fáth ar ghlac an Cearrbhach trua don dílleachta a casadh air ar thaobh an bhóthair lá? Cérbh é an dílleachta i ndáiríre? Conas a bhuail an Bás bob ar an gCearrbhach sa deireadh?
17. Cad a tharla nuair a chuaigh an Cearrbhach go hifreann?
18. Cad a tharla nuair a shroich an Cearrbhach geataí na bhflaitheas? Cén fáth gur lig Naomh Peadar isteach faoi dheireadh é?
19. Ar imir an Cearrbhach cártaí ar neamh? Cén fáth?
20. Cad iad na tréithe atá ag carachtar an Chearrbhaigh sa scéal?
21. Léirigh an greann sa scéal.
22. Tabhair cuntas gairid ar a bhfuil sa sliocht faoi na téamaí seo a leanas: gliceas, draíocht, greann, an t-osnádúr, an mhaith, an t-olc, saint, daonnacht, trua.

Coileach Ghleann Phádraig – Biddy Jenkinson

Is as An Grá Riabhach *(2000), cnuasach de ghearrscéalta le Biddy Jenkinson, an scéal seo. Ar ndóigh, tá cáil le fada ar an údar mar fhile agus tá na cnuasaigh* Baisteadh Gintlí *(1986),* Uiscí Beatha *(1988), agus* Dán na hUidhre *(1991) foilsithe aici. Tá suim aici sa drámaíocht freisin agus duaiseanna buaite aici sa mheán sin.*

Is le fiosracht áirithe a leagas súil ar an mbosca mór cairtchláir a leag Sally Tom Mhóir ar an mbord chugam. Seachas é a oscailt ámh chuir sí a dhá láimh anuas air amhail is dá mbeadh mionn á thabhairt aici ar an Leabhar.

'Ní haon ghnáthchoileach é Oisín!' ar sise agus thosaigh sí ag filíocht air.

5   Níor ghá dhom éisteacht léi. Bhí an scéal ar m'eolas cheana féin.

Ólaim pionta i *Murphy's Select*, oícheanta Aoine. (Tá roinnt seanfhondúirí sa cheantar nach n-éiríonn leo na billí 'vet' a íoc riamh agus sniogaim piontaí astu mar chúiteamh.) Bliain ó shin i *Murphy's Select* bhí ceiliúradh mór againn nuair a thug Oisín bonn óir na gcoileach abhaile leis ó Aonach an Earraigh in Áth Cliath. Níor nós le mná na háite Murphy's a thaithiú mórán ach an

10 oíche sin tháinig Sally Tom í féin isteach agus d'ól sí seiris. Chuir na cladhairí in airde ar bhord íseal í agus d'éiligh siad óráid uaithi.

'Coinníonn sé fiche cearc sách, áit nach féidir le coileach Mháire Dhubh, an dara coileach is fearr ar an mbaile, fónamh ach ar dhosaen!'

'Ní féidir é!'

15 'Cuimhnigh air sin!'

'*By Dad*!'

'Ambaist!'

'Is féidir leis a léim a thabhairt tríocha uair in aghaidh an lae!'

'Níl tú á rá linn!'

20 Ag an pointe seo sciorr Sally den bhord. Tugadh bualadh bos millteanach di. Tógadh trí ghair mhaíte in onóir Oisín. Agus baisteadh 'An Coilichín' ar fhear céile Sally, firín beag neamhurchóideach a bhí cromtha os cionn a phionta ag an mbeár i gcaitheamh an ama.

'Coileach ar gor nó cearc ag glaoch!' arsa seanleaid taobh liom go grod.

'Ní ligeann sé glaoch maidine a thuilleadh,' arsa Sally liom agus a lámha ag imirt ar an

25 mbosca. 'Ar éigean gur spéis leis an circín is slachtmhaire sa chlós. Níl a chúram fireann á dhéanamh aige. Bheadh sé chomh maith ag na cearca a bheith ar gor ar uibheacha seide!'

'Tóg amach as an mbosca é go bhfeicfimid.'

Ní bhuafadh an sampla bocht a thóg sí as an mbosca duais ar bith. Ní hé go raibh aon ní ar leith cearr leis. Bhíos ag ceapadh go mbeadh lasadh sna scámhóga aige. Ní raibh. Thógas i

30 leataobh chuig an dabhach é agus chuimlíos a bholg gur sceith sé síol. Chuireas braon faoin miondearcán. Fadhb ar bith. Ní raibh teocht air ná seadáin. Fós féin bhí a chírín ar leathmhaing agus caipín na súl ag caochadh.

190

Gluais

1	fiosracht = *curiosity*
1	áirithe = *particular, certain*
1	leagas = leag mé, *I laid*
1	bosca cairtchláir = *cardboard box*
2	seachas = *instead of*
2	ámh = áfach, *however*
3	mionn = *an oath*
2	amhail is dá mbeadh mionn á thabhairt aici ar an Leabhar = *as if she was swearing an oath on the Bible*
4	gnáthchoileach = *ordinary cock*
4	ag filíocht air = ag maíomh as, *praising him*
5	níor ghá dhom = *there was no need for me*
5	bhí an scéal ar m'eolas = *I knew the story*
5	cheana féin = *already*
6	roinnt seanfhondúirí = *some oldtimers*
6	ceantar = *area*
7	nach n-éiríonn leo na billí 'vet' a íoc riamh = *that never manage to pay the vet bills*
7	sniogaim = *I drain, milk*
7	mar chúiteamh = *as compensation*
8	ceiliúradh = *celebration*
8	bonn óir = *gold medal*
9	Aonach an Earraigh = *the Spring Show*
9	nós = *habit, custom*
9	mórán = *much*
9	níor nós le mná na háite Murphy's a thaithiú mórán = *the local women were not in the habit of frequenting Murphy's much*
10	seiris = *sherry*
10	na cladhairí = na rógairí, *the rogues*
11	d'éiligh siad = *they demanded*
11	óráid = *a speech*
12	coinníonn sí fiche cearc sách = *she keeps twenty hens satisfied*
13	ag fónamh = *serving, benefitting*
12	áit nach féidir le coileach Mháire Dhubh fónamh ach ar dhosaen = *whereas Máire Dhubh's cock can only service a dozen*
14	ní féidir é = *it can't be*
15	cuimhnigh air sin = *think of that*
17	ambaist = *indeed*
18	is féidir leis = *he is able*
19	níl tú á rá linn = *you don't say*
20	ag an bpointe seo = *at this point*
20	sciorr Sally = *Sally slipped*
20	bualadh bos millteanach = *an enormous hand*
20	trí gháir mhaíte = *three cheers*
21	in onóir Oisín = *in honour of Oisín*
21	baisteadh = *was baptised*
21	baisteadh 'An Coilichín' ar fhear céile Sally = *Sally's husband was named 'An Coilichín'*
22	neamhurchóideach = *harmless*
22	cromtha = *stooped*
22	i gcaitheamh an ama = *all the while*
23	ar gor = *hatching*
23	ag glaoch = *crowing*
23	coileach ar gor nó cearc ag glaoch = *a cock hatching or a hen crowing*
23	go grod = go borb, *abruptly*
24	a thuilleadh = *anymore*
25	ar éigean = *hardly*
25	spéis = suim, *interest*
25	is slachtmhaire = *the neatest*
25	ar éigean gur spéis leis an circín is slachtmhaire sa chlós = *he has hardly an interest in the neatest chicken in the yard*
25	a chúram fireann = *his manly responsibilities*
26	ar gor ar uibheacha seide = *hatching nest-eggs*
28	ní bhuafadh an sampla bocht = *the poor specimen would not win*
28	duais = *a prize*
28	ní = rud, *thing*
28	ar leith = *in particular*
28	ní hé go raibh aon ní ar leith cearr leis = *it's not that there was any particular thing wrong with him*
29	bhíos = *bhí mé*
29	lasadh sna scámhóga = *inflammation in the lungs*
29	i leataobh = *to one side*
30	dabhach = *tub*
30	chuimlíos (chuimil mé) a bholg = *I rubbed his stomach*
30	sceith sé síol = *he ejaculated*
30	braon = *a drop*
31	miondearcán = *microscope*
31	fadhb ar bith = *no problem at all*
31	teocht = *temperature*
31	seadáin = *wheezes*
31	círín = *crest, cockscomb*
31	ar leathmhaing = *lopsided*
32	caipín na súl ag caochadh = *eyelids winking*

'Ní fheicim aon rud ar leith cearr leis,' arsa mise go cúramach, mo lámha nite agus an t-othar ar ais ina bhosca. 'Shamhlóinn nach bhfuil ann ach meirbhe na haimsire agus tuirse …
35 Tagann ceas fiú ar an gcoileach is airde réim uaireanta. Tabharfaidh mé athbhríoch duit le meascadh lena chuid bídh. Beidh mé thiar sa taobh sin tíre agatsa i gcionn seachtaine agus buailfidh mé isteach féachaint conas tá sé. Tá cónaí ort i nGleann Phádraig, nach bhfuil?'

'Tá … Ach níl aon bhaint aige sin leis an scéal,' ar sise go taghdach.

B'ait liom mar fhreagra é ach níor thugas aon aird air.

40 I ngeall ar chuairt Sally thugas cluas don siosma cainte i Murphy's nuair a tháinig an 'Coilichín' isteach sa bheár an oíche dár gcionn.

'Hucadúdaldú!' arsa gaige amháin os íseal.

Rinne an Coilichín a bhealach chuig an mbeár go ciúin agus meangadh leiscéalach air. Bhí dream ógánach sa chúinne ag seinnt ceoil agus chroch siad suas 'An coileach ag fógairt an lae.'

45 'Agus conas tá coileach Sally Tom?' a d'fhiafraigh fear an bheáir.

Tháinig cuma dhuairc ar aghaidh an Choilichín.

'Faraor,' ar seisean, 'ní dócha go mbuafaidh sé bonn ar bith eile mura n-éireoidh leis an vet tarrtháil a dhéanamh air agus tá mé go mór in amhras go n-éireoidh. An mallacht a chuireann Pádraig scaoileann Pádraig.'

50 'Níor chuala mé riamh trácht ar vet ag freastal ar éan clóis aonair. Nach gcuirfeá sa phota é mar choileach?'

Ba léir ón gcuma a tháinig ar aghaidh an Choilichín go raibh naomh-aithis déanta ag fear an bheáir.

'Bhíos ag cuimhneamh ar mhéid na dtáillí,' arsa fear an bheáir go leithscéalach. 'Bheadh sé
55 níos saoire na beithígh a thabhairt chuig an dochtúir ar na laethanta seo.'

Bíonn cúntoir im' theannta na laethanta seo, mac léinn a bhfuil taithí oibre de dhíth air. Osclaíonn sé geataí dom agus téann sé faoi choinne rudaí atá dearmadta agam agus foghlaimíonn sé beagán nuair nach mbíonn sé caochta ag a chuid teoiricí. Tá ómós aige dom mar bhean ar éirigh léi cleachtas a bhunú agus drochmheas aige orm mar sheanfhondúir seanfhaiseanta.

60 Thugamar turas ar Ghleann Phádraig seachtain nó mar sin i ndiaidh do Sally Oisín a thabhairt chugam. Tá tréad bó ag feirmeoir teann in íochtar an ghleanna agus bhí na gamhna fireanna le coilleadh againn. Ina dhiaidh sin thugamar faoin mbóithrín a théann siar chuig an gcnoc mar a bhfuil cúpla acra ag Sally Tom agus a céile. Áit lom sceirdiúil gan de dhíonadh ann ón ngaoth ach cúpla crann seiceamair a lúbann thar an sean-tigh a bhfuil díon stáin anois air
65 seachas an ceann tuí a bhíodh riamh air.

Chonaic siad ag teach muid agus bhí Sally ag an ngeata romhainn, an Coilichín go cúthaileach sa chúlráid.

'Feiceann tú féin an cruth atá air!' arsa Sally.

Bhí scata cearc sa chlós os comhair an tí ag giobadh ar neantóga agus ar ghrúnlas, Oisín
70 bocht ina lár ar leathchois. Chaith Sally crústa aráin chuige. Sular rug sé air scinn cearc mhór ghroí idir é agus a chuid aráin agus rug sí uaidh é agus í ag casaoid.

Gluais

33	ar leith = *in particular*		*remembering*
33	go cúramach = *carefully*	54	méid na dtáillí = *amount of charges*
34	othar = *patient*	54	go leithscéalach = *apologetically*
34	samhlaím = *I imagine*	55	níos saoire = *cheaper*
34	shamhlóinn nach bhfuil ann ach meirbhe na haimsire = *I would imagine that it's only the sultriness of the weather*	55	beithígh = *cattle, beasts*
		55	ar na laethanta seo = *these times*
		56	cúntóir = cabhraitheoir, *helper*
35	ceas = *oppression*	56	im theannta = in éineacht liom, *with me*
35	fiú = *even*	56	mac léinn = *student*
35	is airde réim = *at his very best*	56	taithí oibre = *work experience*
35	uaireanta = *sometimes*	56	a bhfuil taithí oibre de dhíth air = *who needs work experience*
35	athbhríoch = *tonic*		
35	le meascadh = *to be mixed*	57	faoi choinne rudaí = *to get things*
36	sa taobh sin tíre = *in that part of the country*	57	dearmadta = *forgotten*
37	buailfidh mé = rachaidh mé, *I will go*	57	foghlaimíonn sé beagán = *he learns a bit*
38	níl aon bhaint aige sin leis an scéal = *that has nothing to do with the situation*	58	caochta ag a chuid teoiricí = *blinded by his theories*
39	b'ait liom mar fhreagra é = *I thought it a strange answer*	58	omós = meas, *respect*
		58	ar éirigh léi cleachtas a bhunú = *who succeeded in establishing a practice*
39	níor thugas (thug mé) aon aird air = *I took no notice of it*	59	drochmheas = *disrespect*
		59	seanfhondúir = *one of the old stock*
40	i ngeall air = *because of*	59	seanfhaiseanta = *old-fashioned*
40	thugas cluas do = d'éist mé le, *I listened to*	60	turas = *trip*
40	siosma cainte = *buzz of talk*	61	tréad bó = *herd of cows*
41	an oíche dar gcionn = *the following night*	61	feirmeoir teann = feirmeoir saibhir, *rich farmer*
42	gaige = *a dandy, show-off*		
42	os íseal = *low*	61	íochtar an ghleanna = *bottom of the glen*
43	rinne (sé) a bhealach = *he made his way*	61	gamhna fireanna = *male calves*
43	meangadh leiscéalach = *a self-conscious smile*	62	le coilleadh = *to be castrated*
		62	thugamar faoin mbóithrín = *we took the road*
44	dream óganach = *group of youths*		
44	chroch siad suas = *they started playing*	63	acra = *acre*
44	an coileach ag fógairt an lae = *the cock proclaiming the day*	63	áit lom sceirdiúil = *bleak barren place*
		63	díonadh = foscadh, *shelter*
46	cuma dhuairc = *a depressed appearance*	64	cúpla crann seiceamair = *a couple of sycamore trees*
47	faraor = *alas*		
47	ní dócha = *it's not likely*	64	a lúbann thar an sean-tigh (sean-teach) = *that bend over the old house*
47	mura n-éireoidh leis an vet tarrtháil a dhéanamh air = *unless the vet manages to save him*		
		64	díon stáin = *tin roof*
48	tá mé go mór in amhras = *I very much doubt*	65	seachas an ceann tuí = *rather than the thatch roof*
		66	muid = sinn, *us*
48	mallacht = *curse*	66	go cúthaileach = *shyly*
48	an mallacht a chuireann Pádraig scaoileann Pádraig = *only Pádraig can take away Pádraig's curse*	67	sa chúlráid = *in the background*
		68	cruth = cuma, *appearance*
50	trácht = *mention*	69	ag giobadh = *pecking*
50	ag freastal ar = *attending to*	69	neantóga = *nettles*
50	éan clóis aonair = *one domestic (yard) bird*	69	grúnlas = *groundsel*
52	ba léir = *it was clear*	70	ar leathchois = *on one foot*
52	cuma = *appearance*	70	scinn cearc = *a hen darted*
52	naomh-aithis = *blasphemy*	71	groí = láidir, *strong, energetic*
54	ag cuimhneamh ar = *thinking of,*	71	ag casaoid = *grumbling, complaining*

193

'An bhfaca tú a leithéid riamh id shaol!?' arsa Sally.

'Déan tusa iniúchadh air, ós tú is gaire don léann,' arsa mise le Jim, mo chúntóir.

Rug Jim air agus bheadh fhios agat ón gcur chuige gur shíl sé an galar a aithint láithreach.

75 Chiceáil mé féin cacanna triomaithe cearc thart, ar nós cuma liom. Phriochas suas mionchloch nó dhó agus chaitheas uaim iad.

Cúig neomat níos deireanaí leag Jim Oisín ar ais i measc na gcearc agus cuid éigin den uabhar tráite dá chuntanós.

'Bhuel?'

80 Chroith sé a cheann.

Bhí cró na gcearc ag binn an tí, sean-chró cloiche, na faraí snasta le crúba céad bliain. Lean Jim isteach sa chró mé. Dhruid mé an doras.

'Feiceann tú!' arsa mise.

'Ní fheicim tada! Tá sé chomh dubh le pic!'

85 'Tú féin a dúirt!'

Deineadh cupán tae a thairiscint dúinn. Ligeas do Jim siúl ar aghaidh le Sally agus chuireas féin comhrá ar an bhfear céile.

'Ní fhaca lem shaol a leithéid!' arsa mise leis. 'Murach gur vet mé agus go mbeadh sé neamhphroifisiúnta a leithéid a rá, déarfainn go raibh an tsúil chiorraithe air! Cogar anois,
90 eadrainn féin, bhfuil seans ar bith go bhfuil sean-*lady* éigin sa cheantar a raibh coileach istigh ar an gcomórtas sin i mBaile Átha Cliath aici agus gur scoith Oisín é?'

Gluais

72	an bhfaca tú a leithéid riamh = *did you ever see the likes of it*	81	cró na gcearc = *henhouse*
73	iniúchadh = scrúdú, *examination*	81	binn an tí = *gable-end*
73	ós tú is gaire don léann = *since you are the nearest to the learning (still studying)*	81	faraí = *roosts*
73	mo chuntóir = *my helper*	81	snasta = *polished*
74	cur chuige = *approach, the way he went about it*	81	crúba = *claws*
74	shíl sé = cheap sé, *he thought*	82	dhruid mé = dhún mé, *I closed*
74	láithreach = *immediately*	84	ní fheicim tada = *I see nothing*
74	shíl sé an galar a aithint láithreach = *he expected to recognise the disease immediately*	84	chomh dubh le pic = *as black as soot*
75	cacanna triomaithe cearc = *dried chicken dung*	85	tú féin a dúirt = *it's you that said it*
75	ar nós cuma liom = *indifferently*	86	ag tairiscint = *offering*
75	phriocas suas = phrioc mé suas, *I picked up*	86	ligeas (lig mé) do Jim = *I allowed Jim*
75	mionchloch = cloch bheag, *pebble*	87	comhrá = *conversation*
76	chaitheas = chaith mé, *I threw*	87	fear céile = *husband*
77	níos deireanaí = níos déanaí, *later*	88	murach gur vet mé = *only that I'm a vet*
77	i measc na gcearc = *among the hens*	89	neamhphroifisiúnta = *unprofessional*
78	uabhar = *pride*	89	súil chiorraithe = *evil eye*
78	cuntanós = *countenance, face*	89	cogar anois = *a word in your ear*
77	cuid éigin den uabhar tráite dá chuntanós = *some of the pride ebbed from his face*	90	eadrainn féin = *between ourselves*
		90	seans = *chance*
		90	ceantar = *area*
		90	istigh ar an gcomórtas = *entered for the competition*
		91	scoith Oisín é = *Oisín beat him*

Tháinig loinnir ina shúile.

'Tá sé ráite agat!' ar seisean, 'nó geall le bheith ráite agat! Ní ciorrú ach mallacht … Mallacht Phádraig Naofa!'

95 'Níl aon mhíniú ag Eolaíocht an Leighis, mar a thuigimse é, ar staid Oisín,' arsa mise go daingean agus Sally ag doirteadh tae agus arán caiscín á ghearradh aici.

Bhraitheas cochall ag teacht ar Jim agus thugas cic faoin mbord dó.

'Nach n-aontófá liom, Jim? … Tuigeann Jim, mar a thuigimse, go mbíonn ócáidí ann nuair is gá breathnú lasmuigh des na gnáthpharaiméadair oifigiúla,' arsa mise le Sally go
100 dúthrachtach. "*There are more things in Heaven and Earth, Horatio* … mar a dúirt Shakespeare. Inis dúinn faoi Mhallacht Phádraig!"

'Nach é sin a dúirt mise, Sally? Nach é sin a dúras! Mallacht Phádraig ar choiligh Ghleann Phádraig! … Ach nach gcreidfeása mise!'

'Ní thógaimid aon cheann des na seanphiseoga sin sa lá atá inniu ann,' arsa Sally go
105 míchompordach. 'Is é is dóichí ná gur víoras atá air!'

'Abair leat mar sin féin, a Sally.'

'Chaith Pádraig Naofa oíche i nGleann Phádraig fadó agus é ar chamchuairt Éireann. Theastaigh uaidh éirí go luath ar maidin mar bhí faoi Tobar Phádraig, soir in aice le Béal na Coirre, a bhaint amach in am Aifrinn. D'iarr sé ar bhean an tí an coileach a thabhairt isteach sa
110 teach don oíche le go ndúiseofaí in am é. Rinne an bhean amhlaidh. Ach pé mí-ádh a bhí ar an gcoileach ní raibh gíocs as an mhaidin sin agus chodail an mhuintir ar fad go nóin. Chuir Pádraig Naofa mallacht ar choiligh Ghleann Phádraig ansin agus dúirt nach nglaofaidís riamh arís … Ach níl ansin ach scéal agus ní raibh aon chaill ar Oisín gur bualadh breoite é …'

'Gur thit an mhallacht air!' arsa an Coilichín. 'Níl sé ámharach ró-rath a bheith ort, bíodh
115 craiceann nó cleití ort. Meallann ádh mí-ádh.'

'Fastaím!' arsa Sally, ach ba léir nach raibh sí lánmhuiníneach a thuilleadh.

'Soinic cruthanta a dhéanfadh neamhaird ar an stair,' arsa mise go sollúnta agus Jim á choscairt agam lem shúile. 'Séard a mholfainnse ná triail a bhaint as an seanleigheas. Tiocfaidh mé ar ais faoi cheann seachtaine féachaint an bhfuil biseach air.'

120 'Níor chuala mé riamh leigheas a bheith ar Mhallacht Phádraig,' arsa an Coilichín.

'Ná mise ach oiread,' arsa Sally. 'Céard é?'

Ligeas dom féin éirí ábhairín míchompordach agus lig mé don pheann titim mar chomhartha nach rabhas iontach socair.

'Daoine fásta muid ar fad,' arsa mise ar deireadh … 'Níl aon leanaí inár measc. Tuigimid an
125 difríocht idir ball toll agus bun feimide, idir gé is gandal. Tuigimid córas beach agus bláth. Séard tá le déanamh ná Oisín a chur faoin leaba agaibh – féadfar é a cheangal, nó a chur i mbosca – agus sibhse ag déanamh lánúnachais le chéile.'

Níorbh fhéidir le Jim gan gíog gearáin a ligean as féin.

'B'é nár mhúin siad duit fós i dtaobh an leighis chomhfhreagraigh chomhordaithe?' arsa
130 mise go crosta leis agus lean mé orm ag caint gur shroiseamar an chairt sa chaoi is nach raibh ar Sally nó ar an gCoilichín hum ná ham a chur astu féin.

Gluais

92	tháinig loinnir ina shúile = *his eyes lit up*		113	gur bualadh breoite (tinn) é = *until he got sick*
93	tá sé ráite agat = *you've said it*		114	ámharach = *lucky*
93	geall le = *almost*		114	ró-rath = *too much good luck*
93	ciorrú = *mark of the evil eye*		114	bíodh craiceann nó cleití ort = *let you be human or fowl*
93	mallacht = *curse*		115	meallann ádh mí-ádh = *good luck entices bad luck*
95	níl aon mhíniú ag Eolaíocht an Leighis ar staid Oisín = *the science of medicine has no explanation for Oisín's state*		116	fastaím = *nonsense*
95	mar a thuigimse é = *as I understand it*		116	ba léir = *it was clear*
95	go daingean = *firmly*		116	lánmhuiníneach a thuilleadh = *fully confident anymore*
96	ag doirteadh = *pouring*		117	soinic cruthanta = *a real cynic*
96	arán caiscín = *wholemeal bread*		117	neamhaird = *disregard*
97	bhraitheas (bhraith mé) = *I felt, noticed*		117	a dhéanfadh neamhaird ar an stair = *that would disregard history*
97	cochall = fearg, *anger*		117	go solúnta = *solemnly*
98	nach n-aontófá liom = *wouldn't you agree with me*		117	agus Jim á choscairt agam lem shúile = *and I slaughtering Jim with my eyes*
98	go mbíonn ócáidí ann = *that there are occasions*		118	triail = *trial, test*
99	is gá = *it's necessary*		118	séard a mholfainnse ná triail a bhaint as an seanleigheas = *what I would recommend is to try the old cure*
98	nuair is gá breathnú lasmuigh des (de) na gnáthpharaiméadair oifigiúla = *when it's necessary to look outside the usual official parameters*		119	biseach = feabhas, *improvement*
99	go dúthrachtach = *earnestly*		120	leigheas = *cure*
103	ach nach gcreidfeása mé = *but that you wouldn't believe mé*		121	ach oiread = *either*
104	ní thógaimid aon cheann = *we take no notice*		122	ligeas (lig mé) dom féin = *I allowed myself*
104	seanphiseoga = seanphisreoga, *old superstitions*		122	ábhairín míchompordach = *somewhat uncomfortable*
104	sa lá atá inniu ann = *in this day and age*		122	mar chomhartha = *as a sign*
104	go míchompordach = *uncomfortably*		123	iontach socair = *very calm*
105	is dóichí = *most probable*		124	inár measc = *among us*
105	víoras = *virus*		125	ball toll = *buttocks*
106	abair leat mar sin féin = *even so, say what you have to say*		125	bun feimide = *an animal's rump*
107	camchuairt = *tour, ramble*		125	gé = *goose*
108	theastaigh uaidh = *he wanted to*		125	gandal = *gander*
108	go luath = *early*		125	córas = *system*
108	Tobar Phádraig = *Patrick's Well*		125	córas beach agus bláth = *the bees and the flowers (facts of life)*
108	in aice le = *beside*		127	ag déanamh lánúnachais le chéile = *making love together*
110	le go ndúiseofaí in am é = *so that he would be woken in time*		128	gíog gearáin = *squeak of complaint*
110	rinne an bhean amhlaidh = *the woman did that*		129	leigheas comhfhreagrach comhordaithe = *corresponding coordinated medicine*
110	pé mí-ádh = *whatever misfortune*		129	b'é nár mhúin siad duit fós i dtaobh an leighis chomhfhreagraigh chomhordaithe? = *could it be that they haven't yet taught you about corresponding coordinated medicine?*
111	ní raibh gíocs as = *there wasn't a sound out of him*			
111	go nóin = *until noon*		130	lean mé orm = *I continued*
112	nach nglaofaidís riamh arís = *that they would never crow again*		131	hum ná ham = *not a sound*
113	ní raibh aon chaill ar Oisín = *there was nothing wrong with Oisín*		130	sa chaoi nach raibh ar Sally nó ar an gCoilichín = *so that neither Sally nor the Coilichín had to*

197

Stopas an carr ag bun an ghleanna agus d'fhéachas thar gheata ar na gamhna. Bhí Jim ag déanamh staince orm.

'An rud a bhaineamar anseo d'fhágamar mar aguisín é ag coileach Sally Tom,' arsa mise.

135 'Nach deas an mac an saol?'

Leaid óg dúthrachtach é Jim agus bhí brón orm go raibh orm seó a dhéanamh de, tigh Sally Tom.

'Nár thug tú faoi ndeara nuair a chuamar isteach i gcró na gcearc go raibh séala ar gach aon scoilt a ligfeadh solas an lae isteach, láib de chineál éigin. Bhí an smúdar cruinnithe suas i
140 gcoinne an dorais fiú le nach mbeadh léaró faoi. Cén éifeacht a bheadh aige sin ar Oisín, Jim?'

'Ní ghlaofaidh coileach go bhfeicfidh sé solas an lae …'

'Agus féach céard d'aimsigh mé sa chac.'

'Céard é?'

'Síol iúir. Níl aon chrann iúir in aice an chlóis sin, a Jim.'

145 'Bhí nimh á tabhairt dó.'

'Sa chloch atá an nimh agus téann an chloch trín gcóras gan bhriseadh. Níl an t-ábhar dearg atá thart ar an gcloch marfach, ach dá n-íosfadh Oisín an iomarca de bheadh an éifeacht chéanna aige air agus a bheadh ag cúpla galún pórtair ar Dhiarmuid Ó Duibhne.'

'Cé thug na caora dó?'

150 'Cé d'fhulaing de bharr a cuid gaisce?'

'An Coilichín?'

'Cé eile?'

'Agus leigheasfaidh an Coilichín é?'

'Leigheasfaidh! Le dúthracht.'

155 'Aililiú!' arsa Jim, é ag breathnú ar na gamhna agus a gháire ag briseadh air. 'Ceannóidh mé pionta duit!'

Gluais

132 bun an ghleanna = *bottom of the glen*
132 gamhna = *calves*
132 ag déanamh staince orm = *peeved at me*
134 aguisín = *addition*
134 an rud a bhaineamar anseo d'fhágamar mar aguisín ag coileach Sally Tom = *what we took here we left as an addition to Sally Tom's cock (the calves had been castrated but Oisín was cured)*
135 nach deas an mac an saol = *isn't life great*
136 dúthrachtach = *diligent*
136 bhí brón orm go raibh orm seó a dhéanamh de = *I was sorry I had to make a show of him*
138 nár thug tú faoi deara = *didn't you notice*
138 séala = *seal*
138 go raibh séala ar gach scoilt = *that every split was sealed*
139 scoilt = *crack, split*
139 láib de chineál éigin = *mud of some sort*
139 smúdar = *dust*
139 bhí an smúdar cruinnithe i gcoinne an dorais = *the dust was gathered against the door*
140 fiú le nach mbeadh léaró faoi = *so that there wouldn't even be a glimmer under it*
140 éifeacht = *effect*
142 féach céard a d'aimsigh mé sa chac = *look what I found in the droppings*
144 iúr = *yew tree*
144 síol iúir = *yew seeds*
145 nimh = *poison*
146 téann an chloch tríd an gcóras gan bhriseadh = *the stone goes through the system without breaking*
146 ábhar = *material*
146 níl an t-ábhar dearg atá thart ar an gcloch marfach = *the red material around the stone is not deadly*
147 marfach = *deadly, fatal*
147 an iomarca = *an iomad, too much*
147 dá n-íosfadh Oisín an iomarca de = *if Oisín ate too much of it*
147 bheadh an éifeacht chéanna aige air = *it would have the same effect on him*
148 Diarmaid Ó Duibhne = *laoch de chuid na Féinne, a warrior of the Fianna*
150 cé d'fhulaing = *who suffered*
150 de bharr a chuid gaisce = *because of his (Oisín's) prowess*
154 le dúthracht = *with zeal*

Achoimre ar an Scéal

Nuair a leag Sally Tom Mhóir an bosca mór cairtchláir ar an mbord d'fhéach an t-údar, a bhí ina dochtúir ainmhithe, go fiosrach air. Níorbh fhada gur thuig sí an scéal, áfach, mar thosaigh Sally ag maíomh as Oisín, an coileach iontach a bhí aici sa bhosca.

    Bhí scéal an choiligh ag an údar. Bliain roimhe sin bhí sí ag an gceiliúradh mór in onóir Oisín i *Murphy's Select* oíche. Bhí Aonach an Earraigh i mBaile Átha Cliath tar éis bonn óir a bhronnadh ar Oisín. (D'óladh an t-údar pionta sa teach tábhairne sin oícheanta Aoine mar bhíodh seandaoine ann nach raibh a mbillí íoctha acu sásta deoch a cheannach di.) An oíche sin bheartaigh cladhairí an tábhairne spórt a bhaint as an ócáid. Chuir siad Sally in airde ar bhord agus d'iarr óráid uirthi. Chuir sí chuige go fonnmhar. Dar léi, ní raibh a leithéid de choileach le fáil in aon áit. Bhí sé ábalta fiche cearc a shásamh, rud nach raibh coileach Mháire Dhubh ábalta a dhéanamh. Ghríosaigh lucht an tábhairne chun cainte í agus lig siad orthu go raibh ionadh orthu nuair a luaigh sí tréithe an choiligh. Nuair a sciorr sí den bhord thug siad bualadh bos di agus mhol siad Oisín go hard. Bhaist siad an 'Coilichín' ar fhear céile Sally.

---

bosca cairtchláir = *cardboard box*	determined to get sport out of the occasion
an t-údar = *the author*	d'iarr (siad) óráid uirthi = *they asked her to make a speech*
dochtúir ainmhithe = *a vet*	
go fiosrach = *curiously*	chuir sí chuige = *she set to it*
níorbh fhada = *it wasn't long*	go fonnmhar = *willingly*
áfach = *ámh, however*	dar léi = *according to her*
ag maíomh as = *boasting about*	a leithéid de choileach = *such a cock*
coileach = *cock*	le fáil = *to be found*
iontach = *wonderful*	ag sásamh = *satisfying*
bhí scéal an choiligh ag an údar = *the author knew all about the cock*	gríosaím = *I urge on*
	lucht an tábhairne = *those in the pub*
ceiliúradh = *celebration*	ghríosaigh lucht an tábhairne chun cainte í = *the people in the pub urged her to talk*
Aonach an Earraigh = *Spring Show*	
bonn óir = *gold medal*	lig siad orthu = *they let on*
ag bronnadh ar = *presenting, awarding*	ionadh = *amazement*
nach raibh a mbillí íoctha acu = *that hadn't paid their bills*	tréithe = *qualities*
	luaigh sí tréithe = *she mentioned the qualities*
beartaím = *I determine, make up my mind*	sciorr sí = *she slipped*
cladhaire = *villain*	bualadh bos = *clapping*
ócáid = *occasion*	mhol siad = *they praised*
bheartaigh cladhairí an tábhairne spórt a bhaint as an ócáid = *the pub villains*	bhaist siad = *they baptised*
	fear céile = *husband*

Fear beag ciúin ab ea é. Ba léir nach raibh údarás ina theach féin aige mar rinne seanfhear tagairt dó agus dúirt, 'Coileach ar gor nó cearc ag glaoch'.

Anois bhí Sally ag rá leis an údar go raibh rud éigin cearr le hOisín. Dar léi, ní raibh fuinneamh dá laghad ann. Níor lig sé glaoch maidine agus ní raibh suim ar bith aige sna cearca. Thóg an t-údar an t-éan as an mbosca. Bhí cuma lag air ach nuair a scrúdaigh sí é ní bhfuair sí rud ar bith cearr leis. Ní raibh teocht air agus bhí na scámhóga glan. Cheap an t-údar gurbh í an aimsir bhrothallach a bhí ag cur tuirse air. Thug sí athbhríoch do Sally le tabhairt don éan. Dúirt sí go bhféachfadh sí ar an gcoileach arís nuair a bheadh sí i nGleann Phádraig, mar a raibh cónaí ar Sally. Níor thuig an t-údar cad a bhí i gceist ag Sally nuair a dúirt sí nach raibh baint dá laghad ag Gleann Phádraig leis an drochchaoi a bhí ar an éan.

An oíche dar gcionn bhí an t-údar i Murphy's nuair a tháinig an Coilichín, fear céile Sally, isteach. Chuaigh sé chuig an mbeár go cúthaileach. Bhí díomá mór air. Thosaigh na fir óga ag magadh faoi agus sheinn siad 'An coileach ag fógairt an lae'. Dúirt an Coilichín le fear an tí nach raibh feabhas ar bith ag teacht ar Oisín. Ansin dúirt an Coilichín rud ait. Rinne sé tagairt do mhallacht a chuir Naomh Pádraig ar Ghleann Phádraig fadó. Dúirt fear an tí leis gur cheart

cearr le = *wrong with*	an oíche dar gcionn = *the night after*
fuinneamh = *energy*	go cúthaileach = *shyly*
dá laghad = *at all, however small*	díomá = *disappointment*
suim = *interest*	ag magadh faoi = *making fun of him*
cuma lag = *weak appearance*	sheinn siad = *they played*
teocht = *temperature*	an coileach ag fógairt an lae = *the cock proclaiming the day*
scámhóga = *lungs*	
aimsir bhrothallach = *sultry weather*	feabhas = *improvement*
athbhríoch = *tonic*	rud ait = *a strange thing*
cad a bhí i gceist ag Sally = *what Sally meant*	tagairt = *reference*
baint = *connection*	
bhí drochchaoi air = *he was in a bad way*	

an coileach a chur i bpota agus béile blasta a bheith acu. Dar leis, níor cheart an méid sin airgid a chaitheamh ar ainmhí beag amháin. Bhí brón air go ndúirt sé é sin, áfach, nuair a d'fhéach an Coilichín go truamhéalach air.

Bhí mac léinn ag cabhrú leis an údar. Jim ab ainm dó. Dhéanadh sé geataí a oscailt agus rudaí a fháil di. Ní raibh aige ach léann na leabhar, áfach. Ní raibh eolas praiticiúil aige. Cheap sé go raibh an t-údar seanfhaiseanta.

Thug an t-údar agus Jim cuairt ar Ghleann Phádraig lá chun féachaint ar thréad bó a bhí ag feirmeoir saibhir, agus fad a bhí siad i nGleann Phádraig chuaigh siad chuig Sally agus a céile a raibh giota beag talún acu agus teach beag a raibh díon stáin air. Bhí Oisín i measc na gcearc agus gan sprid dá laghad ann. Nuair a chaith Sally píosa aráin chuige bhrúigh cearc as an mbealach é agus sciob an t-arán. Dar le Sally, ní fhaca sí a leithéid riamh.

Dúirt an t-údar le Jim scrúdú a dhéanamh ar an éan mar go raibh an t-eolas aige ó na leabhair. Bhí Jim cinnte go mbeadh sé in ann a aimsiú cad a bhí ar an éan ach theip air. Bhí díomá mór air. Ansin chuaigh an bheirt acu go cró na gcearc. Bhí an cró chomh dubh le pic. Thuig an t-údar láithreach cén fáth nach ligeadh an coileach glaoch maidine. Maidir le Jim, áfach, níor thuig sé cad a bhí i gceist in aon chor.

---

go truamhéalach = *pathetically*	ní fhaca sí a leithéid riamh = *she never saw the likes of it before*
mac léinn = *student*	
léann = *learning*	eolas = *information*
eolas praiticiúil = *practical knowledge*	cinnte = *certain*
seanfhaiseanta = *old-fashioned*	go mbeadh sé in ann a aimsiú = *that he would be able to discover*
tréad bó = *herd of cows*	
giota = *píosa, a piece*	cró na gcearc = *hen house*
díon stáin = *tin roof*	chomh dubh le pic = *as black as pitch*
i measc = *among*	thuig an t-údar = *the author understood*
sprid = *fuinneamh, energy*	láithreach = *immediately*
bhrúigh cearc as an mbealach é = *a hen pushed him out of the way*	in aon chor = *at all*

Chuaigh an t-údar chun cainte le fear an tí. Chuir sí in iúl dó nach raibh a fhios aici cad a bhí cearr leis an éan. Dúirt sí nach bhfaca sí a leithéid riamh. Dar léi, murach gur vet í, déarfadh sí gur chuir duine éigin draíocht air. D'fhiafraigh sí de an raibh aon seanbhean sa cheantar a raibh coileach istigh ar an gcomórtas aici. Bhí sí ag ceapadh go ndearna duine éigin dochar don éan. Is ansin a dúirt an Coilichín nach draíocht ach mallacht Phádraig Naofa a bhí ar an éan.

Chuaigh siad isteach sa teach agus bhí tae acu. Dúirt an t-údar nár thug eolaíocht an leighis míniú ar bith ar staid Oisín. Bhí fearg ar Jim mar níor aontaigh sé léi. Ansin d'iarr sí ar Sally agus a céile insint di faoi mhallacht Phádraig. Dúirt Sally nár chreid sí scéal na mallachta. Dar léi, víoras a bhí ar Oisín. Bíodh nár chreid, d'inis sí an scéal.

Dúirt Sally gur chaith Naomh Pádraig oíche i nGleann Phádraig fadó. An oíche sin dúirt an naomh le bean an tí coileach a chur faoina leaba, mar go raibh air éirí go luath agus dul go háit eile chun an tAifreann a léamh. Ach ní raibh gíocs as an gcoileach ar maidin agus chodail Pádraig go déanach. Bhí fearg air agus dúirt sé nach nglaofadh coiligh Ghleann Phádraig go deo arís.

---

chuir sé in iúl dó = *he made it known to him*
murach gur vet í = *only that she was a vet*
draíocht = *magic spell*
d'fhiafraigh sí de = *she asked him*
sa cheantar = *in the area*
a raibh coileach istigh ar an gcomórtas aici = *who had entered a cock in the competition*
dochar = *harm*
mallacht = *curse*
eolaíocht an leighis = *the science of medicine*
míniú = *explanation*

staid = *state*
níor aontaigh sé léi = *he didn't agree with her*
nár chreid sí = *that she didn't believe*
víoras = *virus*
bíodh nár chreid (sí) = *even though she didn't believe*
mar go raibh air = mar gurbh éigean dó, *because he had to*
go luath = *early*

Dúirt an t-údar go mba cheart dóibh triail a bhaint as an seanleigheas (piseog). Bhí ionadh ar Jim ach níor lig an t-údar dó labhairt. Dúirt sí le Sally agus a céile Oisín a choimeád ina seomra codlata fad a bhí siad féin ag déanamh lánúnachais le chéile. Bhí a fhios ag an údar go mbeadh Oisín slán sa seomra agus go nglacfadh Sally lena comhairle le súil go dtiocfadh feabhas Oisín. Bheadh suaimhneas sa teach ansin. Thosaigh Jim ag gearán, ach chuir an t-údar stop leis.

Mhínigh an t-údar do Jim nach raibh Oisín ag cur glaoch maidine mar go raibh ballaí an chró chomh salach sin nach raibh solas an lae ag teacht isteach. Dúirt sí go raibh Oisín lag mar gur thug duine éigin nimh dó. Bhí a fhios sin aici mar fuair sí amach gur ith Oisín síol iúir agus ní raibh crann iúir i ngar don teach.

D'aontaigh an bheirt acu gurbh é an Coilichín a thug an nimh dó. Thuig siad nach raibh suim dá laghad ag Sally sa Choilichín mar nach mbíodh ar a haigne ach Oisín. Sin an fáth gur shocraigh an Coilichín ar Oisín a mharú.

---

go mba cheart dóibh triail a bhaint as an seanleigheas = *that they should try the old medicine*
piseoga = *charms, spells, superstitious practices*
ag déanamh lánúnachais = *making love*
údar = *author*
slán = *safe*
go nglacfadh Sally = *that Sally would accept*
comhairle = *advice*
le súil = *in the hope*
go dtiocfadh feabhas = *would improve*

bheadh suaimhneas = *there would be peace*
ag gearán = *complaining*
mhínigh an t-údar = *the author explained*
lag = *weak*
nimh = *poison*
síol iúir = *yew seeds*
i ngar don teach = *near the house*
d'aontaigh an bheirt acu = *both of them agreed*
suim = *interest*
ar a haigne = *on her mind*

● Ceisteanna

1. 'Ólaim pionta i *Murphy's Select*, oícheanta Aoine.' Cén fáth go n-óladh an t-údar i *Murphy's Select*?
2. 'Bliain ó shin i *Murphy's Select* bhí ceiliúradh mór againn …' Cén fáth go raibh ceiliúradh ann? Tabhair cuntas cruinn ar ar tharla sa teach tábhairne an oíche sin.
3. Cén scéal brónach a bhí ag Sally Tom don údar an lá a thug Sally Tom cuairt uirthi?
4. 'Tóg amach as an mbosca é go bhfeicimid.' Cad a rinne an t-údar nuair a thóg Sally Tom Oisín as an mbosca? Cad a dúirt an t-údar faoi staid Oisín?
5. '… thugas cluas don siosma cainte i Murphy's nuair a tháinig an 'Coilichín' isteach sa bheár an oíche dar gcionn.' Tabhair cuntas cruinn ar an oíche sin sa teach tábhairne.
6. 'Bíonn cúntóir im' theannta na laethanta seo …' Cad a deir an t-údar faoi Jim, an cúntóir?
7. Cén sórt áite a raibh cónaí ar Sally Tom agus a céile ann?
8. 'Feiceann tú féin an cruth atá air!' arsa Sally Tom. Cad a tharla sa chlós a léirigh go raibh droch-chaoi ar Oisín?
9. 'Déan tusa iniúchadh air, ós tú is gaire don léann,' arsa mise le Jim mo chúntóir. Cad a cheap Jim nuair a chuaigh sé chun Oisín a iniúchadh? Conas a d'éirigh leis?
10. Conas a fuair an t-údar amach an fáth go raibh Oisín lag agus nach ligeadh sé glaoch maidine?
11. Cén fáth, dar leat, nach raibh Jim in ann an rud a bhí cearr le hOisín a dhéanamh amach? Cén ceacht a bhí foghlamtha aige ag deireadh an scéil, meas tú?
12. Cén fáth go raibh Jim ag cabhrú leis an údar? Cén sort oibre a dhéanadh sé di? Cén tuairim a bhí aige fúithi?
13. Conas a léirítear Sally mar charachtar sa scéal?
14. Conas a léirítear an 'Coilichín' mar charachtar sa scéal?
15. An gceapann tú go raibh saol ceart pósta ag Sally agus a céile? Mínigh cén fáth.
16. 'Níl aon mhíniú ag Eolaíocht an Leighis, mar a thuigimse é, ar staid Oisín.' Cén fáth go raibh fearg ar Jim ar chloisteáil an chaint sin dó ón údar? Cén fáth go mbíodh fearg ar Jim leis an údar uaireanta?
17. 'Ní thógaimid aon cheann des na seanphiseoga sin sa lá atá inniu ann,' arsa Sally go míchompordach. Cén tuairim a bhí ag Sally faoi staid Oisín? Cad a dúirt an 'Coilichín' agus cén fáth go ndúirt sé é?
18. Cén scéal a d'inis Sally faoi Naomh Pádraig?
19. ''Séard a mholfainnse ná triail a bhaint as an seanleigheas.' Cad a bhí i gceist ag an údar leis na focail sin? Cén chomhairle a thug sí do Sally agus a céile?
20. Léirigh an greann sa scéal.
21. Tabhair cuntas gairid ar a bhfuil sa sliocht faoi na téamaí seo a leanas: fiosracht, aois (óige), greann, piseoga (piseogacht), brón (díomá), daonnacht, fearg, clisteacht, áthas, bród, magadh, ceiliúradh, maíomh, saol an phósta, gliceas, tuiscint, mallacht.

An Bhean Óg – Máire Mhac an tSaoi

Is í Máire Mhac an tSaoi (1922–) a scríobh an gearrscéal seo a foilsíodh san iris Comhar, *Iúil 1948. Tá cáil le fada ar Mháire Mhac an tSaoi mar fhile mór Gaeilge agus mar scoláire Gaeilge a bhfuil tuiscint dhomhain aici ar sheanlitríocht na Gaeilge agus ar an traidisiún dúchasach. Chomh maith leis sin, is scoláire Fraincise í a bhfuil dánta aistrithe aici go dtí an Ghaeilge. Is iad na cnuasaigh atá againn uaithi ná* Margadh na Saoire *(1956),* Codladh an Ghaiscígh agus Véarsaí Eile *(1973), agus* An Galar Dubhach *(1980).*

Toisc go músclaíodh an bheirt leanbh chomh moch sin í, bhíodh an bhean óg ullamh chun na trá go luath. Chuireadh sí isteach sa phram iad agus lón i gcomhair lár an lae agus leabhar. Níor thaitin cúram cistine leis an mbean óg agus ní raibh cloiste fós aici faoi *vitamins*; builín siopa agus subh agus buidéal bainne a bhíodh gach lá acu. 'The Co-operative Movement in Great
5 Britain' le Beatrice Webb an leabhar a bhí ann, mar bhí coinsias na mná óige iompaithe ar a leithéid sin. Ar chuma éigin ní éiríodh léi aon dul chun cinn mór a dhéanamh leis sna laethanta fada brothallacha. Uaireanta thugadh sí fuáil léi, ach ní raibh sí go maith chuige sin ach oiread le cócaireacht. Thuigtí di uaireanta go raibh sí ag éirí díomhaoin ach chuir sí uaithi an smaoineamh sin.

10 Ceathrú míle slí agus teas cheana féin sa ghréin ar an dtráth sin de mhaidin Mí Lunasa; bhí triomach an bhliain sin ann agus smúit go tiubh ar na bóithre. D'fhan rian rothanna an phram ann agus rian na mná óige ag tarraingt a cos sna bróga canbháis bonnrubair a chaití coitianta san am – bróga canbháis agus hata leathan tuí agus gúna cadáis gan aon déanamh air, gan muinchillí, gan básta. Nuair a fhágadh sí an pram faoi scáth na haille ón ngréin chun nach
15 ngéaródh an bainne, bhíodh an ghaineamh fuar mar uisce faoina cosa nochtaithe, ach amuigh ar an dtrá bhíodh sí te fuithi nuair a shíneadh sí.

Gluais

1	toisc = *because*	8	go raibh sí ag éirí díomhaoin = *that she was becoming idle*
1	músclaím = *I awake*	10	chuir sí uaithi an smaoineamh sin = *she put that thought from her*
1	moch = *very early*		
1	toisc go músclaíodh an bheirt leanbh chomh moch sin í = *because the two children would wake her so very early*	10	ceathrú míle slí = *half a mile of the way*
		10	teas = *heat*
		10	teas cheana féin sa ghréin (sa ghrian) = *heat already in the sun*
1	ullamh = *réidh, ready*	10	ar an dtráth sin de mhaidin mí Lúnasa = *at that time of an August morning*
2	go luath = *early*		
2	chuireadh sí = *she would put*	11	triomach = *drought, dry weather*
2	i gcomhair lár an lae = *for the middle of the day*	11	smúit = *dust*
		11	tiubh = *thick, heavy*
2	níor thaitin cúram cistine leis an mbean óg = *the young woman did not like kitchen work*	11	rian rothanna an phram = *the track of the wheels of the pram*
		12	ag tarraingt a cos = *dragging her feet*
3	cúram = *responsibility, care*	12	bróga canbháis bonnrubair = *rubber-soled canvas shoes*
3	ní raibh cloiste fós aici faoi (níor chuala sí fós faoi)= *she hadn't yet heard about*		
		12	a chaití coitianta san am = *that were commonly worn at the time*
5	coinsias = *conscience, mind*		
5	iompaithe = *turned*	13	hata leathan tuí = *a wide straw hat*
5	ar a leithéid sin = *to such*	13	gúna cadáis = *cotton dress*
5	bhí a consias iompaithe ar a leithéid sin = *her mind had turned to such things*	13	gan aon déanamh air = *without any make (shape) to it*
6	ar chuma éigin = *somehow*	14	muinchillí = *sleeves*
6	éiríonn liom = *I succeed*	14	básta = *waist*
6	ní éiríodh léi = *she never managed*	14	nuair a fhágadh sí = *when she would leave*
6	dul chun cinn = *progress*	14	aill = *cliff*
6	ní éiríodh léi aon dul chun cinn a dhéanamh leis = *she never managed to make any progress with it (the book)*	14	faoi scáth na haille = *under the shade of the cliff*
		14	chun nach ngéaródh an bainne = *so that the milk would not sour*
6	laethanta fada brothallacha = *long sultry days*	15	bhíodh an ghaineamh = *the sand used to be*
7	fuáil = *knitting*		
7	ach oiread le cócaireacht = *anymore than cooking*	15	cosa nochtaithe = *bare feet*
		16	nuair a shíneadh sí = *when she stretched*
8	thuigtí di = *she used to feel*		
8	uaireanta = *sometimes*		

Bhí an bhean óg chomh caol le gáinne, ach ní raibh aon righneas inti. Bhí gach corraí ina corp bog marbh faoi mar bheadh tuirse do-inste ag brú uirthi. Dá mbeadh aoinne ann chun a bheith ag faire uirthi ag baint des na leanaí di, b'éachtach leis go dtabharfadh sí fiú gnó chomh simplí sin chun críochnú, bhí sí chomh lagbhríoch sin gan anam – ach bhí sí iontach grástúil mar sin féin, dá mbeadh aoinne ann a chífeadh. Dhein sí a lán cainte leis na leanaí, cé nach raibh caint ach ag an ngearrchaile fós, mar bhí cloiste aici nár mhór intinn linbh a spreagadh go luath agus bhí eagla uirthi go raibh an garsún mall ag foghlaim. Thug sí ainm dóibh ar gach aon rud i nGaeilge. Bhí ainmneacha aici ar a lán rudaí nár chualathas riamh sa cheantar iad ach b'shin rud nach mbeadh a fhios choíche aici óir fuair sí a cuid Gaeilge i leabhair agus ní raibh aon chaidreamh aici ar mhuintir na háite. Nuair a chastaí aoinne ina treo bheannaídís dá chéile – bhí a fhios aici go raibh an méid sin riachtanach – ach ní théidís thairis sin. Bhí a guth íseal ceolmhar lán d'fhanntaisí obanna a thagadh uaireanta i lár abairte uirthi faoi mar bheadh dearmadtha aici cad a bhí le rá aici. Ní bhíodh aon chaint leanbaí aici ach comhrá ceart reasúnta. Bhí fhios aici gur dhein an saghas díchéille eile díobháil d'aigne an linbh. Bhí an chaint ag teacht go deas chun an chailín bhig agus gan í ach a trí de bhlianta.

Théidís go léir ag snámh le chéile. Bhí muinín iomlán ag an mbeirt leanbh aisti. Níor scanraíodar in aon chor roimh an uisce. Choimeád sí a mac ar a baclainn agus lig anuas go réidh é sna tonnaíocha beaga briste, ach rith an cailín beag isteach agus amach sa chúrán réiltíneach ag gáirí le háthas agus ag caitheamh streancán in airde. Thriomaíodh an mháthair ansin go haireach iad agus chuireadh éadach arís orthu agus líonadh a hanam le haoibhneas agus le síocháin ag breathnú an dá chorp bheaga áille di, ach ní altaíodh sí aon Dia mar nár chreid sí Ann.

Nuair a bhíodh ite acu chuireadh sí an bheirt don phram a chodladh agus chromadh sí go coinníollach ar an leabhar a léamh nó ar litreacha a scríobh nó ar na stocaí a bhí tugtha léi aici a dheisiú, ach sula mbíodh aon lámh déanta aici ar aon cheann acu bhíodh na scáthanna rite amach ar an dtrá agus na leanaí dúisithe agus é in am dul abhaile.

Na céad laethanta scríobhadh an bhean óg gach aon lá chun a fir, litreacha cúramacha liteartha i mBéarla mar bhí seisean intliúil ardaigeanta agus ba mhian leis ise a bheith ar an nós céanna – cé go dtuirsíodh sé í dhein sí a dícheall. Anois le ceithre lá níor scríobh sí. Níor scríobh mar nach bhfaigheadh sé na litreacha. Thóg an post ceithre lá ón gcúinne iargúlta sin go dtí an phríomhchathair agus bhí sí ag súil leis féin an oíche sin. Thiocfadh sé ar ghluaisrothar agus bheadh sé ag samhlú teach geal agus suipéar blasta agus bean ghealgháireatach roimhe. Ar an ábhar sin dhúisigh sí na leanaí roimh am agus thug cúl don dtrá. . . . Agus ar an mbóthar suas lig sí osna ag cuimhneamh ar a mbeadh le déanamh aici tar éis iad a chur chun suain: béile feola le hullmhú, agus na lampaí le lasadh agus crot éigin a chur uirthi féin. Chuimhnigh sí nár mhaith leis í a chur púdar ar a haghaidh … ach bhí sí an-dílis agus is ar éigin a d'aithin sí an criothán éadóchais a ghabh tríthi.

(Foilsíodh an scéal seo a chéad uair in *Comhar* Iúil, 1948)

Gluais

17	caol = *slender*	27	ní théidís thairis sin = *they would not go any further than that*
17	chomh caol le gáinne = *as slender as a reed (rush)*	27	guth íseal ceolmhar = *low musical voice*
17	righneas = *toughness*	28	fanntais = *a fainting fit*
17	corraí = *movement*	28	lán d'fhanntaisí obanna (tobanna) = *full of sudden stops*
17	bhí gach corraí ina corp bog marbh = *every movement in her soft body was dead*	28	i lár abairte = *in the middle of a sentence*
18	corp bog = *soft body*	28	a thagadh uaireanta i lár abairte = *that would come sometimes in the middle of a sentence*
18	tuirse do-inste = *indescribable tiredness*	28	faoi mar a bheadh dearmadtha (dearmadta) aici = *as if she had forgotten*
18	ag brú uirthi = *pressing upon her*	29	caint leanbaí = *childish talk*
18	mar bheadh tuirse do-inste ag brú uirthi = *as if an indescribable tiredness was pressing upon her*	29	comhrá ceart réasúnta = *proper sensible conversation*
18	aoinne = *éinne, aon duine, anybody*	30	díchéille = *nonsense*
19	ag faire uirthi = *watching her*	30	díobháil = *dochar, harm*
19	ag baint des na (de na) leanaí di = *while she was undressing the children*	30	gur dhein (go ndearna) an saghas díchéille eile díobháil d'aigne an linbh = *that the other kind of nonsense harmed a child's mind*
19	b'éachtach leis = *b'iontach leis, it would be a wonder to him*	32	théidís = *they would go*
19	fiú gnó chomh simplí sin = *even a job as simple as that*	32	muinín = *trust, confidence*
19	go dtabharfadh sí chun críochnú = *go gcríochnódh sí, that she would finish*	32	bhí muinín iomlán ag an mbeirt leanbh aisti = *the two children had total confidence in her*
20	lagbhríoch = *dispirited*	32	níor scanraíodar (níor scanraigh siad) in aon chor = *they did not react in fear at all*
20	gan anam = *without energy*	33	choimeád sí = *she kept*
20	iontach grástúil = *wonderfully graceful*	33	ar a baclainn = *in her arms*
21	chífeadh = *d'fheicfeadh*	33	lig (sí) anuas go réidh é = *she let him down gently*
21	dá mbeadh aoinne (éinne) ann a chífeadh (a d'fheicfeadh) = *if there was anybody there to see (her)*	34	tonnaíocha = *tonnta, waves*
21	dhein sí = *rinne sí, she made, did*	34	cúrán réiltíneach = *sparkling foam*
22	gearrchaile = *young girl*	35	ag caitheamh streancán in airde = *ag canadh, singing*
22	intinn linbh = *a child's mind*	35	thriomaíodh sí = *she would dry*
22	ag spreagadh = *stimulating*	35	go haireach = *go cúramach, carefully*
22	nár mhór intinn linbh a spreagadh go luath = *that a child's mind must be stimulated early*	36	anam = *soul, heart*
23	mall = *slow*	36	aoibhneas = *pleasure*
23	ag foghlaim = *learning*	37	síocháin = *peace*
24	nár chualathas riamh sa cheantar = *(names) that were never heard in the area*	36	líonadh a hanam le haoibhneas agus le síocháin = *her soul would fill with pleasure and peace*
25	óir = *for/since*	37	ag breathnú = *watching*
26	caidreamh = *friendship, companionship*	37	ní altaíodh sí aon Dia = *she did not give thanks to any God*
26	muintir na háite = *locals*	37	mar nár chreid sí Ann = *because she did not believe in Him*
26	treo = *direction*		
26	nuair a chastaí aoinne (éinne) ina treo = *when she would meet somebody*		
26	bheannaídís dá chéile = *they would salute each other*		
27	riachtanach = *necessary*		

Gluais

39	chromadh sí go coinníollach = *she used to begin diligently*	48	ar an ábhar sin = *because of that*
41	sula mbíodh aon lámh déanta aici ar aon cheann acu = *before she had any work done on any of them*	48	thug (sí) cúl don trá = *she left the strand*
		50	lig sí osna = *she sighed*
		50	ag cuimhneamh ar = *remembering, thinking about*
41	scáthanna = *shadows*	50	tar éis iad a chur chun suain = *tar éis iad a chur a chodladh, after putting them to bed*
42	dúisithe = *woken*		
43	litreacha cúramacha liteartha = *careful literary letters*		
		50	béile feola = *a meal of meat*
44	intliúil ardaigeanta = *intellectual*	51	le hullmhú = *to be prepared*
44	ba mhian leis ise a bheith ar an nós céanna = *he wished her to be likewise*	51	crot = *cruth, appearance*
		51	nár mhaith leis í a chur púdar ar a haghaidh = *that he didn't like her to powder her face*
45	cé go dtuirsíodh sé í = *even though it tired her*		
45	dhein (rinne) sí a dícheall = *she did her best*	52	dílis = *loyal*
		52	d'aithin sí = *she recognised*
46	mar nach bhfaigheadh sé na litreacha = *because he would not get the letters*	53	criothán = *creathán, tremble*
		53	éadóchas = *despair*
46	cúinne iargúlta = *backward corner (place)*	52	is ar éigin a d'aithin sí an criothán éadóchais a ghabh tríthi = *she scarcely recognised the tremble of despair that passed through her*
47	príomhchathair = *capital city*		
48	ag samhlú = *imagining, expecting*		
48	blasta = *tasty*		
48	gealgháireatach = *cheerful*		

Achoimre ar an Scéal

Théadh an bhean óg go dtí an trá go luath gach maidin mar dhúisíodh na leanaí go moch. An lá áirithe seo chuir sí isteach sa phram iad. Chuir sí lón isteach ann freisin agus an leabhar 'The Co-operative Movement in Great Britain' leis an sóisialaí, Beatrice Webb. Bhí sí tugtha d'ábhair léannta mar sin, cé nach raibh mórán dul chun cinn déanta aici leis an leabhar seo. Níor mhaith léi obair tí. Ní raibh sí go maith chuig fúáil nó cócaireacht.

Chuaigh sí go dtí an trá. Bhí teas millteach sa ghrian. Bróga canbháis, hata tuí agus gúna cadáis a bhí á gcaitheamh aici. Chuir sí an pram faoi scáth aille mar bhí bainne ann agus chuaigh sí amach ar an trá.

Bean caol ab ea í ach ní raibh sprid dá laghad inti. Chuaigh sé dian uirthi na héadaí a bhaint de na leanaí. Ach bhí sí grástúil. Rinne sí a lán cainte leis na leanaí. Dar léi, ba chóir comhrá ceart réasúnta a dhéanamh le leanaí chun a n-intinn a spreagadh go luath. Dar léi, rinne caint leanbaí dochar dóibh. Bhí caint ag an gcailín beag ach cheap sí go raibh an buachaill beag mall ag foghlaim. Thug sí ainm Gaeilge dóibh ar gach rud. Ní bhfuair sí na hainmneacha seo ó mhuintir na háite mar bhí sí ina stróinséir sa cheantar. Ní raibh cairdeas déanta aici le héinne. Ní dhéanadh sí ach beannú le daoine i nguth íseal ceolmar. Ní dhéanadh sí comhrá leo.

---

théadh sí = *she used to go*
go luath = *early*
dhúisíodh na leanaí = *the children used to wake up*
go moch = *very early*
sóisialaí = *socialist*
ábhair léannta = *learned matters*
dul chun cinn = *progress*
cé nach raibh mórán dul chun cinn déanta aici = *even though she had not made much progress*
fúáil = *sewing*
cócaireacht = *cooking*
teas millteach = *terrible heat*
bróga canbháis = *canvas shoes*
hata tuí = *straw hat*
gúna cadáis = *cotton dress*
scáth aille = *shade of a cliff*

caol = *slender*
ní raibh sprid dá laghad inti = *there was not the slightest energy in her*
chuaigh sé dian uirthi = *it was hard for her*
grástúil = *graceful*
ba chóir = *ba cheart*
comhrá ceart réasúnta = *proper rational conversation*
chun a n-intinn a spreagadh go luath = *in order to stimulate their minds early*
caint leanbaí = *childish talk*
dochar = *harm*
muintir na háite = *the locals*
ceantar = *area*
cairdeas = *friendship*
ní dhéanadh sí ach beannú = *she would only salute*
guth íseal ceolmhar = *low musical voice*

Ní raibh eagla dá laghad ar na leanaí roimh an uisce. Rith an cailín beag isteach san uisce go háthasach agus bhain sí taitneamh mór as a bheith ag léim ann. Lig an mháthair an buachaill beag anuas san uisce go réidh agus thug aire mhaith dó. Thriomaigh sí iad agus chuir a gcuid éadaigh orthu. Líon a croí le háthas ag féachaint ar na páistí di. Níor ghabh sí buíochas le Dia mar níor chreid sí Ann. Nuair a bhí ite acu agus na leanaí ina gcodladh sa phram rinne sí iarracht an leabhar léannta a léamh. Dhéanadh sí an leabhar a léamh gach lá ach sula mbíodh aon dul chun cinn déanta aici bhíodh na leanaí dúisithe agus é in am dul abhaile.

Fear léannta intleachtúil ab ea a fear céile agus ba mhaith leis go mbeadh sí féin mar an gcéanna. Chum sí na litreacha a scríobhadh sí chuige go cúramach agus chuir sí cruth léannta orthu. Ach chuireadh an obair sin tuirse uirthi. Níor scríobh sí litir chuige ón áit iargulta sin le cúpla lá mar bhí sé ag teacht abhaile ón bpríomhchathair an oíche sin. Bheadh sé ag súil le teach deas néata agus béile blasta nuair a thiocfadh sé ar a ghluaisrothar. Bheadh sé ag súil go mbeadh bean gealgháireach ag fanacht leis freisin. Dhúisigh sí na leanaí agus d'fhág sí an trá. Ar an mbealach abhaile lig sí osna aisti nuair a smaoinigh sí ar an obair a bheadh le déanamh aici. Bheadh uirthi béile a ullmhú, an teach a ghlanadh agus cruth néata a chur uirthi féin. Níor mhaith leis púdar a bheith ar a haghaidh aici. Ach bhí sí dílis dó agus mhúch sí an taom éadóchais a bhuail í.

dá laghad = *at all*
bhain sí taitneamh mór as = *she greatly enjoyed*
go réidh = *gently, carefully*
thug (sí) aire mhaith dó = *she took good care of him*
thriomaigh sí = *she dried*
líon a croí le háthas = *her heart filled with happiness*
níor ghabh sí buíochas le Dia = *she did not thank God*
níor chreid sí Ann = *she did not believe in Him*
rinne sí iarracht = *she made an effort*
leabhar léannta = *learned book*
sula mbíodh aon dul chun cinn déanta aici = *before she had made any progress*
léannta intleachtúil = *learned intellectual*
fear céile = *husband*
ba mhaith leis go mbeadh sí féin mar an gcéanna = *he would like her to be the same*
chum sí = *she composed*

go cúramach = *carefully*
chuir sí cruth léannta orthu = *she made them appear learned*
áit iargúlta = *backward place*
príomhchathair = *capital city*
ag súil le = *expecting, looking forward to*
néata = *neat*
blasta = *tasty*
gluaisrothar = *motorcycle*
gealgháireach = *lighthearted*
ar an mbealach abhaile = *on the way home*
lig sí osna aisti = *she gave a sigh*
smaoinigh sí ar = *she thought of*
bheadh uirthi = *she would have to*
cruth néata = *neat appearance*
púdar = *powder*
dílis = *loyal*
mhúch sí = *she suppressed*
taom éadóchais = *fit of despair*

● Ceisteanna

1. Cén fáth go ndeachaigh an bhean óg go dtí an trá go luath? Cad a chuir sí isteach sa phram?
2. Cad a deirtear sa scéal faoin leabhar léannta a bhíodh á léamh ag an mbean óg? An gceapann tú go raibh an leabhar seo á léamh go fonnmhar aici? Cuir fáth le do fhreagra.
3. I bhfianaise a bhfuil sa scéal cad é do thuairim faoin mbean óg mar bhean tí?
4. Conas a bhí an bhean óg gléasta? Cén sórt aimsire a bhí ann?
5. Déan cur síos cruinn ar an mbean óg mar a léirítear sa leabhar í.
6. Conas a labhair an bhean óg leis na leanaí? Cén fáth?
7. Cad a deirtear sa leabhar faoin ngearrchaille agus faoin ngarsún?
8. Léirigh an gaol a bhí ag an mbean óg le muintir na háite.
9. Tabhair cuntas cruinn ar an gcaoi a chaith an bhean óg agus na leanaí an lá ar an trá.
10. Cén sórt litreacha a bhíodh á scríobh ag an mbean óg chuig a fear céile? Cén fáth, dar leat, gur scríobh sí litreacha den sórt sin?
11. '… ach ní altaíodh sí aon Dia mar nár chreid sí Ann.' Cén fáth nár chreid an bhean óg i nDia, dar leat?
12. Cad a bheadh an fear ag súil leis nuair a bhainfeadh sé an teach amach, dar leis an mbean óg?
13. 'Agus ar an mbóthar suas lig sí osna ag cuimhneamh ar a mbeadh le déanamh aici tar éis iad a chur chun suain'. Cad a bheadh le déanamh aici?
14. 'Chuimhnigh sí nár mhaith leis í a chur púdar ar a haghaidh …' Ar chuir sí púdar ar a haghaidh? Cén fáth?
15. '… ach bhí sí an-dílis agus is ar éigin a d'aithin sí an criothán éadóchais a ghabh tríthi.' Cad atá i gceist leis an ráiteas sin i bhfianaise a bhfuil sa scéal?
16. 'Is léir go bhfuil fadhbanna pearsanta ag an mbean óg agus go bhfuil sí i gcruachás géar.' Déan an ráiteas seo a phlé.
17. Mínigh go soiléir an gaol atá idir an bhean óg agus a fear céile.
18. Tabhair cuntas gairid ar a bhfuil sa scéal faoi na téamaí seo a leanas: uaigneas, éadóchas, lagbhrí, tuirse, brón, cruachás, áthas, saol an phósta.

Lig Sinn i gCathú – Breandán Ó hEithir

Is as Lig Sinn i gCathú, *úrscéal le Breandán Ó hEithir (1930–1990), an sliocht seo. Rugadh i nGaillimh agus tógadh i gCill Rónáin, Árainn, é. Uncail dó ab ea an scríbhneoir cáiliúil Liam Ó Flaithearta. Tráchtaire, iriseoir agus scríbhneoir cruthaitheach ab ea Breandán. Bhí tóir mhór ar* Lig Sinn i gCathú *(1976). Is é ábhar an leabhair seo imeachtaí mac léinn ollscoile thar cúig lá agus é ag iarraidh teacht ar réiteach i dtaobh a fhadhbanna pearsanta.*

Bhí clog cársánach na hollscoile ag bualadh buillí a trí nuair a shiúil Máirtín ó Méalóid go mall isteach an geata. Bhí an t-am tomhaiste go cruinn aige mar cé go raibh na mic léinn ar fad nach mór imithe abhaile ar saoire na Cásca, chloígh oifig an choláiste go dlúth le huaireanta oifigiúla. Ní raibh deoraí le feiceáil idir an geata agus an áirse a bhí faoi thúr an chloig ach an
5 doirseoir, Pádraic Puirséal, a bhí ina sheasamh go sásta ag breathnú ar ghadhar beag dubh ag tochailt poll i bplásóg mhór bláthanna a bhí ar aghaidh an áirse amach. Púdarlach dúchraicneach a raibh bolg ollmhór air ab ea an Puirséalach. An Púca a thugtaí air taobh thiar dá dhroim. Ina óige throid sé i gCogadh na Saoirse agus chuaigh sé in arm an tSaorstáit nuair a bunaíodh é. De bharr a sheirbhís airm sa gCogadh Cathartha a fuair sé an post mar dhoirseoir
10 san ollscoil ach níor thúisce bunaithe é ná bhain athrú míorúilteach dó agus bhí sé ar na daoine ba threise agus ba bhrúidiúla sa bhfeachtas in aghaidh lucht na léinte gorm i mBaile an Chaisil sna tríochadaí.

Bhí an Púca ag saighdeadh an ghadhair ar a dhícheall. 'Sa-ha-ha 'mhadaí! Good Bran!' Rinne an gaidhrín gnúsacht go sásta agus chaith an Púca cnámh chuige.
15 'Sa-ha-ha-ha 'mhadaí!' a deir sé arís agus thug sracfhéachaint i dtreo bothán cloiche an gharraíodóra a bhí díreach taobh istigh den phríomhgheata. Thug sé faoi deara Máirtín chuige agus bheannaigh sé go croíúil dó. Bhí aithne ag an bPúca ar mhic léinn uile an choláiste a d'fhan san áit thar bhliain, go háirithe an chuid a thaithíodh óstaí an bhaile.

Gluais

1	cársánach = *wheezy*	11	ba threise = ba láidre, *strongest*
2	tomhaiste = *measured*	11	ba bhrúidiúla = *most brutal*
2	go cruinn = go beacht, *accurately*	11	feachtas = *campaign*
3	nach mór = beagnach, *nearly*	11	lucht na léinte gorma = *the Blueshirts*
3	cloím = *I adhere to*	10	bhí sé ar na daoine ba threise agus ba bhrúidiúla sa bhfeachtas in aghaidh lucht na léinte gorma = *he was one of the strongest and most brutal in the campaign against the Blueshirts*
3	go dlúth = *closely*		
3	chloígh an coláiste go dlúth le = *the college adhered closely to*		
4	ní raibh deoraí le feiceáil = ní raibh duine ar bith le feiceáil	13	ag saighdeadh = ag gríosú, *urging on*
4	áirse = *arch*	13	ar a dhícheall = *at his best*
5	ag breathnú = ag féachaint	14	gaidhrín = *madra beag*
5	ag tochailt = *digging, uprooting*	14	gnúsacht = *a grunt*
6	púdarlach = ramhar, *fat*	15	sracfhéachaint = *a glance*
7	dúchraicneach = *dark-skinned*	15	i dtreo = *towards*
7	taobh thiar dá dhroim = *behind his back*	15	bothán cloiche = *stone hut (small stone house)*
8	an Saorstát = *the Free State*	16	thug sé faoi deara = *he noticed*
9	bunaím = *I establish, I set up*	17	beannaím do = *I salute*
8	nuair a bunaíodh é = *when it was set up*	17	bheannaigh sé go croíúil dó = *he saluted him heartily*
9	seirbhís airm = *army service*	17	mac léinn = *a student*
10	níor thúisce = *no sooner*	18	taithím = *I frequent*
10	níor thúisce bunaithe = *no sooner was he set up (in the job)*	18	an chuid a thaithíodh óstaí an bhaile = *those of them who frequented the pubs of the town*
10	athrú = *change*		
10	bhain athrú míorúilteach dó = *a miraculous change came over him*		

'Do chéad míle fáilte, a Mhéalóidigh, a chomrádaí. Cá raibh tú le síoraíocht? Is fada an lá ó thom mé mo chroiméal i bpionta a tharraing tú. Bhí sé de scéala thart anseo go raibh tú bailithe as an gcoláiste ar fad.'

Chaith an doirseoir cnámh beag eile chuig an mada agus shiúil isteach faoin áirse. Leis sin tháinig liú feirge ó bhothán an gharraíodóra. Bhí an gadhar feicthe ag an ngarraíodóir agus é ag teacht arís eile lena ruaigeadh. Buta beag fir a bhí ann nár léir go raibh muineál ar bith idir a cheann agus a ghuaillí agus chuile chuma air go dtabharfadh an chéad racht feirge eile a bhás le taom croí. Bhí a anáil i mbarr a ghoib tar éis cúpla coiscéim reatha agus 'chaon 'Múchadh agus deargbhá,' agus 'Bascadh agus bearnadh,' le clos idir chneadanna. Chomh luath agus a chuala an gadhar a ghuth bhain sé as, a chnámha ina bhéal, timpeall cúinne an choláiste chuig teach a mháistir, an tUachtaráin.

Cuid de chogadh a bhí ar siúl ón mbliain 1933 ab ea Bran agus plásóg na mbláth. Oíche i bhfómhar na bliana sin d'fhill an Púca ar an gcoláiste tar éis dó bheith amuigh faoin tír ag bualadh lucht léinte gorma a bhí ag iarraidh damhsa a rith. Bhí a dhóthain go binn ólta aige agus nuair a tháinig sé chuig an ngeata beag taoibhe fuair sé amach go raibh sé boltáilte taobh istigh. Bhí dhá insint ar an scéal ina dhiaidh sin, ach ós rud é gur fear saorstáit neamhleithscéalach agus ball de na léinte gorma an garraíodóir, fuair an Púca boladh na polaitíochta. Tharraing sé spallaí as claí an choláiste gur rúisc trí fhuinneoga an bhotháin iad agus é ag raideadh maslaí agus mallachtaí lena linn sin.

B'éigean don gharraíodóir duine de na gasúir a chur amach trí cheann d'fhuinneoga cúil an tí chun glaoch ar na gardaí, ach faoin am a dtáinig siad ní raibh pána gloine fágtha sa teach agus bhí an garraíodóir, a bhean agus a chlann ina luí faoina gcuid leapacha, líonraithe. Ainneoin iarrachtaí na n-údarás chuaigh an cás chun na cúirte. Mhionnaigh an garraíodóir agus a bhean go rabhadar fós croite de bharr an scéil agus nach gcodlóidís néal arís go brách go gcuirfí an Púca faoi bhannaí. Ba é breith na cúirte nach raibh cead ag an bPúca labhairt leis an ngarraíodóir ná le aoinne a bhain leis go deo arís. Neartaigh coiste riaracháin an choláiste an bhreith d'aon ghuth agus murach gur bhagair Club Poblachtach an choláiste (a bhí fiáin ag lorg cineál éigin mairtírigh san am) go ndéanfaidís ciréib, chuile sheans go mbrisfí an Púca as a phost.

Mhair an fíoch i gcroí an Phúca ó bhliain go bliain ach nuair a tháinig an Monsignór de Bláca agus a ghaidhrín, Bran, chun cónaí sa gcoláiste, fuair sé deis a dhíoltas a agairt taobh istigh de chuibhreacha an dlí. Fear lách, scothaosta, a raibh iarracht láidir den fhóidín mearbhaill air, ab ea an Monsignór de Bláca agus fuair sé an post de thimpiste agus de bharr an chineál comhréiteach a raibh seanchleachtadh air sa gcoláiste. An bheirt a bhí leagtha ar an bpost bhíodar ar mhalairt dath polaitíochta, ach tharla, freisin, de bharr timpiste nach dtarlódh arís go ceann deich nglún, go rabhadar beirt fuarbhruite faoi chúrsaí creidimh agus neamhspleách ar an gcléir. Léachtóir sóisearach le Breatnais ab ea an tAthair de Bláca. Tugadh an post sin dó d'fhonn ministir Modhach as an mBreatain Bheag, a raibh cáilíochtaí acadúla as cuimse aige, a choinneáil amach as Baile an Chaisil. Is beag an cur isteach a rinne an tAthair de Bláca ar an gcoláiste ná ar scoláireacht ach oiread. Ba ghnách leis scoláire amháin in aghaidh na

Gluais

19	le síoraíocht = *le tamall fada*	45	d'aon ghuth = *unanimously*
20	tomaim = *tumaim, I dip, dive*	44	neartaigh coiste riaracháin an choláiste an bhreith d'aon ghuth = *the college administration committee unanimously supported the judgement*
20	croiméal = *moustache*		
20	tarraingím = *I pull*		
19	is fada an lá ó thom mé mo chroiméal i bpionta a tharraing tú = *it's a long time since I dipped my moustache in a pint that you pulled*	45	murach = *only for*
		45	bagraím = *I threaten*
		46	máirtíreach = *martyr;* Tuis. Gin.: *máirtírigh*
20	scéala = *news*	46	círéib = *riot, uproar*
21	bailithe = *imithe, gone*	46	murach gur bhagair Club Poblachtach an choláiste (a bhí fiáin ag lorg mairtínigh san am) go ndéanfaidís círéib = *only that the college Republican Club (who were desperately looking for a martyr at the time) threatened that they would cause uproar*
23	liú feirge = *béic feirge, a shout of anger*		
24	lena ruaigeadh = *chun an ruaig a chur air, in order to banish him*		
24	léir = *soiléir, clear*		
24	muineál = *neck*		
25	guaillí = *shoulders*	46	go mbrisfí an Púca as a phost = *that the Púca would be sacked*
25	chuile = *gach uile, every*		
25	racht feirge = *a fit of anger*	48	fíoch = *feud*
26	taom croí = *a heart attack*	48	mhair an fíoch = *the feud lasted*
25	chuile cuma air go dtabharfadh an chéad racht feirge eile a bhás le taom croí = *every appearance that the next fit of anger would bring his death by heart attack*	49	deis = *seans, a chance*
		49	ag agairt = *avenging*
		50	cuibhreacha = *shackles, fetters, restrictions*
		50	fuair sé deis a dhíoltas a agairt taobh istigh de chuibhreacha an dlí = *fuair sé seans díoltas a bhaint amach gan an dlí a bhriseadh, he got the chance to take revenge without breaking the law*
26	anáil = *breath*		
26	gob = *béal, beak;* Tuis. Gin. = *goib*		
26	bhí a anáil i mbarr a ghoib = *bhí giorra anála air, he was panting*		
		50	lách = *pleasant*
26	'chaon = *gach aon*	50	scothaosta = *elderly*
26	múchadh agus deargbhá = *bascadh agus bearnadh, a terrible beating*	50	mearbhall = *confusion*
		50	a raibh iarracht láidir den fhóidín mearbhaill air = *who was greatly confused*
27	le clos = *le cloisteáil*		
27	cneadanna = *gasps, groans*	52	comhréiteach = *compromise*
28	bhain sé as = *d'imigh sé*	51	fuair sé an post de thimpiste agus de bharr an chineál comhréiteach a raibh seanchleachtadh air sa gcoláiste = *he got the job by accident and because of the type of compromise that was well known in the college*
29	an tUachtarán = *the President (of the college)*		
30	cogadh = *a war*		
31	fillim = *I return*		
32	ag bualadh = *ag troid, fighting*		
33	geata taoibhe = *side-gate*	52	a bhí leagtha ar an bpost = *that were in for the job*
34	fear saorstáit neamhleithscéalach = *an unrepentant Free Stater*		
		53	malairt = *alternative, different*
35	ball de na léinte gorma = *a member of the Blueshirts*	53	ar mhalairt dath polaitíochta = *of a different political persuasion*
35	boladh na polaitíochta = *the whiff of politics*	53	go ceann deich nglún = *for ten generations*
36	spallaí = *bits of stones*	54	fuarbhruite = *indifferent*
36	rúisc sé = *chaith sé, he pelted*	54	cúrsaí creidimh = *religious matters*
37	ag raideadh = *showering, pelting*	54	neamhspleách = *independent*
37	maslaí = *insults*	55	an chléir = *the clergy*
37	mallachtaí = *curses*	54	go rabhadar beirt fuarbhruite faoi chúrsaí creidimh agus neamhspleách ar an gcléir = *that both of them were indifferent about religious matters and independent of the clergy*
37	lena linn sin = *all the while*		
40	líonraithe = *eagla an domhain orthu, scanraithe, terrorised*		
		55	léachtóir sóisearach le Breatnais = *a junior lecturer in Welsh*
40	ainneoin = *in spite of*		
41	iarrachtaí na n-údarás = *efforts of the authorities*	56	d'fhonn = *chun, in order to*
41	mhionnaigh siad = *they swore*	56	cáilíochtaí acadúla = *academic qualifications*
42	croite = *shaken*	56	as cuimse = *good amount, plenty*
42	go gcuirfí an Púca faoi bhannaí = *until the Púca would be bound to the peace*	57	is beag an cur isteach = *it's little interference*
		58	scoláireacht = *scholarship*
43	breith na cúirte = *judgement of the court*	58	ach oiread = *either*
44	neartaím = *I strengthen, reinforce*	58	ba ghnách leis = *he usually*
44	coiste riaracháin = *administration committee*		

bliana a ghlacadh chun a phost a chinntiú ach dhíbríodh sé scoláire ar bith a raibh cuma
60 ródháiríre air. Chaitheadh sé a chuid ama saor ina shuí sa tsólann in Óstlann an Bhóthair Iarainn ag ól fuisce agus ag comhrá go neamhdhíobhálach le duine nó daoine a thagadh sa timpeall.

Bhí sé ag druidim le meánaois agus comharthaí an mhearbhaill bhig le tabhairt faoi deara cheana air nuair a chuir an tEaspag Ó Maoláin fios air lá agus thug ordú dó dhul amach ar fud na dúiche ag stocaireacht dó féin mar iarrthóir don Uachtaránacht. Rinne sé sin, mar a
65 chomhlíonfadh sé ordú ar bith eile faoin spéir a thabharfadh an t-easpag dó. Ach ba é sin lá an léin. Faoin am ar fhill sé óna chamchuairt ar chomhairleoirí contae agus baile an chúige bhí sé ina dhruncaeir amach is amach. Rinneadh Monsignór de go gairid tar éis dó an post a fháil, le súil is go gceilfeadh an gradam an tseafóid, ach ní raibh maith ann. Nuair a chuala bean amháin de chuid an bhaile an scéal dúirt sí, 'Míle buíochas le Dia ach tá an breallán ar an
70 drisiúr anois dáiríre.' Tamall ina dhiaidh sin chuir an t-easpag a rúnaí isteach mar chúntóir chun aire a thabhairt dó; rud a d'fhág go raibh urlámhas iomlán ag an easpag ar an gcoláiste.

Bhí deich mbliain caite ó tharla na heachtraí sin, ach ní raibh d'athrú ar an Monsignór de Bláca ach go raibh sé anois bailithe go hiomlán sna haoiseanna leanbaí. Lá bronnta na gcéim sa bhfómhar roimhe sin, rinne sé tréaniarracht céim sa leigheas a bhronnadh ar ghrianghrafadóir
75 *Churadh an Chaisil* a bhí ina sheasamh in aice leis san Aula Maxima ag tógail pictiúir. Ní raibh de chompánach seasta aige ach an gaidhrín beag otraithe, Bran, mura n-áireofá an dá bhuidéal fuisce a d'fholmhaigh sé go laethúil. Nuair a thagadh drochbhabhtaí mearbhaill air ní aithníodh sé duine ar bith, go fiú an gadhar. Ba ghnách leis é a ruaigeadh amach as an ngairdín beag príobháideach ar chúl an choláiste ag fógairt, 'Bí amuigh, a bhitch! Gabh 'bhaile, a bhitch!'
80 ainneoin gur mada fireann a bhí ann. Deireadh cuid den aos teagaisc go raibh Bran i mbaol glanteipeadh néarógach mar nach raibh a fhios aige riamh an cic nó cuimilt a bhí ag a mháistir dó. Ba le linn ceann de na ráigeanna mearbhaill seo a casadh isteach i bpóirse an Phúca san áirse é, áit ar theith sé ó mhic léinn innealtóireachta a bhí ag iarraidh é aimsiú sna súile le nutaí deargtha toitín. Fuair an Púca amach go bhféadfaí cleasanna go leor a mhúineadh don ghaidhrín
85 uaigneach agus mar sin a chuir sé cath ar phlásóga bláth an gharraíodóra. Ní raibh cur síos ná inseacht scéil ar an sult míchuíosach a bhaineadh foireann an choláiste as an bhfíoch seo.

'Níl fhios agam beo céard a dhéanfaidh mé má cailltear an gadhar sin sula gcailltear a mháistir,' arsa an Púca le Máirtín nuair a chuadar isteach sa bpóirse bídeach d'oifig a bhí aige ar thaobh na láimhe deise den áirse. Bhí a fhios ag an saol go raibh barántas faighte ag an
90 ngarraíodóir ó údaráis an choláiste nach gceadófaí gadhar go deo arís san áit nuair a shéalódh Bran agus bhí a fhios acu freisin gur easpa misnigh amháin a bhí dá chosc féin ar nimh a thabhairt dó d'fhonn deireadh a chur leis an gcéasadh. Ach bhí Máirtín tuirseach den scéal leadránach agus bhí rudaí eile ar a intinn. D'fhiafraigh sé go giorraisc den Phúca an raibh cárta ó oifig an sparánaí aige dó.
95 'Tá do sheic scoláireachta in oifig an sparánaí,' arsa an Púca. 'Pé ar bith sa diabhal céard a choinnigh an mhoill uafásach seo air? Nár híocadh an chuid eile acu thimpeall Lá 'le Bríde?'

Bhí a fhios go maith ag an bPúca fáth na moille. Bhí a fhios aige freisin nár thaobhaigh Máirtín an áit rómhinic ó Nollaig agus gur gála scoláireachta a coinníodh uaidh an téarma

218

Gluais

59	chun a phost a chinntiú = *to make sure of his job*	80	deireadh cuid den aos teagaisc = *some of the teaching staff used to say*
59	díbrím = *I banish*		
59	dáiríre = *serious*	81	glanteipeadh néarógach = *complete nervous breakdown*
59	dhíbríodh sé scoláire ar bith a raibh cuma ró-dháiríre air = *he would banish any student who looked too serious*	81	cuimilt = *a stroking, a hug*
		82	le linn = *during*
60	sólann = *a rest-room*	82	ráigeanna mearbhaill = *fits of confusion*
61	go neamhdhíobhálach = *harmlessly*	82	póirse = *seomra beag*
62	ag druidim le meánaois = *approaching middle age*	83	teithim = *I flee*
		83	ag aimsiú = *aiming, hitting*
62	comharthaí = *signs*	83	áit ar theith sé ó mhic léinn innealtóireachta a bhí ag iarraidh é a aimsiú sna súile le nutaí deargtha tóitín = *where he fled from engineering students who were trying to hit him in the eyes with lighted cigarette butts*
62	le tabhairt faoi deara cheana = *noticeable already*		
63	ar fud an dúiche = *around the district*		
64	ag stocaireacht = *lobbying, canvassing support for his case*		
65	comhlíonaim = *I fulfil, I carry out*	84	cleasanna = *tricks*
64	mar a chomhlíonfadh sé ordú ar bith eile faoin spéir = *as he would carry out any other order*	84	go bhféadfaí cleasanna a mhúineadh = *that tricks can be taught*
		85	chuir sé cath = *he made war*
65	lá an léin = *day of woe*	85	cur síos = *description*
66	camchuairt = *tour, travels*	85	ní raibh cur síos na inseacht (insint) scéil ar = *it defied description*
66	comhairleoirí contae agus baile an chúige = *county councillors and town councillors of the province*		
		86	sult = *amusement, fun*
		86	míchuíosach = *extreme*
66	ceilim = *I hide*	86	foireann an choláiste = *the college staff*
68	gradam = *distinction*	86	fíoch = *feud*
68	seafóid = *nonsense*	87	má chailltear an gadhar = *má fhaigheann an madrá bás, if the dog dies*
68	le súil is go gceilfeadh an gradam an tseafóid = *hoping the distinction would hide the nonsense (attached to him)*		
		89	barántas = *guarantee*
69	breallán = *amadán*	90	údaráis an choláiste = *the college authorities*
69	tá an breallán ar an drisiúr anois dáiríre = *tá an t-amadán os comhair an tsaoil anois, the fool is on show to the world*	90	nach gceadófaí gadhar go deo arís san áit = *that a dog would never be permitted in the place again*
		90	nuair a shéalódh Bran = *nuair a gheobhadh Bran bás, when Bran would die*
70	cúntóir = *cabhraitheoir, helper*	91	misneach = *courage*
71	urlámhas iomlán = *complete control*	91	easpa misnigh = *lack of courage*
73	leanbaí = *childish*	91	a bhí dá chosc = *that was preventing him*
73	go raibh sé anois bailithe go hiomlán sna haoiseanna leanbaí = *he had now become totally childish*	91	nimh = *poison*
		92	d'fhonn = *in order to*
		92	céasadh = *torment*
73	lá bronnta na gcéim = *degree conferring day*	93	leadránach = *tiresome*
74	tréaniarracht = *strong attempt*	93	ar a intinn = *on him mind*
74	rinne sé tréaniarracht céim sa leigheas a bhronnadh = *he made a big effort to confer a degree in medicine*	93	fiafraím de = *I ask*
		93	d'fhiafraigh sé go giorraisc = *he asked abruptly*
		94	sparánaí = *burser*
74	grianghrafadóir = *photographer*	95	seic scoláireachta = *scholarship cheque*
76	compánach seasta = *steady companion*	95	pé ar bith sa diabhal = *n'fheadar ó thalamh an domhain, God alone knows*
76	otraithe = *salach, filthy*		
76	áirím = *I count*	96	moill = *delay*
77	go laethúil = *daily*	96	íocaim = *I pay*
76	mura n-áireofá an dá bhuidéal fuisce a d'fholmhaigh sé go laethúil = *if you didn't count the two bottles of whiskey he emptied daily*	96	íocadh an chuid eile acu = *the rest of them were payed*
		97	fáth na moille = *reason for the delay*
77	drochbhabhtaí mearbhaill = *bad bouts of confusion*	97	taobhaím = *I draw near to*
		97	nár thaobhaigh Máirtín an áit ró-mhinic = *that Máirtín hadn't come near the place too often*
77	ní aithníodh sé = *he didn't recognise*		
78	go fiú = *even*	98	gála = *payment*
78	ag ruaigeadh = *banishing*	98	coinním = *I keep*
79	príobháideach = *private*	98	a coinníodh uaidh = *that had been kept from him*
79	ag fógairt = *proclaiming*		
80	aos teagaisc = *foireann múinteoireachta, teaching staff*		

roimhe sin a bhí scroichte anois. Bhí an teachtaireacht a bhí ar an gcárta a shín an Púca chuige
100 chomh tur, giorraisc leis an bhfear a dheachtaigh é –'Chugam ar do chaothúlacht.'
    'Is fearr dom aghaidh a thabhairt ar Bhalor,' a deir Máirtín. Ar nós mórán chuile dhuine sa gcoláiste agus i mBaile an Chaisil fré chéile, bhí leasainm ar an sparánaí a bhí in úsáid níos coitianta ná a ainm dílis féin. Dúirt an Púca an rud céanna a deireadh sé i gcónaí ar ócáidí mar seo.
105 'Breathnaigh idir an dá shúil air agus fógair i mullach an diabhail é.'
    Thrasnaigh Máirtín an chearnóg bheag féarach a bhí i lár fhoirgnimh an choláiste agus chnag ar dhoras na hoifige. Stop torann an chlóscríobháin agus chuala sé guth rúnaí an sparánaí dá ghlaoch isteach. Beainín chaite, thar a bheith cúthail, ab ea í agus cion ag gach aoinne uirthi.
110 'Dia dhuit, a Mháirtín. Fan nóiméad agus gheobhaidh mé é féin duit.'
    Bhagair Máirtín a lámh uirthi agus dúirt os íseal, 'Nach dtig leat é chaitheamh chugam tú féin? Ní theastaíonn uaim …'
    Chroith sí a ceann go cairdiúil agus go truamhéileach.
    'Tá an seic aige féin. Sílim go dteastaíonn uaidh labhairt leat. As ucht Dé anois, a Mháirtín,
115 ná habair aon cheo …' Leag sí a corrmhéar ar a beola agus shiúil chuig doras na hoifige taobh istigh. D'oscail sí é agus rinne monabar doiléir cainte.
    'Beidh mé leis anois díreach,' arsa an sparánaí de ghuth ard gairgeach, rinne gleo mór lena chathaoir agus tháinig go mall amach san oifig tosaigh. Fear ard cnámhach a bhí ann ar bhain stróc dá thaobh dheis ina mheánaois, rud a d'fhág leathmhaing air i dteannta na máchaille ar a
120 shúil. Bhí sé fíordheacair labhairt díreach leis mar bhí an tsúil seo ag síorathrú conair le linn don cheann eile bheith do do ghrinneadh. Tháinig sé i dtreo Mháirtín agus an seic deontais dá iompar idir ordóg agus corrmhéar aige faoi mar bheadh sé smálaithe. Dhearc Máirtín díreach ar an tsúil a bhí dá ghrinneadh agus rinne tréaniarracht chuile shórt eile sa seomra a sheachaint. Lig an sparánaí osna bheag mhífhoighde agus chroith a cheann.
125 'Níl fúm a dhul i bhfad scéil leis seo, Ó Méalóid, níl fonn dá laghad orm bheith ag tabhairt seanmóirí do dhuine ar bith nach ngéilleann do chiall ná do réasún … agus tá fhios go maith agam gur duine acu sin tusa. Bhí gealladh fút agus gealladh … gealladh … sea, ach céard a rinne tú ansin?' Chaith an sparánaí a lámha san aer go tobann agus d'imigh an seic ag foluain go dainséarach trasna i dtreo na tine. D'éirigh an bheainín, d'aimsigh chuici é agus rinne sodar
130 beag sásta i dtreo an sparánaí. Mheas Máirtín buntáiste a bhreith ar an eachtra.
    'Gheobhaidh tú d'áit ar ais ar fhoireann an chontae, a Iníon uí Chinnéide!'
    Bhagair sise go faiteach lena súile air ach lig an sparánaí cnead as, shnap an seic as a láimh agus tharraing buille boise ar chuntar na hoifige.
    'Bladar!' a deir sé. 'Bladar agus seafóid! Cén sórt ceolán tú féin ar chor ar bith? Ní le do
135 dheartháir a chuaigh tú … Níl fhios agam céard tá le déanamh leat.'
    Leis an ngeit a baineadh as, chaill Máirtín a ghreim ar an tsúil sheasta agus thit in umar na fiarshúile a bhí ag tabhairt timpeall na hoifige le fiántas. Bhí faitíos air go mbrisfeadh a gháire air agus rinne sé iarracht a aigne a dhíriú ar a chúrsaí bambairneacha féin, go mb'fhada ó údar

Gluais

99	teachtaireacht = *message*	120	ag síorathrú conair = *constantly changing direction*
100	tur = *abrupt*	120	le linn = *while*
100	an fear a dheachtaigh é = *the man who wrote it*	121	do do ghrinneadh = *staring intently at you*
100	ar do chaothúlacht = *at your convenience*	121	i dtreo = *towards*
101	Balor = dia miotaseolaíochta nach raibh ach súil amháin aige a chuir daoine faoi dhraíocht, *a mythological god who had only one eye that bewitched people*	121	seic deontais = *the grant cheque*
		122	ordóg = *thumb*
		122	faoi mar a bheadh sé smálaithe = *as if it were unclean*
		122	dhearc Máirtín = d'fhéach Máirtín
101	aghaidh a thabhairt ar Bhalor = dul chuig Balor, *go to Balor*	123	rinne sé tréaniarracht = *he made a huge effort*
101	ar nós = *like*	123	a sheachaint = *to avoid*
102	leasainm = *nickname*	124	osna mífhoighde = *impatient sigh*
102	níos coitianta = *more commonly*	125	níl fúm a dhul i bhfad scéil leis seo = *I'm not going to make a story out of this (I'll be brief)*
103	ainm dílis = *proper name*		
105	breathnaigh = féach, *look*		
105	fógair i mullach an diabhail é = *tell him to go to the devil*	125	níl fonn dá laghad orm = *I have no desire whatsoever*
106	foirgneamh = *building*	126	seanmóirí = *sermons*
107	clóscríobhán = *typewriter*	126	nach ngéilleann do chaill ná do réasún = *that does not yield to sense or reason*
108	caite = sean, *old*		
108	cúthail = *shy*	127	bhí gealladh fút = *you showed promise*
108	cion = *affection*	128	ag foluain = *floating*
109	aoinne = éinne, aon duine	129	d'aimsigh chuici é = *she caught it*
111	bhagair Máirtín a lámh uirthi = *Máirtín beckoned her with his hand*	129	sodar = *a trot*
		130	mheas Máirtín buntáiste a bhreith ar an eachtra = cheap Máirtín buntáiste a bhaint as an eachtra, *Máirtín thought he would take advantage of the incident*
111	os íseal = *under his breath*		
111	nach dtig leat = *can't you manage to*		
112	ní theastaíonn uaim (caint leis) = *I don't want (to talk to him)*	132	bhagair sise = *she beckoned*
113	truamhéileach = *pitiful*	132	go faiteach = go faitíosach, *timidly*
114	sílim = ceapaim, *I think*	133	bos = *palm of hand*
114	teastaíonn uaidh = *he wants*	133	buille boise = *a blow with the palm of his hand*
115	ná habair aon cheo (a chuirfeadh fearg air) = *don't say anything (that would make him angry)*		
		134	bladar = seafóid, *nonsense*
		134	ceolán = *silly person*
115	corrmhéar = *forefinger*	134	ní le do dhearthráir a chuaigh tú = *níl tú cosúil le do dhearthráir, you didn't take after your brother*
115	beola = *lips*		
116	monabar = monabhar, *murmer*		
116	doiléir = *indistinct, unclear*	136	greim = *grip*
117	guth ard gairgeach = *high surly voice*	136	súil sheasta = *steady eye, good eye*
118	oifig tosaigh = *front office*	137	fiarshúil = *a squint eye*
118	cnámhach = *bony*	136	umar na fiarshúile = *depths of the squinting eye*
118	ar bhain stróc dá thaobh dheis ina mheánaois = *who got a stroke in his right side in middle age*		
		137	le fiántas = *wildly*
119	leathmhaing = *lopsidedness*	138	ag díriú ar = *focusing on*
119	i dteannta = *as well as*	138	bambairneach = *frustrating*
119	máchaill = *a defect*	138	a chúrsaí bambairneacha féin = a chruachás féin, *his own predicament*
120	fíordheacair = *very difficult*	138	údar gáire = cúis gháire, *cause of laughter*

gáire iad. Ach go tobann scinn scéal grinn chuige i dtaobh an mhisinéir a bhí ag dul a tabhairt
140 greasáil dá shearbhónta sna creasa teo faoi ghadaíocht agus a thosaigh ag tabhairt seanmóir dó
le linn an réitigh. Arsa an searbhónta,

'If you must flogee, flogee! If you must preachee, preachee! But no flogee and preachee
too!' Dá laghad grinn dá raibh ag roinnt leis an scéal, ba leor é le smeach amaideach gáire a
bhaint as Máirtín dá bhuíochas. B'shin é a dhóthain! Stop an rúnaí den chlóscríobh agus bhuail
145 a lámha ar a ceann. Lig an sparánaí a dhá láimh ar an gcuntar agus chrom a cheann. Bhí tost
gránna san oifig. Díreach nuair a bhraith Máirtín a leithscéal a ghabháil, phreab an sparánaí an
seic os a chomhair, dhírigh a mhéar air agus dúirt go tomhaiste,

'Tabhair leat é sin. Sin é an dara gála ón gcéad théarma ... tríocha a ceathair punt, seacht
agus sé pingne. Ní íocfaidh an Rialtas pingin eile leat de bharr tú bheith as láthair ó do chuid
150 léachtaí uilig, nach mór, an téarma seo. Caolsheans go ligfear duit suí don scrúdú céime mura
mbíonn tinreamh céad faoin gcéad agat an téarma seo chugainn. Murach na leithscéalta a
rinneadh faoi thinneas t'athar ní dóigh go n-íocfaí an gála seo féin. Ní hé polasaí na Roinne
bheith ag coinneáil airgid óil le dailtíní nach dtaobhaíonn an coláiste ar chor ar bith.'

Tháinig fearg an Mháirtín. Bhí an rúnaí ag sméideadh go truacánta air.

155 'Níor iarr mise ar dhuine ar bith tinneas m'athar a tharraingt isteach sa scéal seo. Níor
theastaigh ...'

'Tá do dhóthain ráite agat. Tabhair leat an t-airgead. Sin deireadh. Tá sé chomh maith dom
inseacht duit freisin go bhfuil fios an scéil seo uilig ag do dheartháir. Tháinig sé chugam agus
d'inis mé dó é. Ba é mo dhualgas sin a dhéanamh. Tá meas agam air nach bhfuil agatsa is
160 cosúil.'

Bheadh, a sheanchonúis fiarshúileach, a deir Máirtín leis féin, agus gur hoirníodh do phleota
de mhac agus é féin an lá céanna thuas i Maigh Nuad le dhul amach ag gabháil máistreachta
ar dhaoine saonta. Phioc sé suas an seic agus rinne ar an doras gan focal a rá. Chuala sé guth
beag Iníon uí Chinnéide.

165 'Go n-éirí an t-ádh leat, a Mháirtín!' An méid sin féin! Agus gan féachaint i ndiaidh a chúil,
'Agus leatsa, a Iníon uí Chinnéide!'

Gluais

- 139 scinn scéal grinn chuige = *a funny story suddenly occurred to him*
- 139 i dtaobh = *regarding*
- 139 misinéir = *a missionary*
- 140 greasáil = léasadh, *a beating*
- 140 searbhónta = *a servant*
- 140 na creasa teo = *the tropics*
- 140 gadaíocht = *theft*
- 141 réiteach = *solution, settlement*
- 141 le linn an réitigh = *during the settlement of the matter*
- 143 dá laghad grinn a bhí ag roinnt leis an scéal = *however little fun was attached to the story*
- 143 smeach amaideach gáire = *a stupid gasp of laughter*
- 144 dá bhuíochas = *in spite of himself*
- 144 b'shin é a dhóthain = *that was enough*
- 145 tost gránna = *horrible silence*
- 146 díreach nuair a bhraith Máirtín a leithscéal a ghabháil = *just as Máirtín intended to excuse himself*
- 147 dhírigh sé a mhéar air = *he pointed his finger at him*
- 147 go tomhaiste = *in a measured, deliberate way*
- 148 dara gála = *second payment*
- 149 íocaim = *I pay*
- 149 ní íocfaidh an Rialtas = *the Government will not pay*
- 149 as láthair ó do chuid léachtaí uilig, nach mór = *absent from almost all of your lectures*
- 150 caolsheans = *slender chance*
- 151 tinreamh céad faoin gcéad = *one hundred per cent attendance*
- 151 murach na leithscéalta = *only for the excuses*
- 152 ní dóigh = *it's not likely*
- 152 polasaí na Roinne = *the Department's policy*
- 153 dailtíní = *the brats*
- 153 nach dtaobhaíonn an coláiste ar chor ar bith = *that do not attend the college at all*
- 154 ag sméideadh go truacánta air = *nodding piteously to him*
- 157 tá do dhóthain ráite agat = *you've said enough*
- 157 ta sé chomh maith dom inseacht (insint) duit = *I might as well tell you*
- 158 fios an scéil seo uilig = *the full circumstances, the whole story*
- 159 mo dhualgas = *my duty*
- 159 meas = *respect*
- 159 is cosúil = *it seems*
- 161 bheadh = bheadh meas agat air, *you would have respect for him*
- 161 seanchonús fiarshúileach = *old useless squint-eyed person*
- 161 oirním = *I ordain*
- 161 oirníodh do phleota de mhac = *your fool of a son was ordained*
- 162 Maigh Nuad = *Maynooth*
- 162 ag gabháil máistreachta ar = ag dul i gceannas air, *assuming authority over*
- 163 daoine saonta = daoine simplí (na dúchasaigh), *simple people (the natives)*
- 165 go n-éirí an t-ádh leat = *good luck to you*
- 166 agus leatsa = *and the same to you*

Caibidil 5

Achoimre ar an Sliocht

Bhí clog na hollscoile ag bualadh a trí nuair a shiúil Máirtín Ó Méalóid isteach an geata. Bhí gnó aige le déanamh le húdaráis an choláiste. Cé go raibh na mic léinn go léir ar saoire na Cásca, bhí na hoifigí go léir i mbun a ngnó.

Chonaic sé an doirseoir, Pádraic Puirséal, ina sheasamh faoi thúr an chloig. Fear dúchraicneach a raibh bolg ollmhór air ab ea Pádraic. Thugadh na mic léinn an Púca air. Throid sé i gCogadh na Saoirse, agus mar shaighdiúir in airm an tSaorstáit throid sé sa Chogadh Cathartha. Dá bharr sin tugadh an post san ollscoil mar luach saothair dó. Ach ní raibh sé sásta leis an saol nua faoin Saorstát agus d'iompaigh sé ina phoblachtánach (phoblachtach). Nuair a tháinig lucht na Léinte Gorma ar an bhfód bhí fuath aige dóibh. Cé go raibh an aimsir sin thart anois, bhí fuath aige don gharraíodóir de bharr eachtra a tharla tráth.

Bhí an garraíodóir ina bhall de na Léinte Gorma tráth. Oíche amháin chuaigh an Púca amach chun troid a dhéanamh leis na Léinte Gorma a bhí ag iarraidh damhsa a rith. Nuair a tháinig sé ar ais bhí sé ólta go maith. Nuair a fuair sé an geata bóltáilte ag an ngarraíodóir tháinig fearg uafásach air. Bhris sé a raibh d'fhuinneoga sa teach agus chuir sceon i gcroí chlann an gharraíodóra. D'ealaigh gasúr amach trí fhuinneog agus ghlaoigh ar na gardaí. Rinne an coláiste a ndícheall an eachtra a cheilt ach cuireadh an dlí ar an bPúca. Chuir an chúirt cosc ar an bPúca labhairt leis an ngarraíodóir ná lena chlann go deo arís. Bhí an coláiste ar tí Pádraic a bhriseadh as a phost ach chuir Club Poblachtánach an choláiste stop leo. Bhagair na poblachtánaigh círéib dá ndéanfaí dochar don Phúca. Fágadh an Púca ina phost.

Tharla an eachtra sin sa bhliain 1933. Uaidh sin amach bhí fuath ina chroí ag an bPúca don ngarraíodóir agus mhéadaigh an fuath le himeacht aimsire. Fuair sé seans díoltas a bhaint amach gan an dlí a bhriseadh nuair a tháinig an tAthair de Bláca agus a ghaidhrín, Bran, chun

---

gnó = *business*	tráth = uair amháin, *one time*
údaráis an choláiste = *the college authorities*	ball = *member*
mic léinn = *students*	sceon = uafás, *terror*
saoire na Cásca = *Easter holidays*	d'ealaigh gasúr = *a young boy escaped*
i mbun a ngnó = *about their business*	rinne an coláiste a ndícheall an eachtra a cheilt = *the college did its best to cover up the incident*
doirseoir = *porter, doorman*	
túr = *tower*	
dúchraicneach = *blackskinned*	cuireadh an dlí ar an bPúca = *the Púca was prosecuted*
bolg ollmhór = *huge stomach*	
thugadh na mic léinn an Púca air = *the students called him the Púca*	chuir an chúirt cosc ar = *the court prohibited*
	ar tí = *about to*
Cogadh na Saoirse = *the War of Independence*	bhagair na poblachtánaigh círéib = *the republicans threatened a riot*
an Saorstát = *the Free State*	
an Cogadh Cathartha = *the Civil War*	dochar = *harm*
dá bharr sin = *because of that*	mhéadaigh an fuath = *the hatred increased*
luach saothair = *reward*	le himeacht aimsire = *with the passing of time*
d'iompaigh sé = *he turned*	seans = *chance*
poblachtánach = poblachtach, *republican*	díoltas = *revenge*
lucht na Léinte Gorma = *the Blueshirts*	an dlí = *the law*
fuath = *hatred*	gaidhrín = madra beag, *a little dog*
eachtra = *incident*	

cónaí sa choláiste. Thraenáil an Púca an madra beag seo chun poill a thochailt san plásóga bláthanna agus na bláthanna a scriosadh.

Maidir leis an Athair de Bláca, bhí mearbhall air riamh ach tugadh an post mar léachtóir le Breatnais dó mar ní raibh na hiarrthóirí eile oiriúnach ó thaobh creidimh agus polaitíochta de. Ní raibh an coláiste sásta an post a thabhairt do mhinistir Modhach as an mBreatain Bheag, cé go raibh cáilíochtaí acadúla thar barr aige. Pé scéal é, ba bheag an tsuim a bhí ag an Athair de Bláca san ollscoil ná sa léinn. Ní dhearna sé faic chun suim san ábhar a chothú. Ní dhéanadh sé ach an méid oibre ba riachtanach chun an post a chinntiú. Ní bhíodh suim aige i scoláire a bhí dáiríre i leith an ábhair. B'fhearr leis a chuid ama saor a chaitheamh ag ól agus ag caint le daoine. Bhí an scéal mar sin go dtí gur iarr an tEaspag Ó Maoláin air cur isteach ar uachtaránacht an choláiste. Fuair sé an post agus rinne an t-easpag Monsignór de. Ach bhí sé ina dhruncaer amach is amach faoi seo agus é ag éirí níos díchéillí in aghaidh an lae. Chuir an t-easpag a rúnaí féin isteach chun aire a thabhairt dó. D'fhág sin go raibh an ollscoil faoi cheannas an easpaig. Le himeacht aimsire bhí sé ina amadán déanta a mbíodh seafóid agus mearbhall air de shíor. Lá amháin nuair a bhí céimeanna á mbronnadh aige chuaigh sé chun céim sa leigheas a bhronnadh ar ghrianghrafadóir a bhí ag tógáil pictiúir den ócáid do pháipéar áitiúil. Is minic nach mbíodh aithne aige ar éinne mar d'óladh sé dhá bhuidéal fuisce go

---

thraenáil an Púca = *the Púca trained*
ag tochailt = *digging*
plásóga bláthanna = *flowerbeds*
ag scriosadh = *destroying*
maidir le = *as regards*
mearbhall = *confusion*
léachtóir le Breatnais = *lecturer in Welsh*
iarrthóirí = *applicants*
oiriúnach = *suitable*
ó thaobh creidimh agus polaitíochta de = *with regard to religion and politics*
an Bhreatain Bheag = *Wales*
cáilíochtaí acadúla = *academic qualifications*
thar barr = *excellent*
pé scéal é = *anyhow*
suim = *interest*
léinn = *learning*
ní dhearna sé faic = *he did nothing*
chun suim san ábhar a chothú = *to foster interest in the subject*
riachtanach = *necessary*
chun an post a chinntiú = *to maintain the job*
dáiríre = *earnest, serious*
i leith an ábhair = *with regard to the subject*
uachtaránacht = *presidency*

go dtí gur iarr an tEaspag Ó Maoláin air cur isteach ar uachtaránacht an choláiste = *until Bishop Mullen asked him to apply for the presidency of the college*
níos díchéillí = *more senseless*
in aghaidh an lae = *by the day*
rúnaí = *secretary*
chun aire a thabhairt dó = *to take care of him*
faoi cheannas an easpaig = *under the control of the bishop*
le himeacht aimsire = *with the passing of time*
amadán déanta = *a complete fool*
seafóid = *nonsense*
de shíor = *always*
nuair a bhí céimeanna á mbronnadh = *when degrees were being conferred*
céim sa leigheas = *a degree in medicine*
grianghrafadóir = *photographer*
ócáid = *occasion*
áitiúil = *local*
is minic = *it's often*
nach mbíodh aithne aige ar éinne = *that he used not recognise anybody*
go laethúil = *daily*

laethúil. Uaireanta ní aithníodh sé an madra fiú, agus chuireadh sé an ruaig air as a ghairdín príobháideach féin. Ní bhíodh a fhios ag an madra bocht an cic nó cuimilt a bhí i ndán dó. Chuir an Púca aithne ar an madra lá nuair a bhí sé ag teitheadh ó mhic léinn innealtóireachta a bhí ag caitheamh nutaí toitín leis an ainmhí bocht. Rinne sé cairdeas leis an madra agus thraenáil sé é chun an garraíodóir a chrá.

   Anois bhí an bhliain 1949 ann, an bhliain a fógraíodh an Phoblacht. Bheannaigh an Púca go cairdiúil do Mháirtín Ó Méalóid. Bhí aithne mhaith aige ar Mháirtín mar a bhí aige ar na mic léinn go léir. D'fhiafraigh sé de cá raibh sé le tamall fada anuas mar gurbh fhada an lá ó d'ól sé pionta a tharraing Máirtín. Dúirt sé go raibh an ráfla ag dul thart go raibh sé imithe as an gcoláiste ar fad. Chaith sé cnámh le Bran agus, leis sin, rith an garraíodóir amach chun an ruaig a chur ar an ainmhí. Bhí sé ar mire. Bhí baol ann go mbuailfeadh taom croí é, bhí sé chomh suaite sin. Bhí a fhios ag an saol go raibh sé geallta ag an gcoláiste don gharraíodóir nach mbeadh sé ceadaithe ag éinne madra eile a choimeád san áit nuair a bheadh Bran marbh. Ní raibh sé de mhisneach ag an ngarraíodóir, ámh, nimh a thabhairt do Bhran. Dúirt an Púca le Máirtín nach raibh a fhios aige cad a dhéanfadh sé dá bhfaigheadh Bran bás. Ní bheadh sé ábalta an garraíodóir a chrá a thuilleadh.

   Maidir le Máirtín, bhí sé tuirseach den scéal. Bhí sé ag smaoineamh ar a chruachás féin. Mac léinn scoláireachta ab ea é a chuaigh ar a aimhleas agus a lig a chuid staidéir i bhfaillí. Bhí a dheontas á lorg aige. Choinnigh an coláiste an t-airgead siar de bharr nach raibh sé ag freastal go rialta ar an ollscoil. Dúirt an Púca leis go raibh an seic in oifig an sparánaí. Thug an Púca cárta dó ón sparánaí a raibh an teachtaireacht bhorb 'Chugam ar do chaothúlacht' scríofa air. Chuaigh Máirtín díreach chuig an sparánaí. Chuir an rúnaí fáilte roimhe. Bean deas chúthaileach ab ea í a raibh cion ag gach duine uirthi. Dúirt sí go raibh an seic ag an sparánaí

---

uaireanta = *sometimes*	ceadaithe = *permitted*
ní aithníodh sé = *he used not recognise*	misneach = *courage*
fiú = *even*	nimh = *poison*
chuireadh sé an ruaig air = *he used to drive him away*	a thuilleadh = *anymore*
	cruachás = *predicament*
príobháideach = *private*	mac léinn scoláireachta = *a scholarship student*
cuimilt = *a rub*	a chuaigh ar a aimhleas = *who went astray*
i ndán dó = *in store for him*	lig a chuid staidéir i bhfaillí = *neglected his studies*
ag teitheadh = *fleeing*	
mic léinn innealtóireachta = *engineering students*	deontas = *grant*
rinne sé cairdeas = *he made friends*	choinnigh an coláiste an t-airgead siar = *the college kept the money back*
an bhliain a fógraíodh an Phoblacht = *the year the Republic was proclaimed*	de bharr = *because*
	ag freastal go rialta = *attending regularly*
ráfla = *rumour*	sparánaí = *burser*
ar mire = *furious*	teachtaireacht bhorb = *abrupt message*
baol = *danger*	ar do chaothúlacht = *at your convenience*
go mbuailfeadh taom croí é = *that he would have a heart attack*	cúthaileach = *shy*
	cion = *affection*
suaite = *incensed*	
geallta = *promised*	

agus gur theastaigh uaidh caint leis. Bhí trua aici do Mháirtín agus dúirt sí leis gan aon rud a rá a chuirfeadh fearg air. Fear ard garbh ab ea an sparánaí. Bhuail stróc é a rinne dochar dó uair. Ní raibh sé ábalta siúl i gceart agus bhí leathshúil leis a théadh i ngach treo fad a bhíodh an ceann eile ag féachaint go géar ort. Sin an fáth gur tugadh Balor air mar leasainm. Bhí cuma an-chrosta air. Dúirt sé gur mhac léinn an-chliste é Máirtín ach nach raibh iarracht dá laghad á dhéanamh aige. Nuair a chaith an sparánaí a lámha sa aer go tobann thit an seic as a láimh agus chuaigh ag foluain i dtreo na tine. Rug an rúnaí air agus thug ar ais dó é. Ach dúirt Máirtín rud greannmhar a chuir fearg uafásach ar an sparánaí. Bhuail sé a dhorn go fíochmhar ar an mbord agus dúirt leis nach raibh sé cosúil lena dhearthái, nach raibh a fhios aige cad a dhéanfadh sé leis.

Bhí Máirtín ag iarraidh gan gáire a dhéanamh. Ach theip air. Smaoinigh sé ar scéal grinn faoin mhisinéir a chuala sé tráth agus thosaigh sé ag gáire. Bhí an sparánaí ar mire. Chuir sé a dhá lámh ar an mbord agus chrom sé a cheann. Bhí teannas mór san oifig. Thug sé an seic do Mháirtín agus dúirt leis nach bhfaigheadh sé a thuilleadh airgid ón gcoláiste. Dúirt sé nach mbeadh cead aige suí don scrúdú céime muna mbeadh sé i láthair ag na ranganna gach lá uaidh sin amach. Dúirt sé go raibh sé ag tabhairt an airgid dó de bharr go raibh an leithscéal aige go raibh a athair tinn, rud a chuir fearg ar Mháirtín. Dúirt sé, freisin, gur inis sé an scéal go léir do dhearthái Mháirtín, an sagart. Dúirt sé go raibh ardmheas aige ar a dhearthái ach nach raibh meas dá laghad aige air féin. Thuig Máirtín cén fáth go raibh an scéal mar sin. Bhí mac ag an sparánaí a bhí ina shagart. Dar le Máirtín, chuaigh sé thar lear mar mhisinéir chun dul i gceannas ar dhaoine simplí.

Phioc Máirtín suas an seic agus chuaigh an doras amach. D'fhág an rúnaí slán leis go cneasta agus d'fhág Máirtín slán aici.

theastaigh uaidh = *he wanted*	go fíochmhar = *fiercely*
trua = *pity*	cosúil = *like*
garbh = *rough*	scéal grinn = *funny story*
bhuail stróc é = *he had a stroke*	chrom sé = *he stooped*
dochar = *harm*	teannas = *tension*
leathshúil = *one eye*	a thuilleadh airgid = *more money*
i ngach treo = *in every direction*	cead = *permission*
go géar = *sharply*	scrúdú céime = *degree examination*
leasainm = *nickname*	i láthair = *present*
cuma = *appearance*	uaidh sin amach = *from then on*
nach raibh iarracht dá laghad á déanamh aige = *that he wasn't making the slightest effort*	leithscéal = *excuse*
	ardmheas = *great respect*
go tobann = *suddenly*	meas dá laghad = *the least respect*
ag foluain = *floating*	misinéir = *missionary*
i dtreo = *towards*	chun dul i gceannas ar dhaoine simplí = *to lord it over simple people*
greannmhar = *funny*	
a dhorn = *his fist*	go cneasta = *gently*

● **Ceisteanna**

1. 'Bhí clog na hollscoile ag bualadh buillí a trí nuair a shiúil Máirtín Ó Méalóid isteach an geata.' Cá raibh Máirtín ag dul? Cén fáth? Cén fáth nach raibh micléinn le feiceáil in aon áit?

2. 'Ní raibh duine ná deoraí le feiceáil … ach an doirseoir, Pádraic Puirséal, a bhí ina sheasamh go sásta ….' Cad a bhí á dhéanamh ag Pádraic a chuir sásamh air? Déan cur síos air. Cén leasainm a bhí air?

3. Inis go cruinn cad a deirtear sa sliocht faoi óige an Phúca? Conas a tharla gur tugadh post mar dhoirseoir dó? Cén t-athrú 'míorúilteach' a tháinig air tar éis dó an post a fháil?

4. Cén comhrá a bhí ag an bPúca le Máirtín? Cén dea-scéal a bhí aige dó? Cén teachtaireacht a bhí aige dó? Cad a bhí á dhéanamh aige fad a bhí sé ag caint leis?

5. '… d'fhill an Púca ar an gcoláiste tar éis dó bheith amuigh faoin tír ag bualadh lucht léinte gorma a bhí ag iarraidh damhsa a rith.' Mínigh go cruinn cad a tharla an oíche sin agus cad a tharla dá bharr.

6. '… nuair a tháinig an Monsignór de Bláca agus a ghaidhrín, Bran, chun cónaí sa gcoláiste, fuair sé deis a dhíoltas a agairt taobh istigh de chuibhreacha an dlí.' Cén díoltas é sin?

7. 'Níl a fhios agam beo céard a dhéanfaidh mé má chailltear an gadhar sin sula gcailltear a mháistir,' arsa an Púca le Máirtín …' Mínigh go cruinn cad a bhí i gceist ag an bPúca leis na focail sin.

8. Déan cur síos cruinn ar an Monsignór de Bláca. Conas a tharla go bhfuair Monsignór de Bláca an post sa choláiste? An raibh sé oiriúnach don phost sin? Mínigh cén fáth.

9. '… chuir an tEaspag Ó Maoláin fios air lá agus thug ordú dó dhul amach ar fud na dúiche ag stocaireacht dó féin mar iarrthóir don Uachtaránacht.' Tabhair cuntas ar a amaidí is bhí Monsignór de Bláca i rith a thréimhse mar uachtarán an choláiste.

10. 'Tá an greann go han-láidir sa scéal seo.' Léirigh an greann mar a bhaineann sé le Monsignór de Bláca.

11. 'Tá an greann go han-láidir sa scéal seo.' Léirigh an greann mar a bhaineann sé le Pádraic Puirséal (an Púca).

12. 'Ach bhí Máirtín tuirseach den scéal leadránach agus bhí rudaí eile ar a intinn.' Mínigh fáth buartha Mháirtín.

13. '"Is fearr dom aghaidh a thabhairt ar Bhalor," a deir Máirtín.' Cén fáth gur tugadh 'Balor' ar an sparánaí? Déan cur síos air.

14. 'Stop torann an chlóscríobháin agus chuala sé guth rúnaí an sparánaí dá ghlaoch isteach.' Conas a léirítear an rúnaí sa scéal? Cad a dúirt sí le Máirtín nuair a tháinig sé isteach?

15. 'Ní le do dheartháir a chuaigh tú … Níl fhios agam céard tá le déanamh leat.' Cad a bhí i gceist ag an sparánaí leis an gcaint sin? Cad a dúirt an sparánaí faoi dheartháir Mháirtín?

16. Cad a thug ar Mháirtín gáire a dhéanamh cúpla uair fad a bhí an sparánaí ag tabhairt íde béil dó? Conas a chuaigh sé sin i gcion ar an sparánaí?

17 'Níl fúm dul i bhfad scéil leis seo, Ó Méalóid, níl fonn dá laghad orm bheith ag tabhairt seanmóirí do dhuine ar bith nach ngéilleann do chiall ná do réasún …' Tabhair cuntas cruinn ar a ndúirt an spáránaí le Máirtín.

18 Cén fáth gur tháinig Máirtín go dtí an ollscoil an lá sin? Inis go cruinn conas a d'éirigh leis.

19 'Is mór an trua é Máirtín sa sliocht seo. Tá sé go mór faoi strus, ach is é féin is cúis lena chruachás.' An ráiteas seo a phlé.

20 Tabhair cuntas gairid ar a bhfuil sa sliocht faoi na téamaí seo a leanas: buairt, mí-fhoighne, greann, spórt, díoltas, fearg, cneastacht, fuath, strus (brú), mearbhall intinne, amaideacht, gliceas, cúrsaí dlí, an Eaglais.

Fiche Bliain ag Fás – Muiris Ó Súilleabháin

Roghnaíodh an sliocht seo as Fiche Bliain ag Fás *le Muiris Ó Súilleabháin (1904–1950). Dearcadh an ógfhir atá againn in* Fiche Bliain ag Fás. *I stíl cneasta tugann Ó Súilleabháin cuntas taitneamhach ar a óige sa Bhlascaod Mór go dtí gur fhág sé an t-oileán ina ógfhear chun bheith ina gharda síochána. Tá clú domhanda ar an leabhar seo a foilsíodh sa bhliain 1933. Chuir George Thompson agus Moya Llewelyn Davies Béarla,* Twenty Years a-Growing, *air sa bhliain chéanna, agus aistríodh go teangacha éagsúla é.*

– Téanaíg anso isteach, arsa mo dheartháir linn féin. Phriocas féin Tomás. Seo linn go léir isteach go dtí an siopa, agus deirim leat go raibh gach ní chun ár maitheasa againn, beirt againn suite síos ar stól ag ól na tae, agus nuair a bhí an tae ólta againn, do thug mo dheartháir deich scillinge dhom féin agus coróin do Thomás, agus dhein athair Thomáis an rud
5 céanna. – Nuair a raghaidh sibh síos ar an dtráigh anois, fanaíg amach ó sna capaill, arsa Muiris Eoin Bháin; bailíg libh anois agus bíodh an lá fén dtor agaibh. Ní raibh an tarna focal air, agus seo linn sna cosa in airde an bóthar soir.

– Ní fheadar 'on domhan, a Thomáis, cad a cheannóm? – An bhfuil a fhios agat cad a cheannóm? arsa Tomás i gcogar liom, beidh deoch againn. – B'fhéidir go gcuirfeadh sé ar
10 meisce sinn, arsa mise. – Ó, ní ólfam mórán, arsa Tomás. – Ar ólais riamh é? arsa mise. – Dhera a dhuine, d'ólas, ar seisean, an oíche úd i dtigh Dhiarmaid Ó Sé go raibh an soitheach acu – d'ólas piont agus níor chuir sé ar meisce mé.

Sa chaint dúinn mar sin, cá mbeimís ach ar aghaidh thí óil amach i gCeann Trá. – Th'anam 'on diucs, arsa Tomás, gheobham anso istigh é, ag imeacht linn isteach. Shuíomair síos ar stól
15 fada a bhí sínte suas le taobh an fhalla. Bhí bean mhór fhada liath ar an dtaobh istigh den

Gluais

1	téanaíg anso isteach = téanaigí anseo isteach, *go in here*	9	i gcogar liom = *in a whisper to me*
1	phriocas = phrioc mé, *I prodded*	9	deoch = *drink*
2	deirim leat = *I tell you*	9	b'fhéidir = *maybe*
2	ní = rud, *a thing*	9	ar meisce = *drunk*
2	go raibh gach ní chun ár maitheasa againn = *that we had everything to our benefit*	10	ní ólfam mórán = ní ólfaimid mórán, *we won't drink much*
4	coróin = *a crown*	10	ar ólais riamh é = ar ól tú riamh é, *did you ever drink it*
4	dhein (sé) = rinne (sé), *he did*	11	soitheach = barrell, *cask*
4	an rud céanna = *the same thing*	12	piont = pionta, *a pint*
5	raghaidh sibh = rachaidh sibh, *you will go*	13	sa chaint dúinn mar sin = agus sinn ag caint mar sin
5	ar an dtráigh = ar an trá, *on the strand*	13	teach óil = teach tábhairne, *public house*
5	fanaíg = fanaigí, *stay*	13	ar aghaidh thí óil amach = *right in front of a pub*
6	bailíg = bailigí, imigí, *go*	13	th'anam 'on diucs = *Good God*
6	bíodh an lá faoin dtor agaibh = *have an idle free day*	14	gheobham anso istigh é = gheobhaimid anseo istigh é, *we'll get it in here*
6	tarna = dara, *second*	15	sínte suas le taobh an fhalla (bhalla) = *stretched up against the wall*
7	sna cosa in airde = ar cosa in airde, *at a gallop*	15	liath = *grey*
7	soir = *eastward*		
8	ní fheadar 'on domhan = *I wonder*		
8	cad a cheannóm = cad a cheannóimid, *what will we buy*		

Caibidil 5

gcuntar agus cuma an tormais ar a haghaidh. I gceann tamaill, labhair sí as Béarla: – *Are ye going to the races?* ar sise. – *We are*, arsa mise. Do gháir Tomás. Luíos féin mo shúil air, agus thuig sé láithreach cad a bhí ar m'aigne, agus dá bhrí sin chuir sé cuma an-stuama air féin. Sa deireadh d'éiríos. – Tabhair dúinn dhá phiont, más é do thoil é, arsa mise. D'fhéach sí orainn
20 agus dhein gáire, ansan d'fhéach ar Thomás, d'fhéachamair féin ar a chéile. – Dhá phoint! ar sise go hiontaiseach. – Sea, arsa mise go tur. – Cad as sibh? ar sise. – As Cathair Bó Sine, arsa mise, agus thugas súil ar an ndoras féach an gcífinn mo dheartháir Seán ag teacht. – Agus an bhfuil airgead agaibh? – Tá, arsa Tomás. D'iontaigh sí isteach agus do líon dhá phiont.

Bheireas féin ar phiont acu agus do shíneas go dtí Thomás é go deiliúsach, bheireas ansan
25 ar mo cheann féin agus do shuíos síos á ól. Níor fhéadas gan gáire a dhéanamh nuair a chonac Tomás agus an piont ar a bhéal aige, é go clóchaiseach ins an am chéanna. Ní raibh ólta aige ach cúig bholgam nuair a stad sé, d'fhéach orm agus chuir sleabhac air féin, chroth a cheann agus chuir scaimh eile air féin gur tháinig riastaí ina mhalainn. – Tá sé go maith, arsa mise. – Ó, tá blas bréan air, ar seisean, ní ólfad go deo é. – Ceal misnigh atá ort, a bhuachaill, arsa mise ag
30 cur mo phiont féin ar mo cheann. Seo le Tomás ag cur na súl tríom. – Ó, ar seisean, conas a dh'ólann tú mar sin é? – Neosadsa dhuit, arsa mise ag cur an piont i leataoibh, canathaobh go bhfuil blas bréan agat á fháil air. I dtaobh go bhfuileann tú ag blaistínteacht air. Nuair a chuirfidh tú an piont ar do bhéal, arsa mise, ná dein aon stop nó go gcaithfir t'anál do tharrac. Chuir sé an piont ar a bhéal ansan agus bhain slogóg mhaith as. – Is dóigh liom, ar seisean, go
35 bhfuil an ceart agat.

Ambaice nach fada a bhí nuair a bhí an dá phiont ólta againn. Chuimil Tomás bos dá bhéal – Bíodh ceann eile againn, ar seisean. – Ó, th'anam 'on diucs, arsa mise, tá ár ndóthain anois againn. – Ná bac san, ar seisean, ag iontú isteach agus ag glaoch ar dhá phiont eile. Líon sí amach dhá phiont agus dhein gáire arís. Chuireas féin cogar i gcluais Thomáis. – Is dóigh
40 liomsa, a Thomáis, arsa mise, ná fuil cuma fir fós orainn ar an gcuma atá an scrogaire mná san ag gáirí fúinn, agus tá comh maith againn teitheadh as so sara dtiocfaidh t'athair agus Seán orainn. – Ól é sin, arsa Tomás, agus ná bí ag caint – nach lá do sna trí fichid é, mar a deireadh na sean-daoine an oíche úd a bhí an soitheach i dtigh Dhiarmada? D'airíos anois go raibh Tomás geirgéiseach go maith. Chuireas mo phiont ar mo bhéal agus bhíomair ó bholgam go
45 bolgam nó go rabhadar díogaithe siar againn. Ní fada a bhí nuair a bhraitheas mo cheann ina roilleán. D'fhéachas ar Thomás, agus bhí an dá shúil imithe siar ina cheann. Dhein sé gáire agus gáire eile gan aon bhun aige leis. – Téanam, a Thomáis, arsa mise.

Lena linn sin, thosnaigh an tigh ag imeacht timpeall orm. Tháinig allas tríom amach. D'éiríos im sheasamh. Seo liom amach. Ní rabhas ach im sheasamh amuigh nuair a tógadh ó
50 thalamh mé agus buaileadh ar chúl mo chinn mé. D'fhéachas im thimpeall. Ní fheaca éinne. Tá liom, arsa mise, ag teanntú liom nó gur chuas siar sa ghairdín. Shuíos síos ar chloich agus fonn cuir amach orm. Ansan chuireas mo lámh siar im scornaigh, agus ní fada a bhí nuair a chuireas amach é comh glan agus a dh'ólas é. Thógas mo cheann agus dar fia bhraitheas comh maith agus bhíos riamh; ach mise á rá leat go bhfuair an chéad fhear a chuimhnigh ar an lionn dubh
55 eascaine uaimse an lá san.

Gluais

16	cuntar = *counter*	36	chuimil Tomás bos dá bhéal = *Tomás wiped his mouth with his palm*
16	cuma an tormais = *sulky appearance*	37	bíodh ceann eile againn = *let's have another one*
17	luíos (luigh mé) féin mo shúil air = *I stared at him*	37	tá ár ndóthain againn = *we have enough*
18	thuig sé = *he understood*	38	ná bac san = *don't mind that*
18	láithreach = *immediately*	39	ag iontú = ag iompú, *turning*
18	cad a bhí ar m'aigne = *what was on my mind*	39	cogar = *a whisper*
18	dá bhrí sin = *therefore*	39	chuireas (chuir mé) cogar i gcluais Thomáis = *I whispered in Tomás's ear*
18	stuama = *sensible*	40	cuma = *appearance*
18	chuir sé cuma an-stuama air féin = *he adopted a very sensible appearance*	40	ná fuil (nach bhfuil) cuma fir fós orainn = *that we still don't look like men*
19	d'éiríos = d'éirigh mé, *I got up*	40	scrogaire = *eavesdropper*
20	dhein (sí) gáire = rinne (sí) gáire, *she laughed*	40	ar an gcuma atá an scrogaire mná san ag gáire fúinn = *judging by the way that that eavesdropper of a woman is laughing at us*
20	d'fhéachamair féin ar a chéile = d'fhéachamar féin ar a chéile, *we looked at each other*	41	ag teitheadh = *fleeing*
21	go hiontaiseach = go hiontasach, *in amazement*	41	tá (sé) chomh maith againn teitheadh as so (seo) = *it's as well for us to hurry out of here*
21	go tur = *drily, coldly*	41	sara dtiocfaidh siad orainn = *before they come on us*
21	cad as sibh = *where are you from*	42	nach lá do sna trí fichid é = *nach iontach an lá é*
22	thugas (thug mé) súil ar an doras = *I stared at the door*	42	mar a deireadh na seandaoine = *as the old people used to say*
22	féach an gcífinn (an bhfeicfinn) = *to see if I would see*	43	soitheach = *barrel*
23	d'iontaigh sí = d'iompaigh sí, *she turned*	43	i dtigh Dhiarmada = i dteach Dhiarmada, *in Diarmaid's house*
24	bheireas = rug mé, *I grapped*	43	d'airíos = d'airigh mé, *I noticed*
24	shíneas (shín mé) = *I stretched, handed*	44	geirgéiseach = *loud-mouthed*
24	go deiliúsach = *impudently*	44	bhíomair = bhíomar, *we were*
25	níor fhéadas (níor fhéad mé) gan gáire = *I couldn't but laugh*	45	go rabhadar = go raibh siad, *until they were*
26	é go clóchaiseach ins an am céanna = *self-important at the same time*	45	díogaithe siar = *swallowed*
27	bolgam = *sup, mouthful*	45	bhraitheas (bhraith mé) = *I felt*
27	chuir (sé) sleabhac air féin = *he slouched*	45	bhraitheas mo cheann ina roilleán (roithleán) = *I felt my head in a whirl*
27	chroth (sé) a cheann = chroith (sé) a cheann, *he shook his head*	46	imithe siar ina cheann = *gone back in his head*
28	chuir (sé) scaimh eile air féin = *he snarled, grimaced*	48	lena linn sin = *during that while*
28	riastaí = *stripes, welts*	48	allas = *sweat*
28	riastaí ina mhalainn = riastaí ina mhala, *his brow furrowed*	49	tógadh ó thalamh mé = thit mé, *I fell*
29	blas bréan = *rotten taste*	50	cúl mo chinn = *back of my head*
29	ní ólfad (ní ólfaidh mé) go deo é = *I will never drink it*	50	ní fheaca éinne = ní fhaca aon duine, *nobody saw*
29	misneach = *courage*	50	tá liom = *I'm okay*
29	ceal misnigh = easpa misnigh, *lack of courage*	51	ag teanntú liom = *pressing on*
30	ag cur na súl tríom = *staring intently at me*	51	ar chloich = ar chloch, *on a stone*
30	conas a dh'ólann tú = conas a ólann tú, *how do you drink*	51	fonn cur amach orm = *wanting to vomit*
31	neosad dhuit = inseoidh duit, *I will tell you*	52	scornach = *throat*
31	i leataoibh = *to one side*	52	chuireas (chuir mé) mo lámh siar im scornaigh (scornach) = *I put my hand down my throat*
31	canathaobh = cén fáth, *why*	52	chuireas (chuir mé) amach é chomh glan agus a dh'ólas (d'ól mé) é = *I threw it up as fast as I had drunk it*
32	i dtaobh go bhfuileann tú = mar go bhfuil tú, *because you are*	53	thógas (thóg mé) mo cheann = *I lifted my head*
32	ag blaisínteacht air = *sipping it*	53	dar fia = *by Jove*
33	t'anál = d'anáil, *your breath*	53	bhraitheas (bhraith mé) chomh maith agus a bhíos (bhí mé) riamh = *I felt as good as ever*
33	nó go gcaithfir (gcaithfidh tú) t'anál do tharrac (a tharraingt) = *until you have to draw your breath*	54	ach mise á rá leat = ach deirim leat, *I swear*
34	is dóigh liom = *I suppose*	54	lionn dubh = leann dubh, *stout, porter*
36	ambaice = ambaiste, *indeed, really*	54	an chéad fhear a chuimhnigh ar an lionn dubh = *the first man who thought of stout*
36	bos = *palm of hand*	55	eascaine = *curse, swear*

Caibidil 5

233

Bhíos im rífhear anois. D'éiríos im sheasamh. Ní fheadar 'on domhan, arsa mise, cá bhfuil Tomás. Nach mór an obair nár tháinig fonn úirlicí air fé mar a tháinig ormsa. Seo liom síos, níor ligeas faic orm, mé ag feadaíl dom féin. Bhíos ag déanamh ar an ndoras nuair a chuala an chaint istigh, agus d'aithníos gurbh é Tomás a bhí ann. Stadas agus chuireas cluas orm féin. Is
60 gearr anois gur chuala é á rá ná raibh aon fhear i gCeann Trá maith a dhóthain d'fhear dó. Seo liom isteach ansan, agus cad a bheadh ach Tomás ina sheasamh i lár an urláir, gan aon chaipín air, píp mhór nua ina bhéal aige, deatach aige á bhaint aisti is allas tríd amach.

– Th'anam 'on diucs, a Thomáis, cá bhfuairis an phíp? arsa mise. – Fuaireas í cheannach, arsa Tomás, mar táim ábalta air. – Nach mór an clócas atá air, arsa an bhean a bhí ina seasamh
65 ar an dtaobh istigh don gcuntar. Lena linn sin, do léim Tomás isteach go dtí an gcuntar agus bhuail buille maith dá dhorn anuas air. – Más bruíon atá uait, ar seisean, tar anso amach anois – is mise an fear duit agus d'aon fhear i gCeann Trá. – Téanam, a Thomáis, arsa mise, nó beidh na ráiseanna caillte againn. – Ó, th'anam 'on diucs, arsa Tomás, níor chuimhníos riamh orthu ó bheith ag caint leis an sleabhcaire mná san istigh.

70 Phriocas liom amach é. – Ambriathar féin, a Thomáis, arsa mise agus sinn an bóthar soir, go bhfuileann tú ar meisce. – Dheara a dhuine, nílim, ar seisean ag déanamh gáire, d'ólfainn soitheach dó fós. Lena linn sin thit sé leis i gcoinne an fhalla. Thógas é agus thugas liom siar sa ghairdín é. – Féach an bhféadfá cur amach anois, a Thomáis, arsa mise, agus beidh tú go maith ina dhiaidh. Chuir sé a lámh siar ina bhéal agus ní fada gur chuir sé amach a raibh ólta aige.
75 Thóg sé a cheann agus d'fhéach orm féin go brónach.

– Mhuise, nach mór an amadántaíocht d'aon duine atá ag ól, ar seisean. – Is fíor duit é, arsa mise. – Braithim go han-mhaith anois, ar seisean, ach amháin an blas gránna atá im béal. – Ná bac san – is fuiriste dhúinn é sin do leigheas, arsa mise, agus seo liom isteach 'on tsiopa, agus cheannaíos roinnt milseán. Seo linn soir an bóthar ansan agus na milseán againn á chogaint ar
80 ár lándícheall, agus níor dheineamair stad ná staon nó gur bhaineamair amach Tráigh Fionntrá.
– Ó a thiarcais, arsa Tomás ag féachaint ina thimpeall, cá bhfaightear bia dhóibh ar fad? – Nach iontach an slua atá ann, arsa mise. – Ó, ní féidir léamh air, arsa Tomás. Bhí beirt againn anois agus ní raibh a fhios againn an b'ar aer nó ar thalamh a bhíomair leis an ngliondar a bhí ar ár gcroí, do bhí oiread san gleo agus dul trí chéile ar an dtráigh, gach aon tsaghas dream agus a
85 gcleas féin ar siúl acu.

Is gearr gur thugamair fé ndeara bulc mór daoine i dteannta a chéile agus gáirí an domhain orthu. – Tá spórt éigin anso thiar acu, arsa Tomás. Seo linn sa rith, agus cad a bheadh ach fear mór millteach istigh ina measc, bord beag aige agus a phaca cártaí, na ceithre aon amuigh ar an mbord aige, agus gach aon choinne agam ná go bpléascfadh na féithleoga a bhí ina
90 mhuineál leis an nglamaíl a bhí air: – *Hello, hello, hello! Come on, ladies and gentlemen! Someone for the lucky club! Hello, hello, hello!* – Cad é an chaint atá ar siúil aige? arsa Tomás. – Tá, arsa mise, dá gcuirfeá pingin ar aon triuch nó ar aon aon, agus go n-iontódh ort, bheadh trí pingine agat agus pingin aige féin.

Gluais

56	bhíos (bhí mé) im rífhear anois = *I was fine now*	79	na milseáin againn á gcogaint ar ár lándícheall = *chewing the sweets as hard as we could*
57	nach mór an obair = *isn't it surprising*	80	níor dheineamair (dheineamar) = ní dhearnamar, *we didn't make*
57	fonn úirlicí = *a desire to vomit*	80	staon = stad, *stop*
57	níor ligeas (lig mé) faic orm = *I didn't let on that anything was wrong*	80	gur bhaineamair (bhaineamar) amach Tráigh (Trá) Fionntrá = *until we reached Ventry Strand*
58	ag feadaíl = *whistling*	81	a thiarcais = *my goodness*
58	ag déanamh ar = *making for*	81	cá bhfaightear bia dhóibh ar fad = *how are they all fed*
59	d'aithníos (d'aithin mé) = *I recognised*	82	iontach = *wonderful*
59	chuireas (chuir mé) cluas orm féin = d'éist mé, *I listened*	82	slua = *a crowd*
60	ná raibh = *nach raibh*	82	ní féidir léamh air = níl insint scéil air, *it couldn't be described*
60	maith a dhóthain d'fhear dó = *a good enough man for him*	83	ní raibh a fhios againn an b'ar aer nó ar thalamh a bhíomair (bhíomar) = *we didn't know whether we were (floating) on air or standing*
62	deatach = *smoke*		
62	allas tríd amach = *sweat out through him*		
63	cá bhfuairis = cá bhfuair tú, *where did you get*	83	leis an ngliondar a bhí ar ár gcroí = leis an t-áthas a bhí orainn, *with the great happiness we felt*
63	fuaireas (fuair mé) í (a) cheannach = *I managed to buy it*		
64	táim ábalta air = *I can afford it*	84	oiread san gleo = *so much noise*
64	clóchas = *presumption*	84	dul trí chéile = *commotion*
65	lena linn sin = *there and then*	84	dream = *group*
66	dorn = *fist*	85	cleas = *trick*
66	bhuail buille maith dá dhorn anuas air = *struck a good blow of his fist down on it*	84	gach aon tsaghas dream agus a gcleas féin ar siúl acu = *every sort of group and each with their own trick*
66	bruíon = troid, *fight*		
67	téanam = *let's go*	86	thugamair fé ndeara = thugamar faoi deara, *we noticed*
67	beidh na rásanna caillte againn = beidh na rásanna thart, *we will miss the races*		
		86	bulc mór daoine = *mass of people*
68	níor chuimhníos (chuimhnigh mé) riamh orthu = *I never remembered (thought of) them*	86	i dteannta (a) chéile = *together*
		87	fear mór millteach = *a huge man*
69	sleabhcaire mná = *sharp-faced woman*	88	ina measc = *among them*
70	go bhfuileann tú (bhfuil tú) ar meisce = *that you are drunk*	88	paca cártaí = *pack of cards*
		88	na ceithre aon = *the four aces*
71	d'ólfainn soitheach de fós = *I could still drink a barrel of it*	89	gach aon choinne agam = *I had every expectation*
72	i gcoinne an fhalla (an bhalla) = *against the wall*	89	pléascaim = *I explode*
73	féach an bhféadfá cur amach = *see could you throw up*	89	féithleoga = féitheoga, *vein*
74	chuir sé amach a raibh ólta aige = *he threw up what he had drunk*	89	go bpléasfadh na féithleoga a bhí ina mhuineál leis an nglamaíl a bhí air = *that the veins in his neck would explode with all his shouting*
76	amadántaíocht = amadánacht, *foolishness*		
76	is fíor duit é = *it's true for you*	91	cad é an chaint atá ar siúl aige = *what's he on about*
77	braithim = *I feel*		
77	blas gránna = *horrible taste*	92	aon triuch = aon triuf, *ace of clubs*
77	ná bac san = *don't mind that*	92	iontaím = iompaím, *I turn*
78	fuiriste = *furasta, easy*	92	dá gcuirfeá pingin ar aon triuch nó ar aon aon, agus go n-iontódh ort = *if you were to put a penny on the ace of clubs or any ace, and it turned for you*
78	is fuiriste dhúinn é sin do (a) leigheas = *it's easy to cure that*		
79	ag cogaint = *chewing*		

235

Achoimre ar an Sliocht

Chuaigh siad isteach sa siopa agus nuair a bhí an tae ólta acu thug deartháir Mhuiris agus athair Thomáis airgead don bheirt acu. Bhí rásanna Fionntrá ar siúl an lá sin agus bhí an bheirt acu ag dul ar an trá chun sult a bhaint as na báid in iomaíocht lena chéile. Dúirt Muiris Eoin Bháin leis na buachaillí fanacht amach ó na capaill ar an trá agus as go brách leo go gliondrach.

Ní raibh fhios ag Tomás cad ba cheart a cheannach. Tar éis machnamh a dhéanamh ar an scéal dúirt sé go mbeadh deoch acu ar dtús. Bhí eagla ar Mhuiris go gcuirfeadh deoch ar meisce iad ach dúirt Tomás nach n-ólfaidís mórán. Nuair a d'fhiafraigh Muiris de ar ól sé riamh d'fhreagair Tomás gur ól sé pionta i dteach Dhiarmaid Uí Shé oíche agus nár chuir sé ar meisce é. Níorbh fhada gur shroich siad teach óil (teach tábhairne).

Chuaigh siad isteach agus shuigh síos ar stól fada. Bhí bean mhór ard liath a raibh cuma cantalach uirthi taobh thiar den gcuntar. Labhair sí leo as Béarla. D'fhiafraigh sí díobh an raibh siad ag dul chuig na rásaí. Nuair a d'fhreagair Muiris go raibh thosaigh Tomás ag gáire. B'éigean do Mhuiris féachaint go crosta air chun é a stopadh. Chuaigh sé ansin go dtí an cuntar agus d'iarr dhá phionta ar bhean an tí. D'fhiafraigh sí díobh cárbh as dóibh agus d'fhreagair Muiris gurbh as Cathair Bó Sine dóibh. D'inis sé bréag di mar níor mhaith leis go mbeadh eolas aici fúthu. D'fhiafraigh sí díobh an raibh airgead acu agus nuair a bhí sí sásta go raibh líon sí dhá phiont dóibh. Ach bhí súil ghéar ag Muiris ar an doras ar eagla go dtiocfadh a dheartháir Seán isteach.

Níorbh fhada Tomás ag ól gur tháinig athrú air. Chrom sé a cheann agus chuir pus air féin. Dúirt sé go raibh blas bréan ar an lionn dubh agus nach mbeadh sé ábalta a thuilleadh a ól. Dúirt Muiris go raibh blas bréan air de bharr go raibh sé ag blaistíneacht air. Dúirt sé leis slogadh mór a bhaint as. Rinne Tomás amhlaidh agus ba ghearr go raibh sé ag ól go fonnmhar.

---

sult = *enjoyment*
in iomaíocht lena chéile = *competing with each other*
go gliondrach = go háthasach, *happily*
cad ba cheart a cheannach = *what should be bought*
tar éis machnamh a dhéanamh ar an scéal = *after considering the situation*
deoch = *a drink*
ar meisce = *drunk*
mórán = *much*
stól = *stool*
liath = *grey*
cuma = *appearance*
cantalach = *contrary*
taobh thiar den chuntar = *behind the counter*
b'éigean do Mhuiris = *Muiris had to*

cárbh as dóibh = *where were they from*
líon sí = *she filled*
súil ghéar = *a sharp eye*
ar eagla = *for fear*
níorbh fhada = ba ghearr, *it wasn't long*
tháinig athrú air = *a change came over him*
chrom sé = *he stooped*
chuir (sé) pus air féin = *he made a face*
blas bréan = *nasty taste*
lionn dubh = *stout, porter*
a thuilleadh = *any more*
de bharr = *because*
ag blaistíneacht ar = *sipping*
slogadh mór = *a big swallow*
rinne Tomás amhlaidh = *Tomás did just that*
ag ól go fonnmhar = *drinking heartily*

Níorbh fhada go raibh sé ag an gcuntar agus é ag glaoch ar dhá phionta eile. Ní raibh Muiris ró-shásta. Dar leis, bhí bean an tí ag gáire fúthu mar go raibh siad ró-óg agus bhí eagla air go dtiocfadh athair Thomáis agus a dheartháir Seán isteach. Ach bhí fonn óil ar Thomás. D'ól siad pionta eile an duine agus ba ghearr go raibh siad ar meisce. Bhí Tomás ag gáire gan fáth gan ábhar agus bhí a dhá shúil imithe siar ina cheann. Sheas Muiris suas le himeacht ach bhí an teach ag dul timpeall air agus allas ag teacht amach tríd. Tar éis dó titim ar chúl a chinn sa tsráid lasmuigh chuaigh sé isteach i ngairdín. Chuir sé a lámh siar ina scornach agus chuir sé amach a raibh ólta aige. Bhí sé chomh maith agus a bhí sé riamh ansin agus chuaigh sé ar ais go dtí an tábhairne, é ag feadaíl dó féin.

Nuair a shroich sé an tábhairne chuala sé Tomás istigh. Bhí Tomás ag rá nach raibh fear chomh maith leis sa dúiche. Nuair a chuaigh sé isteach bhí Tomás ina sheasamh i lár an urláir, píopa nua á chaitheamh aige agus é ag cur allais go tiubh. Chuaigh sé in achrann le bean a tí. Dar leis, bhí sí ag gáire faoi. Bhuail sé buille dá dhorn anuas ar an gcuntar agus dúirt go raibh sé ina fhear di féin agus d'aon fhear sa cheantar. Nuair a dúirt Muiris leis go mbeadh siad déanach do na rásaí chiúnaigh Tomás agus chuaigh leis go fonnmhar.

Cé go raibh sé ar meisce bhí Tomás ag maíomh go mbeadh sé ábalta soitheach de lionn dubh a ól fós. Ach ní raibh sé ábalta siúl i gceart. Sa deireadh thit sé. Thóg Muiris isteach i ngairdín é agus chuir sé amach a raibh ólta aige. Bhraith sé go han-mhaith ansin ach amháin go raibh blas gránna ina bhéal. Cheannaigh Muiris milseáin dó mar leigheas air sin. Dar le Tomás anois, b'amaideach an rud a bheith ag ól. D'aontaigh Muiris leis. Chuaigh siad ar aghaidh ansin gur bhain siad Trá Fionntrá amach.

---

ag glaoch ar = *calling for*	in achrann = *quarrelling*
ró-shásta = *too happy*	buille dá dhorn = *a blow of his fist*
fonn óil = *desire for drink*	chiúnaigh Tomás = *Tomás quietened*
gan fáth gan ábhar = *without any reason at all*	go fonnmhar = *willingly*
imithe siar = *gone back*	ag maíomh = *boasting*
le himeacht = *to go*	soitheach de lionn dubh = *a barrel of porter*
allas = *sweat*	i gceart = *properly*
tar éis dó titim ar chúl a chinn = *after falling down*	bhraith sé = *he felt*
	blas gránna = *a horible taste*
lasmuigh = taobh amuigh, *outside*	mar leigheas air sin = *as a cure for that*
siar ina scornach = *back in his throat*	dar le Tomás = *according to Tomás*
chuir sé amach a raibh ólta aige = *he threw up all he had drank*	b'amaideach an rud = *it was stupid*
	d'aontaigh Muiris leis = *Muiris agreed with him*
ag feadaíl = *whistling*	bhain siad Trá Fionntrá amach = shroich siad Trá Fionntrá, *they reached Ventry Strand*
sa dúiche = sa cheantar, *in the area*	
ag cur allais go tiubh = *sweating profusely*	

Bhí ionadh ar na buachaillí nuair a chonaic siad méid an tslua ar an trá. Chuir an dul trí chéile agus na daoine éagsúla a raibh a gcleas féin ar siúl acu gliondar ar na buachaillí. Nuair a thug siad faoi deara fear mór ag béiceadh in ard a ghutha agus dream mórthimpeall air agus iad ag gáire, bhí a fhios acu go mbeadh spórt acu. Bhí bord agus paca cártaí ag an bhfear seo agus bhí na ceithre haon bunoscionn ar an mbord aige. Mhínigh Muiris an cluiche do Thomás. Dúirt sé dá gcuirfeadh sé pingin ar chárta, agus dá n-iompódh an fear an cárta sin, go bhfaigheadh sé trí pingine.

---

ionadh = *amazement*
méid an tslua = *the size of the crowd*
dul trí chéile = *confusion*
daoine éagsúla = *different people*
cleas = *trick*
gliondar = *áthas, happiness*
thug siad faoi deara = *they noticed*
ag béiceadh = *shouting*
in ard a ghutha = *at the top of his voice*

dream = *grúpa, a group*
mórthimpeall air = *all around him*
na ceithre haon = *the four aces*
bunoscionn = *upside-down*
mhínigh Muiris = *Muiris explained*
dá n-iompódh an fear an cárta sin = *if the man turned that card over*
go bhfaigheadh sé trí pingine = *that he would get three pence*

● **Ceisteanna**

1 Cad a tharla nuair a bhuail na buachaillí lena muintir féin ag tosach an tsleachta (an píosa)?
2 Cá ndeachaigh na buachaillí nuair a d'fhág siad slán lena muintir féin? An raibh fonn ar Mhuiris dul? Cén fáth?
3 'Sa chaint dúinn mar sin, cá mbeimís ach ar aghaidh thí óil amach i gCeann Trá.' Tabhair cuntas ar ar tharla ó chuaigh na buachaillí isteach sa teach óil go dtí gur líon bean an tí dhá phiont dóibh.
4 'Níor fhéadas gan gáire a dhéanamh nuair a chonac Tomás agus an piont ar a bhéal aige …' Cad a thug ar Mhuiris gáire a dhéanamh? Cén chomhairle a thug sé do Thomás? Ar ghlac Tomás leis an gcomhairle a thug a chara dó?
5 'Chuimil Tomás bos dá bhéal. Bíodh ceann eile againn, ar seisean.' Cén fáth nach raibh fonn ar Mhuiris deoch eile a ól?
6 'Lena linn sin thosaigh an tigh ag imeacht timpeall orm.' Tabhair cuntas ar ar tharla do Mhuiris ón bpointe seo go dtí gur fhill sé ar an teach óil arís.
7 'Bhíos ag déanamh ar an ndoras nuair a chuala an chaint istigh, agus d'aithníos gurbh é Tomás a bhí ann.' Tabhair cuntas cruinn ar iompar Thomáis sa teach óil. Cad a dúirt Muiris a thug ar Thomás dul leis?
8 Cad a tharla do Thomás ar a bhealach go dtí an trá? Cén compord a thug Muiris dó? Cén tuairim a bhí ag an mbeirt acu faoin ól?
9 '… ní raibh a fhios againn an b'ar aer nó ar thalamh a bhíomair leis an ngliondar a bhí ar ár gcroí …' Tabhair cuntas ar an radharc a chonaic Muiris agus Tomás ar an trá.
10 'Is mór an difríocht idir Muiris (an t-údar) agus Tomás mar a léirítear sa sliocht iad.' Déan an ráiteas sin a phlé i bhfianaise a bhfuil sa sliocht.
11 Cén sórt duine é Tomás, dar leat? Déan cur síos gairid air agus inis cén fáth ar thaitin (nó nár thaitin) sé leat.
12 Cén sórt duine é Muiris, dar leat? Déan cur síos gairid air agus inis cén fáth ar thaitin (nó nár thaitin) sé leat.
13 Tabhair cuntas cruinn ar bhean an tí agus léirigh a tréithe pearsanta.
14 Léirigh an greann sa sliocht.
15 Tabhair cuntas gairid ar dhá rud sa sliocht a thaitin leat.
16 Tabhair cuntas gairid ar a bhfuil sa sliocht faoi na téamaí seo a leanas: óige, greann, dánacht, fiosracht, spórt, an t-ól, stuamacht, gliondar (áthas), radharc álainn, ionadh (iontas), gliceas.

Lá Buí Bealtaine – Máiréad Ní Ghráda

Is í Máiréad Ní Ghráda (1896–1971) a scríobh an dráma aonghnímh seo a bhuaigh duais i gcomórtas drámaíochta na Mainistreach sa bhliain 1949. Rugadh Máiréad i gCo.an Chláir agus bhí suim mhór aici i gcúrsaí drámaíochta ó bhí sí óg. Is iomaí gearrdhráma léi a stáitsíodh in Amharclann na Mainistreach agus chuir a saothar go mór le litríocht drámaíochta na Gaeilge. Sna seascaidí scríobh sí An Triail, *an dráma fada is tábhachtaí léi.*

Na Pearsana:

Banaltra 1
Banaltra 2
Peadar Mac Fhlannchadha   ina sheanduine
Peadar Mac Fhlannchadha   ina bhuachaill óg
Nóinín Ní Chathasaigh   ina seanbhean
Nóinín Ní Chathasaigh   ina cailín óg
Páid Ó Sé   fear atá i ngrá le Nóinín
Buachaillí óga, cailíní óga
Rinceoirí agus fidléir

Suíomh: An gairdín in ospidéal do sheandaoine. Lá samhraidh atá ann. An ghrian ag taitneamh. Éin ag cantain. Dhá chrann ar an dá thaobh den stáitse: iad faoi dhuilliúr.

Tagann Banaltra 1 isteach ar dheis. Cathaoir rothaí á tiomáint roimpi aici. Seanfhear sa chathaoir. Seál trasna ar a ghuaillí. Súsa thar a ghlúine. Fear an-chríonna atá ann agus tá ag dul dá mheabhair anois. Is léir, áfach, go raibh sé ina fhear cumasach, tráth. É ard slinneánach. Tá a ghruaig liath, ach tá fabhraí a shúl go tiubh agus go dubh fós. Sánn an bhanaltra an chathaoir
5 *roimpi agus socraíonn faoin gcrann ar clé í. Cailín deas óg is ea í sin. Í bríomhar aibí inti féin. Cailín dea-chroíoch go leor í: má bhraitear cruas nó easpa láiche inti, is iad riachtanais a gairme beatha is cúis leis sin. Tá an anamúlacht bhréagach inti a ghabhann lena ceird. Labhraíonn sí leis an seanduine faoi mar a labhródh sí le páiste.*

Banaltra 1   Is ea anois. Beir go seascair sásta duit féin go fóill. Scáth agat ó ghrian agus ó
10   ghaoth agus tú ar do chúilín seamhrach ag éisteacht le ceol n n-éan, gan cíos, cás nó cathú ort.

Seanfhear   Drochrath orthu, mar éin. Tá an iomad gleo acu. Drochrath orthu, a deirim.

Banaltra 1   (*Í ag socrú an philiúir faoina cheann*) Anois, anois, ná bíodh aon droch-chaint asat.

15 **Seanfhear**   (*Mailís leanbaí air, faoi mar a bheadh ar gharsún tar éis drochfhocal a rá*) Drochrath orthu, a deirim.

Gluais

1	cathaoir rothaí = *wheelchair*	6	riachtanas = *necessity*
1	ag tiomáint = *driving, pushing*	6	gairm bheatha = *profession*
2	seál = *shawl*	6	is iad riachtanais a gairme beatha is cúis leis sin = *the demands of her profession are the cause of that*
2	guaillí = *shoulders*		
2	súsa = *rug*		
2	an-chríonna = sean	7	anamúlacht bhréagach = *false liveliness*
2	ag dul dá mheabhair = ag dul as a mheabhair, *going out of his mind*	7	ceird = ceard, *craft, profession*
		7	a ghabhann lena ceird = *that goes with her profession*
3	cumasach = láidir, *powerful*		
3	tráth = uair amháin, *one time*	7	faoi mar = *just as*
3	slinneánach = *broad-shouldered*	9	beir = beidh tú, *you will be*
3	liath = *grey*	9	seascair = compordach, *cosy*
4	fabhraí = *eyebrows*	9	go fóill = ar feadh tamaill, *for a while*
4	sánn an bhanaltra = *the nurse pushes*	9	scáth = *shelter*
5	socraíonn sí = *she arranges*	10	ar do chúilín seamhrach = ar do sháimhín só, *reclining at your ease*
5	bríomhar aibí = *fresh and full of life*		
5	dea-chroíoch = *good-hearted*	10	gan cíos, cás nó cathú = *without a bother*
6	braithim = *I notice*		
6	cruas = *hardness*	12	drochrath = *bad luck*
6	laíocht = láiche, *kindness, friendliness*	12	an iomad gleo = *too much noise*
6	easpa laíochta = easpa láiche, *lack of kindness*	15	mailís leanbaí = *childish malice*
6	má bhraitear cruas nó easpa laíochta inti = *if hardness or lack of kindness is noticed in her*		

Caibidil 5

	Banaltra 1	Má bhíonn tú ag eascainí, ní chuirfead siúcra i do chuid tae ar ball, agus ní bheir buíoch díot féin. Ba cheart go mbeifeá suairc gealgháireach inniu. Nach cuimhin leat cad é an lá atá inniu agat? Inniu lá do bheireatais. 'Bhfuil a fhios agat cén
20		aois tú?
	Seanfhear	(*Go mórálach*) Táim ocht mbliana agus ceithre scór.
	Banaltra 1	Nach maith go bhfuil an méid sin ar eolas agat go beacht! Is breá an garsún do d'aois tú, bail ó Dhia ort! Seo anois, 'bhfuilir go seascair compordach?
	Seanfhear	Mo phíopa. Tabhair chugam mo phíopa.
25	**Banaltra 1**	Anois, anois, nach bhfuil a fhios agat nach ceadaithe duit do phíopa a chaitheamh ach amháin nuair a bhímse taobh leat chun aire a thabhairt duit? Nach cuimhin leat an rud a tharla duit an lá faoi dheireadh nuair a thit do chodladh ort agus tú ag caitheamh do phíopa istigh sa leaba i ngan fhios? Bhí deireadh leat an lá sin, a bhuachaill, mura mbeadh mise a rith chugat go tapa.
30		Anois, anois, ná bhí ag tormas. Má bhíonn tú i do bhuachaill maith tabharfad do phíopa chugat chomh luath agus a bheidh do dhinnéar ite agat agus beidh gal agat ar do shuaimhneas.

Tagann Banaltra 2 isteach. Cathaoir eile á tiomáint roimpi aici. Seanbhean sa chathaoir. Tá an bhanaltra seo dealraitheach leis an mbanaltra eile, ach gan í a
35 *bheith chomh bríomhar léi. Níl an tseanbhean chomh críonna leis an seanfhear,*

Gluais

17	ag eascainí = *cursing, swearing*	23	go seascair = compordach, *comfortable*
17	ní chuirfead = ní chuirfidh mé, *I won't put*	25	ceadaithe = *permitted*
17	ar ball = *after a while*	27	nach cuimhin leat = *don't you remember*
17	ní bheir = ní bheidh tú	28	i ngan fhios = *without anybody knowing*
17	ní bheir buíoch díot féin = *you won't be thankful to yourself*	28	bhí deireadh leat = *it was the end of you*
18	suairc = gealgháireach, *cheerful*	30	ag tormas = *grumbling, sulking*
18	nach cuimhin leat = *don't you remember*	30	tabharfad = tabharfaidh mé, *I will give*
19	lá do bheireatais = do lá breithe, do bhreithlá, *your birthday*	31	chomh luath agus = *as soon as*
22	go beacht = go cruinn, *accurately*	32	gal = *puff*
23	'bhfuilir = an bhfuil tú?	32	ar do shuaimhneas = *at your ease*
		34	dealraitheach = cosúil, *like*
		35	bríomhar = *lively*

agus is léir nach bhfuil easpa céille uirthi. Í mílítheach, caite, ach gruaig chas ar dhath an airgid ghil ar a ceann. A guth chomh binn aibí le guth cailín óig. Mallachar radhairc uirthi, áfach, agus í rud beag bodhar.

Banaltra 2 (*Í ag socrú na cathaoireach faoin gcrann ar dheis*) Anois duit, nach deas an áit é seo?
40 **Seanbhean** Áit álainn ar fad é.
Banaltra 2 Beidh tamall súailceach agat anseo sa ghairdín. Tá an lá go breá.
Seanbhean Tá sé go haoibhinn, moladh le Dia.
Banaltra 2 Fágfad anseo go ceann leathuair an chloig tú. Má bhíonn an lá amárach go breá aris, beidh tamall níos sia agat faoin aer. Is leor leathuair an chloig don chéad lá.
45 **Seanbhean** Táim an-bhuíoch díot, a chroí.
Seanfhear Mo phíopa. Tabhair chugam mo phíopa.
Banaltra 1 Anois, anois, dúras leat gan a bheith crosta. Gheobhair do phíopa ar ball.
Banaltra 2 (*Leis an tseanbhean*) Bí i do chailín maith anois go bhfillfeadsa.
Seanbhean (*Í ag gáire léi*) Ní baol go ndéanfad aon díobháil fad is a bheir imithe uaim.
50 **Seanfhear** Mo phíopa. Tabhair chugam mo phíopa, a deirim.
Banaltra 1 Ma bhíonn tú ar tormas, tabharfad isteach sa tigh arís tú. Cuimhnigh gurb é seo lá do bheireatais agus go bhfuilir ocht mbliana agus ceithre scór.

Tagann an bheirt bhanaltraí go lár an stáitse.

Banaltra 1 Ní leomhfainn a phíopa a thabhairt dó, ar eagla go gcuirfeadh sé a chuid
55 éadaigh trí thine, faoi mar a rinne sé an lá faoi dheireadh. An le déanaí a tháinig sí seo isteach?
Banaltra 2 Ta sí anseo againn le mí ach 'sé seo an chéad lá amuigh aici. Ní raibh aon súil againn go dtiocfadh sí as, ach tá sí ag téarnamh go tiubh. Bean bhocht ghleoite is ea í. Bíonn sí ag guí ratha orm gach aon ní a dhéanaim di.
60 **Banaltra 1** Drochrath is mó a ghuíonn mo dhuine ormsa. Tá sé ag dul dá mheabhair ag an tseanaois. (*Féachann ar a huaireadóir*) Is ea, a chailín, tá sé in am dinnéir agus ní bheidh sí féin buíoch dínn má bhímid déanach. Fágaimis ár lánúin óg anseo le chéile. Ní baol go n-éalóidh siad lena chéile fad is a bheimid imithe uathu.

Imíd agus iad ag gáire. I gcaitheamh na cainte seo a leanas, labhraíonn an
65 *tseanbhean amhail is gur léi féin a bheadh sí ag caint. Bíonn an seanfhear ag cnáimhseáil dó féin os íseal, gan aon suim aige inti. Ó am go ham téann focal dá cuid cainte i bhfeidhm air agus labhraíonn sé os ard. Ní chloiseann sise é.*

Seanbhean Is aoibhinn an lá é, moladh le Dia. Gaoth agus grian ann. Is milis iad in éineacht.
Seanfhear Drochearra an bhanaltra sin. Ní ligeann sí dom mo phíopa a chaitheamh.
70 Drochrath uirthi. Drochrath uirthi, a deirim.
Seanbhean (*Cluas uirthi ag éisteacht le cantain na n-éan*) Sin guth an smólaigh.
Seanfhear Drochrath orthu, mar éin. Tá an iomad gleo acu.

244

Gluais

36	easpa céille = *lack of sense*	58	ag téarnamh = *recovering*
36	mílítheach = *pale, sickly looking*	58	go tiubh = go tapaidh, *fast*
36	caite = *worn out*	58	gleoite = *delightful, lovely*
36	ar dhath an airgid ghil = *colour of silver*	59	ag guí ratha orm = *wishing me well*
37	guth = *voice*	59	ní = rud, *a thing*
37	mallachar radhairc = *sight defect*	60	ag dul dá mheabhair = ag dul as a mheabhair, *losing his mind*
38	bodhar = *deaf*		
41	suáilceach = *happy*	61	ní bheidh sí féin (an mátrún) buíoch dínn = *she (the matron) won't be thankful to us*
43	fágfad = fágfaidh mé, *I will leave*		
44	níos sia = níos faide, *longer*		
47	gheobhair = gheobhaidh tú, *you will get*	62	fágaimís = *let's leave*
		62	ár lánúin óg = *our young lovers*
47	ar ball = *in a while*	63	ní baol = *no danger*
48	go bhfillfeadsa = go bhfillfidh mé, *until I return*	63	go n-éalóidh siad lena chéile = *that they will elope with each other*
49	ní baol = *it's not likely*	64	imíd = imíonn siad, téann siad, *they go*
49	go ndéanfad = go ndéanfaidh mé, *that I will do*	64	i gcaitheamh = i rith, *during*
		65	amhail is gur léi féin a bheadh sí ag caint = *as if she were talking to herself*
49	díobháil = *harm*		
49	a bheir = a bheidh tú	65	ag cnáimhseáil dó féin = *grumbling to himself*
51	cuimhnigh = *remember*		
53	lár an stáitse = *centre of stage*	66	suim = *interest*
54	ní leomhfainn = *I wouldn't dare*	66	téann focal dá cuid cainte i bhfeidhm air = *a word of her talk affects him*
54	ar eagla = *for fear*		
55	le déanaí = *recently*	68	milis = *sweet*
57	ní raibh aon súil againn = *we did not expect*	68	is milis iad in éineacht = is álainn iad in éineacht, *they are beautiful together*
58	go dtiocfadh sí as = *that she would recover*	69	drochearra = *a bad lot*
		71	smólach = *thrush*

	Seanbhean	Ní fheadar an é sin an smólach céanna a bhí ag cantain lasmuigh den fhuinneog le breacadh an lae. Níor chuala riamh ceol chomh binn leis.
75	Seanfhear	Tá an iomad gleo acu, mar éin. Ní ligeann siad do sheanduine codladh a dhéanamh.
	Seanbhean	Tá néalta beaga bána ag snámh trasna na spéire. Is cuma iad nó lomraí caorach.
	Seanfhear	(*Os ard*) Bean mar mhuc, bean mar chearc, bean mar chaora. (*Déanann leamhgháire*)
	Seanbhean	Tá leoithne dheas ghaoithe ann. An ghaoth aniar is í atá ann.
80	Seanfhear	(*É ag cuardach ina chuid éadaigh*) Drochearra í siúd. Ní ligeann sí dom mo phíopa a chaitheamh. Ach táimse ábalta di. Tá píopa eile agam i ngan fhios di. (*É ag scigireacht gáire*) Cá bhfuil sé agam? (*Aimsíonn sé an píopa i bpóca in eireaball a chasóige*) Hí, hí, hí! Tá sé agam.
85	Seanbhean	An ghaoth aniar. Tá sí ag teacht chugainn ón bhfarraige mhór. Tá sí ag teacht chugainn thar cnoic agus machairí, thar sléibhte agus thar móinte.
	Seanfhear	Tobac. Cár chuireas an tobac a thug bean mo mhic chugam an lá eile?
	Seanbhean	Tá an ghaoth aniar ag séideadh thar Mhóin a' Lín inniu.
	Seanfhear	Móin a' Lín. Móin a' Lín.
90	Seanbhean	Tá an ceannbhán ag luascadh anonn is anall ar Mhóin a' Lín inniu, agus na fuiseoga ag cantain sa spéir in airde.
	Seanfhear	Lasáin. Níl a fhios aici siúd lasáin a bheith agam. (*Gáire á dhéanamh aige*)
	Seanbhean	Lá buí Bealtaine. Tá na meithleacha ag obair ar Mhóin a' Lín inniu. Buachaillí ar na sleánta. Buachaillí ag píceáil. Cailíní ag tabhairt an dinnéir chucu.
95	Seanfhear	(*É ag iarraidh lasáin a dheargadh*) Drochrath orthu, mar lasáin. Táid tais. Bean mo mhic a thug chugam iad agus táid tais.
	Seanbhean	Buachaillí óga agus cailíní óga ag obair ar an bportach. Spórt agus gáirí geala acu. Is breá an ní an óige.
	Seanfhear	Is breá an ní an óige an té a chaitheann ar fónamh é. (*Tá mórtas air an seanfhocal a bheith go beacht aige agus deir sé arís faoina anáil é.*)
100		*De réir mar a insíonn an tseanbhean a scéal sa chaint seo a leanas, tagann na pearsana a luann sí ar an ardán agus déanann siad geáitsí aithrise ar an rud a bhíonn á rá aici. Tuigtear don lucht féachana nach bhfuilid ann dáiríre ach gurb amhlaidh a chíonn an tseanbhean le súile a meabhrach iad. Seinntear ceol bog binn i gcaitheamh na cainte.*
105	Seanbhean	Lá buí Bealtaine mar seo is ea a chonac Peadar Mac Fhlannchadha den chéad uair riamh. (*Tagann Peadar Mac Fhlannchadha ar an ardán. Ligeann sé air go bhfuil sé ag píceáil.*) Ocht mbliana déag a bhíos san am. Bhí meitheal againn ar an bportach. Bhí seisean ina fhear píce.
110	Seanfhear	(*Tá píopa dearg aige faoin am seo. É luite siar ina chathaoir agus é ag baint aoibhnis as an tobac*) Gibiris chainte! Ní bhíonn ag na mná ach gibiris chainte.

Gluais

74	le breacadh an lae = *at the break of day*	98	an té a chaitheann ar fónamh é = *the person that spends it well*
76	néalta = *clouds*	98	mórtas = *pride*
76	lomraí caorach = *fleeces of sheep*	99	seanfhocal = *old saying*
76	is cuma iad nó = *they are the same as*	99	go beacht = go cruinn, *accurately*
78	leamhgháire = *sarcastic smile, sneering smile*	99	faoina anáil = *under his breath*
79	leoithne = *breeze*	100	de réir mar = *according as*
79	an ghaoth aniar = *the west wind*	100	na pearsana = *the characters*
81	i ngan fhios di = *unknown to her*	101	luann sí = *she mentions*
82	ag scigireacht = *giggling*	101	ardán = *stage*
82	aimsíonn sé = faigheann sé, *he finds*	101	geáitsí = *gestures*
83	eireaball a chasóige = *tail of his jacket*	101	aithris = *imitate, copy, tell*
85	machairí = *plains*	101	déanann siad geáitsí aithrise = *they mime*
85	móinte = *boglands, moors*	102	tuigtear = *it is understood*
86	chuireas = chuir mé	102	tuigtear don lucht féachana = *the audience understands*
89	ceannbhán = *cotton grass*	102	nach bhfuilid = nach bhfuil siad
89	ag luascadh = *swaying*	102	nach bhfuilid ann dáiríre = *that they are not there really*
90	na fuiseoga = *the larks*	103	cíonn sí = feiceann sí, *she sees*
91	lasáin = *matches*	103	le súile a meabhrach = *ina aigne féin, in her own mind*
92	meithleacha = *working parties*	103	seinntear ceol bog binn = *soft sweet music is played*
93	sleánta = *turf-spades, slanes*	106	ligeann sé air = *he pretends*
94	táid = tá siad	107	meitheal = *working party*
94	tais = *damp*	109	luite = ina luí
96	portach = *bog*	110	gibiris = *gibberish*
97	ní = rud, *a thing*		
97	is breá an ní an óige = *youth is a wonderful thing*		
98	té = duine, *person*		
98	ar fónamh = *well, excellent*		

	Seanbhean	Thángas féin agus Neilí Ní Bhriain chun an phortaigh leis an dinnéar. (*Tagann beirt chailíní óga ar an ardán.*) Chonac Peadar Mac Fhlannchadha. Thug mo chroí taitneamh dó. Bhí sé ceann-lomnochta. Bhí an leoithne ghaoithe ag súgradh leis an mothall gruaige a bhí air.
115	**Seanfhear**	Gibiris chainte! Gibiris chainte!
	Seanbhean	Bhí na fóid throma fhliucha á gcaitheamh uaidh aige, amhail is ná beadh unsa meáchain in aon cheann acu. Ba lúfar scafánta an buachaill an lá sin é.
	Seanfhear	An áit a mbíonn bean, bíonn caint ann.
120	**Seanbhean**	Thóg sé a cheann agus d'fhéach sé orm. Thugamar grá dá chéile ar an gceád luí súl. (*Síneann an buachaill agus an cailín a lámha chun a chéile.*) Cheapas ná raibh ar an saol ar an noiméad sin ach an bheirt againn – Peadar Mac Fhlannchadha agus Nóinín Ní Chathasaigh.
	Seanfhear	(*É ag útamáil leis an bpíopa*) Mhairfinn gan bhia. Mhairfinn gan deoch. Ach ní mhairfinn gan tobac.
125	**Seanbhean**	An ghrian ag taitneamh. Ceol na bhfuiseog san aer. Siosarnach na gaoithe sna giolca. Grá i gcroí na beirte againn.
	Seanfhear	Grá, grá, grá! Is cloíte an galar an grá.
130	**Seanbhean**	Nuair a bhí deireadh le hobair an lae, shiúlamar abhaile le chéile. An ghrian ag druidim siar sa spéir. Scáileanna ag leathnú ar an bhféar. Boladh na sceiche gile san aer. A port deireanach á chantain ag an smólach. Sinne lámh ar láimh. Sinn faoi dhraíocht ag aoibhneas an tráthnóna agus ag aoibhneas an ghrá.
	Seanfhear	Suainseán ban! Suainseán ban!
135	**Seanbhean**	Nuair a bhíomar ag scarúint lena chéile ag an ngeata, phóg sé mé. Cheapas gurb iad geataí na bhflaitheas a bhí tar éis oscailt dom. Ritheas isteach sa tigh faoi mar a bheadh sciatháin orm.
	Seanfhear	Gleo agus caint! Gleo agus caint!
140	**Seanbhean**	Níor tháinig riamh ná ó shin samhradh chomh breá leis an samhradh sin. Grian gheal ann sa ló. Gealach mhór bhuí ann san oíche. An bheirt againnn ag siúl sa bhóithrín faoi sholas na gealaí, nó inár suí faoin sceach gheal, lámh ar láimh, agus béal le béal.
	Seanfhear	Drochrath air, mar phíopa! Tá sé dulta in éag orm. (*É ag iarraidh an píopa a dheargadh*)
145	**Seanbhean**	Deirtear go mbíonn an diabhal éadmhar le lucht grá. Bíonn sé ag cothú mioscaise eatarthu. Bhí éad ag an diabhal liom fein agus le Peadar Mac Fhlannchadha. Bhíodh sé do mo phriocadh chun toirmisc. Bhíos-sa baoth, ceannéadrom. Bhí seisean teasaí, ceanndána. Níor mhaith leis aon fhear eile a bheith ag féachaint orm ná é ag leagan láimhe orm. Agus an diabhal, an diabhal do mo phriocadh chun fearg a chur air.
	Seanfhear	An diabhal, an diabhal do mo phriocadh!

248

Gluais

112	thug mo chroí taitneamh dó = *I liked him very much*	134	geataí na bhflaitheas = *gates of paradise*
113	ceann-lomnochta = *bare-headed*	135	faoi mar a bheadh = *just as if*
114	mothall gruaige = *mop of hair*	135	sciatháin = *wings*
116	na fóid = *the sods*	138	sa ló = sa lá
116	amhail is ná beadh = amhail is nach mbeadh, *as if there wasn't*	138	gealach = *moon*
		139	faoi sholas na gealaí = *under the light of the moon*
116	unsa meáchain = *an ounce of weight*	141	dulta in éag = imithe in éag, *gone out, quenched*
117	lúfar = *agile, athletic*		
117	scafánta = *vigorous*	141	ag iarraidh = *trying*
119	ar an gcéad luí súl = *at first sight*	143	an diabhal = *the devil*
120	síneann siad = *they stretch*	143	éadmhar = *jealous*
123	ag útamáil = *fumbling*	143	le lucht grá = le daoine a bhíonn i ngrá
124	mhairfinn = *I would live*	143	ag cothú = *promoting, fostering*
125	siosarnach = *rustling*	143	ag cothú mioscais eatarthu = *creating mischief between them*
125	sna giolca = *in the reeds*		
127	cloíte = *exhausting, ennervating*	144	éad = *jealousy*
127	is cloíte an galar an grá = *love is a debilitating disease*	144	bhí éad ag an diabhal = bhí éad ar an diabhal, *the devil envied*
129	scáileanna = *shadows*	145	toirmeasc = *mischief*
129	sceach gheal = *whitethorn*	145	bhíodh sé (an diabhal) do mo phriocadh chun toirmisc = *he (the devil in me) used to urge me to mischief*
129	boladh na sceiche gile = *the smell of the whitethorn*		
130	port deireanach = *last tune*	145	baoth = *foolish*
131	faoi dhraíocht = *bewitched*	146	ceannéadrom = *giddy*
131	aoibhneas = *delight, happiness*	146	teasaí = *hot-tempered*
132	suainseán = *idle talk*	146	ceanndána = *stubborn*
133	ag scarúint = *parting*	148	chun fearg a chur air = *to make him angry*
133	phóg sé mé = *he kissed me*		
133	cheapas = *cheap mé, I thought*		

150	Seanbhean	Bhí a fhios agam go raibh súil ag Páid Ó Sé i mo dhiaidh. Bhínn ag ligean orm a bheith ag suirí leis, d'fhonn éad a chur ar Pheadar.
	Seanfhear	Éad, éad, éad agus fearg!
	Seanbhean	An diabhal a bhí do mo phriocadh an tráthnóna sin ag an gcrosbhóthar.

155 *Athraítear na soilse de réir a chéile, ionas go mbeidh solas láidir ar lár an stáitse – an áit ina mbeidh an rince ar siúl – agus nach mbeidh ach lagsholas ar am mbeirt sheandaoine ag an dá thaobh. De réir mar a insíonn an tseanbhean an scéal, tagann na daoine óga ar an stáitse. Ligeann siad orthu a bheith ag caint agus ag gáire lena chéile.*

160	Seanbhean	Bhí achrann eadrainn an oíche roimhe sin – achrann nárbh fhiú biorán é. An saghas achrainn ná tarlaíonn ach amháin idir beirt a bhíonn i ngrá.
	Seanfhear	Achrann! Éad agus fearg agus achrann!
	Seanbhean	Dúras focal tarcaisneach leis. Focal a ghoill air. Tháinig fearg air. Bhí fearg ar an mbeirt againn agus sinn ag scarúint lena chéile an oíche sin.
	Seanfhear	Achrann agus fearg agus éad!
165	Seanbhean	Bhí rince ag an gcrosbhóthar an oíche dár gcionn. Tráthnóna Domhnaigh a bhí ann. Na buachaillí agus na cailíní cruinnithe lena chéile. Fidléir ag déanamh ceoil dóibh. (*Tagann an fidléir ar an stáitse*) Bhí gúna bán ormsa. M'aintín a chuir chugam ó Mheiriceá é. Bhí ribín gorm faoi mo choim agam. (*Tagann an cailín óg chun tosaigh. Í ag socrú an ribín faoina coim*) Bhíos cinnte go ndéanfaimis suas lena chéile arís é, ach theastaigh uaim é a ghriogadh beagáinín i dtosach.
170		
	Seanfhear	Meon mná mar a bheadh gaoth ann! Teanga mná mar a bheadh nimh ann!
	Seanbhean	An gúna deas bán sin! Níor chuireas orm é ach an t-aon uair amháin sin. Bhí rian na fola air sara raibh deireadh leis an rince.

175 *Géaraítear ar an gceol. Seasann na daoine óga amach ina mbeirt agus ina mbeirt. Téann Páid Ó Sé anonn go dtí Nóinín. Síneann sé a lámh chuici. Cuireann sise a lámh ina láimh sin. Déanann siad rince lena chéile i dteannta na coda eile. Fanann Peadar Mac Fhlannchadha i leataobh agus é ag cur nimh a dhá shúl sa bheirt acu. Nuair a bhíonn deireadh leis an rince scarann cuid le na daoine óga óna chéile ach coinníonn Páid Ó Sé a lámh faoi choim Nóinín. Téann Peadar Mac Fhlannchadha anonn chucu.*

180

	Peadar	An rincfidh tú liom, a Nóinín?
	Nóinín	Tá an rince seo geallta agam do Pháid ó Sé, ná fuil, a Pháid?
	Páid	Tá, agus an chéad rince eile ina dhiaidh. (*Le Peadar*) Anois duit. Tá freagra faighte agat. Imigh ort agus faigh páirtí eile duit féin.
185	Peadar	Bog di, a spreasáin, nó is duit is measa.

Gluais

150 go raibh súil ag Páid Ó Sé i mo dhiaidh = go raibh suim ag Páid Ó Sé ionam, *that Páid Ó Sé had an interest in me*
150 bhínn ag ligean orm = *I used to pretend*
151 ag suirí leis = *courting him, going out with*
151 d'fhonn = chun, *in order to*
151 d'fhonn éad a chur ar Pheadar = *in order to make Peadar jealous*
154 athraítear na soilse = *the lights are changed*
154 de réir a chéile = *gradually*
154 ionas go mbeidh = *so that there will be*
155 lagsholas = *weak light*
156 de réir mar = *according as*
157 ligeann siad orthu = *they pretend*
159 achrann = *quarrel*
159 nárbh fhiú biorán é = *that was worthless, that meant nothing*
160 ná tarlaíonn = nach dtarlaíonn, *that doesn't happen*
162 focal tarcaisneach = *an insulting word*
162 focal a ghoill air = *a word that hurt him*
163 ag scarúint lena chéile = *parting with each other*
163 an oíche sin = *at night (that night)*
166 cruinnithe lena chéile = *close to each other*
166 fidléir = *fiddler*
168 faoi mo choim = *around my waist*
169 chun tosaigh = *to the front*
169 bhíos = bhí mé
169 cinnte = *certain*
169 go ndéanfaimís suas lena chéile arís é = *that we would make it up with each other again*

170 theastaigh uaim = *I wanted*
170 ag griogadh = *teasing*
170 theastaigh uaim é a ghriogadh beagáinín i dtosach = *I wanted to tease him a little first*
171 meon mná = *a woman's temperament, mind*
171 teanga mná = *a woman's tongue*
171 nimh = *poison*
173 rian na fola = *traces of blood*
173 sara raibh (sula raibh) deireadh leis an rince = *before the dance ended*
174 géaraím = *I speed up*
174 géaraítear ar an gceol = *the music is speeded up*
176 i dteannta na coda eile = *with the others*
179 fanann sé i leataobh = *he stays to one side*
179 coinním = coimeádaim, *I keep*
179 coinníonn Páid Ó Sé a lámh faoi choim Nóinín = *Páid Ó Sé keeps his hand around Nóinín's waist*
182 geallta = *promised*
182 ná fuil = nach bhfuil
183 tá freagra faighte agat = *you've got an answer*
184 páirtí = *partner*
185 bog di = *let her go*
185 spreasán = *a worthless person*
185 nó is duit is measa = *or it's worse for you*

Páid	Bog breá, bog breá, a fhir mhóir! Ná fuil an cailín tar éis a rá leat nach mian léi rince a dhéanamh leat? Ná glacfá leis an bhfreagra sin uaithi, mar a dhéanfadh fear?
Peadar	Fág mo bhealach, a chladhaire.

190   *Tugann sé buille do Pháid. Tugann an bheirt aghaidh ar a cheile. Buaileann Peadar an fear eile agus leagann é. Léimeann sé air agus beireann greim scornaí air. Preabann Nóinín chucu agus buaileann Peadar sa droim lena dhá láimh.*

Nóinín	Bog de, a bhulaí. Bog de, a deirim leat.

195   *Ní dhéanann sin ach breis feirge a chur air. Méadaíonn sé ar an ngreim atá aige ar scornach an fhir eile.*

Duine de na Cailíní	Maróidh sé é.
Duine de na Buachaillí	Scartar óna chéile iad nó beidh murdal ann.

Scartar an bheirt óna cheile. Éiríonn Peadar agus cuimlíonn lámh dá bhaithis, ach fanann an fear eile sínte ar an talamh. Caitheann Nóinín í féin ar a dhá glúin taobh
200   *leis agus leagann lámh air.*

Nóinín	Tá sé marbh. Tá sé marbh agat, a Pheadair Mhic Fhlannchadha.

Ardaíonn beirt de na buachaillí an corpán agus tugann siad leo é. Imíonn an chuid eile go mall. Fanann Peadar agus Nóinín ag féachaint ar a chéile. Tugann sise a cúl leis agus imíonn, ar dheis. Imíonn seisean go mall ar clé. Athraítear na soilse ionas
205   *go mbíonn an solas ar an mbeirt sheandaoine faoi mar a bhí i dtosach.*

Seanbhean	Fear teasaí a bhí ionat, a Pheadair Mhic Fhlannchadha. Ní raibh a fhios agat cad é an neart a bhí i do dha láimh. Mharaís Páid bocht Ó Sé an tráthnóna léin úd ag an gcrosbhóthar.

Tá an seanduine ag míogarnaigh ina chathaoir. Ligeann sé osna.

210 **Seanbhean**	Deich mbliana príosúin a gearradh ort de bharr obair an lae sin. Deich mbliana fada.
Seanfhear	(*É idir choladh agus dúiseacht*) Blianta fada! Blianta fada!
Seanbhean	Bhí sé cromtha liath nuair a scaoileadh saor é. Chonac ar an aonach é tar éis dó teacht amach as an bpríosún. Ní dhearna sé ach a cheann a bhualadh faoi agus
215	gabháil tharam gan labhairt liom, gan beannú dom.
Seanfhear	Blianta fada! Blianta fada!
Seanbhean	Phósas go luath ina dhiaidh sin. Ní fhaca Peadar Mac Fhlannchadha riamh ó shin. Chuala gur phós sé agus go raibh clann aige. Bhí clann agam féin. Bhí sé féin ina cheann maith dom, ach níor thugas grá dó faoi mar a thugas grá do

Gluais

186 nach mian léi = *that she doesn't wish*
187 ná glacfá = nach nglacfá, *wouldn't you accept*
189 fág mo bhealach = *get out of my way*
189 cladhaire = *a coward, rogue*
190 tugann sé buille do Pháid = *he strikes Páid*
190 tugann an bheirt aghaidh ar a chéile = *the two confront each other*
191 leagann (sé) é = *he knocks him*
191 beirim ar = *I grab*
191 greim = *grip*
191 beireann (sé) greim scornaí air = *he grips him by the throat*
192 preabann Nóinín chucu = *Nóinín springs at them*
192 sa droim = *in the back*
194 breis feirge = *more anger*
194 méadaím = *I increase*
194 méadaíonn sé ar an ngreim atá aige ar scornach an fhir eile = *he increases the grip he has on the other man's throat*
196 maraím = *I kill*
196 maróidh sé é = *he will kill him*
197 scartar óna chéile iad (ordú) = *separate them from each other (order)*
197 murdal = murdar, dúnmharú, *murder*
197 scartar an bheirt óna chéile = *the two are separated from each other*
198 cuimlím = *I stroke*
198 cuimlíonn sé a bhaithis = *he wipes his forehead*
199 sínte = *stretched*
199 ar a dhá glúin = *on her two knees*

202 ardaíonn (siad) = *they lift*
202 corpán = *corpse*
203 tugann sise a cúl = *she turns her back*
204 ar dheis = *to the right*
204 go mall = *slowly*
204 ar chlé = *to the left*
204 athraím = *I change*
204 athraítear na soilse = *the lights are changed*
204 ionas = *so that*
205 faoi mar a bhí (sí) = *as it was*
205 i dtosach = ar dtús, *in the beginning*
206 teasaí = *hot-tempered*
207 neart = láidreacht, *strength*
207 mharaís = mharaigh tú, *you killed*
209 ag míogarnaigh = ag míogarnach, *dozing*
209 osna = *sigh*
210 deich mbliana príosúin a gearradh ort = *you were sentenced to ten years in prison*
213 cromtha liath = *bent and grey*
213 scaoileadh saor é = *he was set free*
213 aonach = *fair*
214 ní dhearna sé ach a cheann a bhualadh faoi = *he did nothing but lower his head*
214 agus gabháil tharam = *and go past me*
215 gan beannú dom = *without saluting me*
217 phósas = phós mé, *I married*
218 bhí sé ina cheann maith dom = bhí sé ina fhear céile maith dom, *he was a good husband to me*
219 níor thugas (thug mé) grá dó = *I did not love him*

220	Pheadar Mac Fhlannchadha. Peadar Mac Fhlannchadha. Peadar Mac Fhlannchadha an mhí-áidh.

Tagann Banaltra 1 isteach. Snapann an seanfhear an píopa as a bhéal agus cuireann ina phóca é.

Banaltra 1	Conas tá mo bhuachaill ó shin? An ndearna sé dreas maith codlata dó féin?
225 **Seanfhear**	Ní dhearnas, ná codladh. Ní fhéadfadh éinne codladh a dhéanamh san áit seo ar a bhfuil de ghleo agus de ghibiris ann.
Banaltra 1	(*Í ag socrú an tsúsa air*) Nach tú an peata agam.
Seanfhear	(*É ag cuimilt a láimhe de chuisle na banaltra*) Nóinín Ní Chathasaigh! Nóinín bheag Ní Chathasaigh!
230 **Seanbhean**	Cé hé sin ag glaoch as m'ainm orm?
Seanfhear	(*Lámh na banaltra á slíocadh go grámhar aige*) Nóinín Ní Chathasaigh. Nóinín bheag Ní Chathasaigh.
Banaltra 1	Anois, anois, lapaí síos. (*Tugann sí buille beag éadrom dá láimh.*) Tú féin agus do Nóinín Ní Chathasaigh! (*Casann sí an chathaoir aghaidh ar dheis.*) Tabharfad marcaíocht duit timpeall an ghairdín agus thar n-ais arís. Caithfidh tú dul isteach sa tigh ansin agus dreas codlata a dhéanamh.
235	

Beireann an tseanbhean ar naprún na banaltra agus í ag gabháil thairsti.

Seanbhean	Cé hé sin? Cé hé sin ag caint leat?
Banaltra 1	Anois, anois, na tosaighse. Bog díom agus bí i do chailín maith.
240 **Seanbhean**	Inis dom cé hé an fear sin sa chathaoir.
Banaltra 1	(*Ligeann sí sciotar gáire*). Féach air sin anois. Mo chailín deas óg agus suim aici fós sna fir!
Seanbhean	Inis dom, le do thoil, cé hé an fear sin.
Banaltra 1	Peadar Mac Fhlannchadha is ainm agus is sloinne dó. Anois, 'bhfuilir sásta? Nó ar mhian leat go ndéanfainn cleamhnas eadraibh? (*Ligeann sí sciotar eile gáire agus sánn an chathaoir roimpi go mear.*) Hup, a chapaill! Beidh rás againn, timpeall an ghairdín agus thar n-ais arís.
245	

Imíonn sí féin agus an seanduine sa chathaoir.

Seanbhean	Peadar Mac Fhlannchadha. Peadar dubh Mac Fhlannchadha, is é atá ann. Phós sé bean eile. Saolaíodh clann dá bhean. Ach féach nach í ainm a mhná ná ainm éinne dá chlann atá ina bhéal anois aige, i ndeireadh a shaoil dó, ach m'ainmse, ainm Nóinín Uí Chathasaigh. Nóinín bheag Ní Chathasaigh, mar a thugadh sé orm i gcónaí.
250	

Tagann Banaltra 2.

Gluais

220 Peadar Mac Fhlannchadha an mhí-áidh = *the unfortunate Peadar*
224 dreas maith codlata = *a good bout of sleep*
228 cuisle = *wrist, forearm*
228 é ag cuimilt a láimhe de chuisle na banaltra = *rubbing the nurse's wrist with his hand*
230 ag glaoch as m'ainm orm = *calling me by my name*
231 lámh na banaltra á slíocadh go grámhar aige = *he lovingly stroking the nurse's hand*
233 lapaí = *paws, hands*
234 casann sí = *she turns*
234 casann (sí) aghaidh ar dheis = *she turns right*
234 tabharfad = tabharfaidh mé, *I will give*
235 marcaíocht = *a spin*
235 caithfidh tú = *you must*
237 beireann (sí) = *she catches*
237 agus í ag gabháil thairsti = *as she was going past her*

239 ná tosaighse = *don't you start*
239 bog díom = *let me go*
241 sciotar gáire = *a titter*
241 suim = *interest*
243 inis dom, le do thoil = *tell me, please*
244 sloinne = *surname*
244 'bhfuilir = an bhfuil tú
245 cleamhnas = *marriage match*
245 ar mhian leat go ndéanfainn cleamhnas eadraibh = *would you like me to make a match between the two of you*
246 go mear = go tapaidh, *fast*
250 saolaíodh clann dá bhean = rugadh clann dá bhean, *his wife had a family*
251 i ndeireadh a shaoil = *at the end of his life*
252 mar a thugadh sé orm i gcónaí = mar a ghlaodh sé orm i gcónaí, *as he used always call me*

255 **Banaltra 2** An ag caint leat féin ataoi? Agus tá na deora le do shúile. Ó, faire! Ní ceart duit a bheith ag gol lá buí Bealtaine mar seo. Ní hamhlaidh atá uaigneas ort. (*Slíocann sí gruaig na seanmhná agus cuireann seál beag bán ar a ceann.*) Anois, tánn tú chomh deas péacógach le brídeach.

260 *Sciurdann Banaltra 1 isteach. Cathaoir an tseanduine á sá roimpi. Iad araon ag gáire.*

Banaltra 1 Bhí an-rás againn. Timpeall an ghairdín agus thar n-ais arís.
Seanfhear Mise a bhuaigh an rás. Mise a bhí ar tosach.
Banaltra 1 Tusa a bhuaigh, gan aon amhras. Nach iontach an gaiscíoch tú! Tá boladh láidir an tobac uait. Mura mbeadh a fhios agam do phíopa a bheith istigh sa tigh,
265 déarfainn gur ag caitheamh tobac a bhís. (*Cuimlíonn sí ciarsúr dá bhéal*) Anois duit, tánn tú i do bhuachaill deas glan.
Seanfhear (*Lámh na banaltra á sliocadh aige*) Nóinín Ní Chathasaigh. Nóinín bheag Ní Chathasaigh.
Banaltra 1 Tánn tú buíoch díom anois, ná fuilir? (*Leis an mbanaltra eile*) Nuair a bhíonn
270 staincín air bíonn gach aon mhallacht aige anuas orm, agus nuair a bhíonn sé buíoch díom, tugann sé Nóinín Ní Chathasaigh orm, pé hí féin.
Banaltra 2 Cailín éigin a raibh sé i ngrá léi fadó, is dócha.
Banaltra 1 Is dócha é, an t-ainniseoir bocht. (*Leis an seanfhear*) Anois, a bhuachaill, caithfidh tú dul isteach sa tigh, agus má bhíonn tú go maith, b'fhéidir go
275 dtabharfainn gal den phíopa duit ar ball.
Seanfhear Nóinín Ní Chathasaigh. Nóinín bheag Ní Chathasaigh.
Banaltra 1 Seo leat anois, tú féin is do chóiste bodhar. (*Imíonn siad*)
Banaltra 2 (*Leis an tseanbhean*) Is mithid duitse dul isteach leis, a chailín. Tá tuirse ort, is dóigh liom. Agus nílir istigh leat féin ar chuma éigin. Tá cumha ort, in ionad tú a
280 bheith go suairc sásta tar éis an aga atá caite agat sa ghairdín. Is ea, anois, bogaimis chun bóthair.

Tiomáineann sí cathaoir na seanmhná isteach sa tigh.

Gluais

255	ataoi = *atá tú*	269	tánn (tá) tú buíoch díom anois, ná fuilir (nach bhfuil tú)? = *you're thankful to me now, aren't you?*
255	deora = *tears*	270	staincín = *contrariness*
255	faire = *watch out, take care*	270	mallacht = *curse*
256	ní hamhlaidh = *it's not so*	271	pé hí féin = *whoever she is*
256	uaigneas = *loneliness*	272	is dócha = *probably*
257	slíocann sí = *she smoothes*	273	ainniseoir = *wretched person*
258	tánn tú = *tá tú*	274	b'fhéidir = *maybe*
258	brídeach = *a bride*	275	gal den phíopa = *a puff of the pipe*
258	chomh deas péacógach le brídeach = *as well-dressed as a bride*	275	ar ball = tar éis tamaill, *after a while*
259	sciurdann sí = *she rushes in*	277	cóiste bodhar = *ghostly funeral coach*
263	iad araon = *both of them*	278	is mithid duitse = *it's time for yourself*
263	gan aon amhras = *without any doubt*	279	nílir (níl tú) istigh leat féin = *you're not yourself*
263	iontach = *wonderful*	279	ar chuma éigin = *somehow*
263	gaiscíoch = laoch, *hero*	279	cumha = brón, *sadness*
263	boladh láidir an tobac = *strong smell of tobacco*	280	suairc = áthasach, *happy*
264	mura mbeadh a fhios agam = *only for I knew*	279	in ionad = in áit, *instead of*
265	déarfainn = *I would say*	280	aga = tamall, *time*
265	a bhís = *a bhí tú*	281	bogaimis chun bóthair = *let's go*
265	cuimlíonn sí ciarsúr dá bhéal = *she rubs a hankerchief to his mouth*		

Achoimre ar an dráma

Na Pearsana:

Banaltra 1
Banaltra 2
Peadar Mac Fhlannchadha   ina sheandhuine
Peadar Mac Fhlannchadha   ina bhuachaill óg
Nóinín Ní Chathasaigh   ina seanbhean
Nóinín Ní Chathasaigh   ina cailín óg
Páid Ó Sé   fear atá i ngrá le Nóinín

Suíomh: An gairdín in ospidéal do sheandaoine. Lá samhraidh atá ann. An ghrian ag taitneamh. Éin ag cantain (canadh). Dhá chrann ag an dá thaobh den stáitse: iad faoi dhuilliúr.

Réamhrá: Is iad seanfhear agus seanbhean na príomhcharachtair sa dráma seo. Ní aithníonn siad a chéile i ngairdín an ospidéil, cé go raibh siad i ndianghrá lena chéile nuair a bhí siad óg. I rith an dráma insíonn an tseanbhean scéal faoi eachtra thragóideach a mhill an saol ar an seanfhear agus a chuaigh i gcion go mór uirthi féin. Fad atá sí ag caint, feiceann sí ina haigne féin na daoine óga a raibh baint acu leis an eachtra seo, fiú í féin agus an seanfhear, agus léirítear an eachtra seo ar an stáitse mar chuid den dráma.

---

pearsana = *characters*	i rith = *during*
banaltra = *nurse*	eachtra thragóideach = *a tragic incident*
i ngrá = *in love*	millim = *I destroy*
suíomh = *scene*	a mhill an saol ar an mbeirt acu = *that destroyed both their lives*
stáitse = *a stage*	
faoi dhuilliúr = *in leaf*	ina haigne féin = *in her own mind*
réamhrá = *introduction*	a raibh baint acu leis an eachtra = *who were connected with the incident*
príomhcharachtair = *principal characters*	
aithním = *I recognise*	fiú = *even*
ní aithníonn siad a chéile = *they do not recognise each other*	léirím = *I illustrate, portray*
	léirítear an eachtra = *the incident is portrayed*
cé go raibh = *even though*	stáitse = *a stage*
i ndianghrá = *deeply in love*	mar chuid den dráma = *as part of the drama*

An Dráma

Tagann Banaltra 1 isteach agus cathaoir rothaí a bhfuil seanfhear críonna caite inti á tiomáint aici. Tá seál trasna ar ghuaillí an tseanfhir agus súsa thar a ghlúine. Bhí sé cumasach tráth ach anois tá sé lag agus tá gruaig liath air. Cailín cairdiúil aerach is ea an bhanaltra. Tá sí ag caint leis an seanduine faoi mar a bheadh sí ag caint le leanbh mar tá mearbhall aoise air. Socraíonn sí an chathaoir faoi chrann.

Dúirt an bhanaltra leis go mbeadh sé go deas compordach ansin ag éisteacht le ceol na n-éan. Ach bhí an seanfhear cantalach. Ghuigh sé drochrath ar na héin chéanna. Nuair a dúirt sí leis gan a bheith ag eascaíní lean sé den tormas agus dúirt go raibh an iomad gleo ag na héin. Dúirt sí leis dá leanfadh sé leis an drochchaint nach gcuirfeadh sí siúcra sa tae dó ar ball. Dar leis an mbanaltra, ba cheart go mbeadh áthas air mar gurbh é an lá sin a lá breithe. Bhí a fhios ag an seanfhear cén aois a bhí aige. Bhí sé ocht mbliana agus ceithre scór. Nuair a d'iarr sé a phíopa uirthi dúirt sí gur mhaith a bhí a fhios aige nach raibh cead aige píopa a chaitheamh gan banaltra a bheith ina chuideachta. Chuir sí i gcuimhne dó an lá a thit sé ina chodladh agus é ag caitheamh an phíopa istigh sa leaba. Dar léi, bhí deireadh leis an lá sin ach gur rith sí chuige. Dúirt sí go ligfeadh sí dó caitheamh ar a shuaimhneas tar éis a dhinnéir.

Tagann Banaltra 2 agus seanbhean i gcathaoir aici. Socraíonn sí an chathaoir faoin chrann eile. Tá an bhean seo caite agus tá gruaig liath uirthi. Níl an radharc go maith aici agus tá sí beagáinín bodhar. Ach is duine deas lách í agus níl easpa céille ar bith uirthi.

---

cathaoir rothaí = *a wheelchair*
críonna caite = *very old*
á tiomáint aici = *being pushed by her*
seál = *a shawl*
súsa = *a rug*
cumasach = *powerful, strong*
tráth = uair amháin, *one time*
lag = *weak*
liath = *grey*
cairdiúil = *friendly*
aerach = *lively*
mearbhall = *confusion*
socraíonn sí = *she arranges*
compordach = *comfortable*
cantalach = *contrary*
ghuigh sé drochrath = *he wished bad luck*
ag eascaíní = *cursing*
tormas = *sulking*

lean sé den tormas = *he continued with the sulking*
an iomad gleo = *too much noise*
ar ball = tar éis tamaill, *after a while*
lá breithe = *birthday*
nach raibh cead aige = *that he hadn't permission*
ina chuideachta = *in his company*
chuir sé i gcuimhne dó = *she reminded him*
bhí deireadh leis = *he was finished*
ar a shuaimhneas = *at his ease*
radharc = *sight*
bodhar = *deaf*
lách = *gentle*
easpa céille = *want of sense*
ní raibh easpa céille ar bith uirthi = *there was nothing wrong with her mental faculties*

Bhí an tseanbhean lánsásta san áit. Ní dhearna sí gearán ar bith. Labhair sí go deas nádúrtha leis an mbanaltra. Bhain sí taitneamh as an lá álainn agus as canadh na n-éan. Agus bhí sí buíoch den bhanaltra as ucht aire a thabhairt di. Fad a bhí an bhanaltra ag caint leis an tseanbhean bhí an seanfhear ag gearán agus ag éileamh ar Bhanaltra 1 a phíopa a thabhairt dó. Dúirt Banaltra 1 go dtabharfadh sí isteach é dá leanfadh sé den gclamhsán. Dúirt sí le Banaltra 2 nach dtabharfadh sí a phíopa dó ar eagla go gcuirfeadh sé a chuid éadaigh trí thine. Dúirt Banaltra 2 gurbh é sin an chéad lá do Nóinín a bheith amuigh. Dúirt sí go raibh an tseanbhean an-tinn ach go raibh sí ag teacht chuici féin. Dúirt sí gur bhean dheas ghleoite í a bhíodh buíoch di i gcónaí. Dúirt Banaltra 1 nach ndéanadh Peadar ach drochrath a ghuí uirthi. Chuaigh na banaltraí isteach agus iad ag gáire tar éis do Bhanaltra 2 a rá nach raibh aon bhaol ann go n-éalódh na seandaoine le chéile.

Thosaigh Nóinín ag caint ach ní raibh suim dá laghad aige inti ach é ag gearán dó féin os íseal. Ní raibh Nóinín ag éisteacht leis. Fad a bhí sí ag rá gur chuir an lá álainn aoibhneas uirthi bhí seisean ag guí drochratha ar Bhanaltra 1 mar nár thug sí a phíopa dó. Nuair a bhí Nóinín ag rá gur bhain sí taitneamh mór as ceol na n-éan thosaigh Peadar ag gearán fúthu. Dar leis, bhí an iomad gleo acu. Níor lig siad dó codladh a dhéanamh. Ach bhí Peadar glic. Dar leis, bhí sé ábalta don bhanaltra. Bhí píopa eile ina phóca aige chomh maith le tobac agus lasáin. Bhain sé sult as an mbob a bhuail sé ar an mbanaltra.

---

gearán = *complaint*
go deas nádúrtha = *nice and naturally*
bhain sí taitneamh as = *she enjoyed*
buíoch = *thankful*
as ucht aire a thabhairt di = *for taking care of her*
ag gearán = *complaining*
ag éileamh = *demanding*
dá leanfadh sé den gclamhsán = *if he continued with the complaining*
ar eagla = *for fear*
ag teacht chuici féin = *improving*
a bhíodh buíoch di i gcónaí = *who was always grateful to her*
drochrath = *bad luck*
ach drochrath a ghuí uirthi = *but to wish bad luck on her*
aon bhaol = *any danger*

go n-éalódh na seandaoine le chéile = *that the old people would elope together*
suim dá laghad = *the least interest*
os íseal = *in a low voice*
fad a bhí sí = *while she was*
aoibhneas = *pleasure*
ag guí drochratha = *wishing bad luck*
gur bhain sí taitneamh mór as = *that she greatly enjoyed*
ag gearán fúthu = *complaining about them*
an iomad gleo = *too much noise*
glic = *cute, crafty*
bhí sé ábalta don bhanaltra = *he was able for the nurse*
lasáin = *matches*
sult = *enjoyment*
bob = *cleas, trick*

Níorbh fhada go raibh Nóinín ag insint scéal na heachtra a mhill an saol ar an seanfhear. Ní raibh Peadar ag éisteacht léi. Ní raibh ar a aigne ach a phíopa. Bhí sé ag gearán faoi na lasáin a bhí tais. Ní raibh Nóinín ag éisteacht leis ach oiread. Bhí sí ag labhairt amhail is dá mbeadh sí ag caint léi féin. (Fad a bhí Nóinín ag insint an scéil chuaigh focal anseo is ansiúd i gcion air agus labhair sé os ard. Sé sin, cé go raibh a mheabhair caillte aige, bhí cuimhne na eachtra go doimhin ina aigne aige agus spreag focail áirithe chun cainte é.)

Ina haigne féin bhí Nóinín óg arís. Tháinig an áit inar rugadh í féin agus Peadar Mac Fhlannchadha ar ais chuici. Bhí sí ocht mbliana déag d'aois agus bhí meitheal ag obair ar Mhóin a' Lín. Chuaigh sí go dtí an portach leis an dinnéar agus chonaic sí Peadar. Thit an bheirt acu i ngrá lena chéile agus chuaigh siad abhaile le chéile ag deireadh an lae. Chaith siad an samhradh i gcuideachta a chéile. Ach fear teasaí ceanndána ab ea Peadar agus duine aerach ab ea Nóinín. Ba bhreá léi a bheith á ghriogadh. Lig sí uirthi go raibh suim aici i bPáid Ó Sé chun éad a chur ar Pheadar. Bhí achrann idir Nóinín agus Peadar oíche. An oíche dar gcionn bhí rince ag an gcrosbhóthar agus chuaigh sí ag rince le Páid Ó Sé chun fearg a chur ar Pheadar. Nuair a bhí an rince thart chuaigh Peadar chuici, ach dúirt sí go raibh rince eile geallta aici do Pháid. Tharla troid idir Peadar agus Páid. Bhí fearg uafásach ar Pheadar. Rug sé greim ar scornach Pháid agus mharaigh sé é. Gearradh deich mbliana príosúin air.

Chonaic Nóinín Peadar ar an aonach tar éis dó teacht amach as an bpríosún. Bhí sé cromtha liath agus chuaigh sé thairsti gan labhairt léi. Phós sí agus bhí clann aici ach níor dhearmad sí Peadar riamh, mar níor thug sí grá d'aon duine faoi mar a thug sí do Pheadar.

---

ag insint scéal na heachtra = *telling the story of the incident*
a mhill an saol ar an mbeirt acu = *that destroyed both their lives*
ar a aigne = *on his mind*
tais = *damp*
ach oiread = *either*
amhail is dá mbeadh sí = *as if she were*
téann focal anseo is ansiúd i gcion air = *a word here and there impinges on him him*
os ard = *out loud*
a mheabhair = *his mind*
cuimhne na heachtra = *a memory of the incident*
doimhin = domhain, *deep*
spreag focail áirithe chun cainte é = *certain words urged him to speak*
ina haigne féin = *in her own mind*
an áit inar rugadh í = *the place in which she was born*
meitheal = *a working party*
portach = *bog*
i ngrá lena chéile = *in love with each other*
i gcuideachta a chéile = *in each other's company*

teasaí = *hot-tempered*
ceanndána = *headstrong*
aerach = *happy and lively*
á ghriogadh = *teasing him*
lig sí uirthi = *she let on*
suim = *interest*
éad = *jealousy*
achrann = *quarrel*
an oíche dar gcionn = *the following night*
crosbhóthar = *crossroad*
geallta = *promised*
troid = *fight*
rug sé greim = *he caught a grip*
scornach = *throat*
mharaigh sé é = *he killed him*
gearradh deich mbliana príosúin ar Pheadar = *Peadar was sentenced to ten years imprisonment*
aonach = *fair*
cromtha liath = *stooped and grey*
thairsti = *past her*
phós sí = *she married*
níor dhearmad sí = *she did not forget*
grá = *love*

Nuair a tháinig Banaltra 1 ar ais chuige chuir Peadar an píopa ina phóca. Bhí sé ag clamhsán fós. Dúirt sé nach raibh sé ábalta codladh a dhéanamh leis an gcaint a bhí ar siúl. Ach chuimil sé a lámh de láimh na banaltra agus dúirt 'Nóinín Ní Chathasaigh, Nóinín bheag Ní Chathasaigh'. Lean sé de bheith ag rá 'Nóinín Ní Chathasaigh' gur chuir an bhanaltra stop leis. Ach chuala Nóinín a hainm á lua ag an seanfhear agus d'fhiafraigh sí den bhanaltra cérbh é an an seanfhear. Thosaigh an bhanaltra ag gáire agus dúirt gurbh iontach an rud é suim a bheith ag Nóinín sna fir fós. Ach lean Nóinín dá ceistiú. Dúirt an bhanaltra gurbh é Peadar Mac Fhlannchadha a bhí ann agus d'imigh sí chun an seanfhear a bhogadh.

Fágadh Nóinín i mbun a smaointe. Dar léi, ba é a hainm féin a bhí ina bhéal aige agus é i ndeireadh a shaoil. Níor dhearmad sé riamh í. Nuair a tháinig Banaltra 2 chuici bhí Nóinín ag gol. Maidir le Peadar, nuair a tháinig an bhanaltra agus é féin ar ais bhí an bheirt acu ag gáire. Dúirt Peadar gur bhuaigh sé an rás. Dúirt an bhanaltra go raibh boladh láidir an tobac uaidh agus go ndéarfadh sí go raibh sé ag caitheamh ach go raibh a phíopa istigh sa teach. Ach ní raibh le rá ag Peadar ach 'Nóinín Ní Chathasaigh, Nóinín Ní Cathasaigh'.

Nuairt a dúirt Banaltra 1 gur thug Peadar Nóinín Ní Chathasaigh uirthi ba í tuairim Bhanaltra 2 gur chailín í a raibh Peadar i ngrá léi fadó. (Ar ndóigh, bhí sloinne pósta ar Nóinín anois agus sin an fáth nár thuig siad gurbh í an bhean chéanna an tseanbhean agus Nóinín Ní Chathasaigh.) Ní raibh le cloisteáil ó Pheadar agus é á thabhairt isteach ach 'Nóinín Ní Chathasaigh, Nóinín bheag Ní Chathasaigh'. Cheap Banaltra 2 go raibh athrú tagtha ar Nóinín. Dar léi, bhí brón de shórt éigin ar an tseanbhean.

---

ag clamhsán = *grumbling*
chuimil sé = *he stroked*
lean sé = *he continued*
á lua = *being mentioned*
d'fhiafraigh sí den bhanaltra = *she asked the nurse*
iontach = *wonderful*
suim = *interest*
dá ceistiú = *á ceistiú, questioning her*
a bhogadh = *to move him*
i mbun a smaointe = *thinking*

i ndeireadh a shaoil = *at the end of his life*
bhuaigh sé = *he won*
boladh láidir an tobac = *strong smell of tobacco*
ag caitheamh = *smoking*
thug Peadar Nóinín uirthi = *Peadar called her Nóinín*
tuairim = *opinion*
sloinne pósta = *marriage surname*
go raibh athrú tagtha ar Nóinín = *that Nóinín had changed*
de shórt éigin = *of some sort*

Ceisteanna

1. Déan cur síos ar Pheadar mar sheanfhear.
2. Déan cur síos ar Nóinín mar sheanbhean.
3. Cén sort duine ab ea Peadar agus é ina ógfhear?
4. Cen sórt duine ab ea Nóinín agus í ina bean óg?
5. Dean cur síos cruinn ar an ngaol idir Peadar agus Banaltra 1 sa dráma.
6. Déan cur síos cruinn ar an ngaol idir Nóinín agus Banaltra 2 sa dráma.
7. 'Drochearra an bhanaltra sin. Ní ligeann sí dom mo phíopa a chaitheamh.' Cén fáth nach raibh Banaltra 1 sásta a píopa a thabhairt do Pheadar? Cén bob a bhuail Peadar uirthi?
8. 'Lá buí Bealtaine mar seo is ea a chonac Peadar Mac Fhlannchadha den chéad uair riamh.' Tabhair cuntas ar ar tharla ar an bportach an lá sin.
9. 'Fear teasaí a bhí ionat, a Pheadair Mhic Fhlannchadha. Ní raibh a fhios agat cad é an neart a bhí i do láimh.' Cad a bhí i gceist ag Nóinín leis an gcaint sin?
10. 'Bhí rince ag an gcrosbhóthar an oíche dar gcionn.' Tabhair cuntas cruinn ar ar tharla ag an rince.
11. 'Chonac ar an aonach é tar éis dó teacht amach as an bpríosún. Ní dhearna sé ach a cheann a bhualadh faoi agus gabháil tharam gan labhairt liom, gan beannú dom.' Cén fáth gur gearradh tréimhse phríosúnachta ar Pheadar? Cén chaoi a bhí air nuair a tháinig sé amach? Cén fáth nár bheannaigh sé do Nóinín? Cad a tharla don bheirt acu ina dhiaidh sin?
12. '(*É ag cuimilt a láimhe de chuisle na banaltra*) Nóinín Ní Chathasaigh! Nóinín beag Ní Chathasaigh!' Léirigh go cruinn an t-athrú a tháinig ar Nóinín ón uair a chuala sí sean-Pheadar ag glaoch as a hainm uirthi go deireadh an dráma. Cad iad na smaointe a tháinig isteach ina ceann?
13. 'An ag caint leat féin ataoi? Agus tá na deora le do shuile. Ó faire! Ní ceart duit a bheith ag gol lá buí Bealtaine mar seo.' Mínigh go soiléir an fáth go raibh sean-Nóinín ag gol.
14. Déan trácht ar an tragóid a léirítear sa dráma seo agus an toradh a bhí léi.
15. Tabhair cuntas gairid ar a bhfuil sa dráma faoi na téamaí seo a leanas: óige, seanaois, easpa céille, mioscais, fearg, fuath, éad, brón (díomá), uaigneas, eachtra thragóideach, uafás, bás, (marú), príosún, achrann, cineáltas.

Clare sa Spéir

(Bord Scannán na hÉireann agus TG4 i gcomhar le Zanzibar Productions)

Bhí tuairimí éagsúla ag daoine faoi cad a thug ar Chlare iarracht a dhéanamh ar churiarracht dhomhanda a shárú. Dúirt daoine áirithe go raibh sí ag an aois sin. Dúirt daoine eile gur briseadh ar a cuid néaróga agus bhí daoine ann, fiú, a dúirt go raibh sí craiceáilte.

Pé scéal é, bhí sí faoi theannas mór ag an mbord an mhaidin áirithe sin. Bhí Joe agus
5 Caoimhín ag argóint in ard a ngutha. Bhí greim ag an mbeirt acu ar iris agus lean siad á sracadh óna chéile gur stróic siad í. Ag an am céanna bhí Méabh ag rá le Sinéad, a deirfiúr óg, nach dtabharfadh sí ar scoil í. Bhrostaigh Lisa, cailín fásta, isteach agus sciob canta aráin ó Shinéad. Ba bheag aird a thug sí ar a máthair a d'iarr uirthi suí síos agus bricfeasta a ithe roimh dhul ag obair di. Bhí an páipéar á léamh ag Eoin, fear an tí, ar feadh an achair. Ní dhearna sé
10 iarracht ar bith smacht a chur ar na páistí. Bhí Clare cráite ag an gclampar. Faoi dheireadh phléasc sí agus bhéic in ard a gutha. Dúirt sí leo a bheith ciúin agus dul ar scoil. Rinne siad amhlaidh gan aird ar bith acu uirthi.

Bhí síocháin aici anois agus d'fhiafraigh sí dá céile cad a bhí ag tarlú sa nuacht. Dúirt sé go raibh fear éigin tar éis curiarracht dhomhanda a shárú mar gur chaith sé an tamall ab fhaide
15 curtha ina bheatha i mbosca. Dar leis, amadán ab ea an fear a raibh a chuid ama á chur amú aige. Ach chuaigh an scéal i gcion ar Chlare. Dar léi, b'éacht mhór é. Ní raibh a céile ag éisteacht léi, áfach. D'imigh sé as an teach gan a thuilleadh a rá.

Chuaigh Clare go lagbhríoch chun an bord a ghlanadh agus na gréithe a ní. Nuair a thit na gréithe go torranach uirthi shuigh sí síos go cráite. Is ansin a chonaic sí an cuntas sa pháipear ar

Gluais

1	tuairimí éagsúla = *various opinions*	9	ní dhearna sé iarracht ar bith = *he made no effort at all*
1	iarracht = *attempt*	10	smacht = *control*
1	curiarracht dhomhanda = *world record*	10	cráite = *tormented*
1	faoi cad a thug ar Chlare iarracht a dhéanamh ar churiarracht dhomhanda a shárú = *about what caused Clare to make an attempt to break a world record*	10	clampar = *commotion*
		11	phléasc sí = *she exploded*
		11	bhéic (sí) = *she shouted*
		11	rinne siad amhlaidh = *they did that*
1	daoine áirithe = *certain people*	12	aird = *attention*
2	sáraím = *I beat*	13	síocháin = *peace*
2	gur briseadh ar a cuid néaróga = *that her nerves went*	13	ag tarlú = *happening*
		14	an tamall ab fhaide = *the longest time*
3	fiú = *even*	15	curtha ina bheatha i mbosca = *buried alive in a box*
3	craiceáilte = *mad*		
4	pé scéal é = *anyhow*	15	amadán = *fool*
4	teannas = *tension*	15	a raibh a chuid ama á chur amú aige = *who was wasting his time*
5	ag argóint in ard a ngutha = *arguing at the tops of their voices*		
		16	chuaigh an scéal i gcion ar Chlare = *the story affected Clare*
5	greim = *grip*		
5	iris = *magazine*	16	éacht = *wonderful achievement*
5	lean siad á sracadh óna chéile = *they continued to tear it from each other*	16	a céile = *her husband*
		17	áfach = *however*
6	stróic siad = *they tore*	17	gan a thuilleadh a rá = *without saying any more*
7	sciob (sí) canta aráin = *she snatched a cut of bread*		
		18	go lagbhríoch = *downheartedly*
8	aird = *attention*	19	go torrannach = *noisily*
8	a d'iarr uirthi = *who asked her*	19	an cuntas = *account*
9	ar feadh an achair = *all the while*		

Caibidil 5

20 fhear a sháraigh curiarracht dhomhanda. Ina haigne féin thuig sí cás an fhir sin. Bhí sí féin faoi ghlas sa teach. Go tobann rith smaoineamh léi. D'fhéach sí amach ar an gcrann sa ghairdín agus ar an teach crainn a bhí ann. Bheartaigh sí díreach ansin ar churiarracht dhomanda a shárú. Dar léi, bheadh uirthi dhá lá is tríocha a chaitheamh thuas sa chrann chun é sin a dhéanamh.

25 An tráthnóna sin, tar éis teacht abhaile ón scoil di, rith Sinéad isteach sa chistin agus í ag glaoch ar a Mamaí. Lig sí scréach uafáis aisti nuair a d'fhéach sí amach fuinneog na cistine, mar ní raibh le feiceáil aici ach cosa a Mamaí ag liobarnáil san aer. Níorbh fhada go raibh an chlann go léir sa ghairdín agus Eoin ag impí ar Chlare teacht anuas mar go raibh sé in am tae agus go raibh ocras orthu go léir. Dúirt Clare go breá réidh leis go raibh na hispíní sa chuisneoir agus
30 neart aráin sa chófra. Thaining fearg ar Eoin agus dúirt léi go dtiocfadh sí anuas nuair a bheadh uirthi dul go dtí an leithreas nó nuair a bheadh ocras uirthi. Nuair a dúirt Lisa leis nár cheart Clare a fhágáil gan rud éigin le n-ithe dúirt Eoin go dtiocfadh sí anuas nuair a bheadh *Coronation Street* ag tosú. Thiomáin sé iad go léir isteach go feargach. Nuair a d'fhiafraigh comharsa bhéal dorais de Chlare cén fáth go raibh sí ag iarraidh curiarracht a shárú d'fhreagair
35 Clare nach raibh a fhios aici go cinnte. Bhí brón uirthi an oíche sin nuair a smaoinigh sí ar a clann sa teach. Nuair a chuala sí an ceol a chuireann *Coronation Street* i láthair d'ardaigh sí ceol an raidió.

Nuair a d'éirigh Clare ar an séú lá d'fhiafraigh an bhean chomharsan di an raibh sí tuirseach fós de bheith ag iarraidh an churiarracht a shárú. Chuala Clare Eoin ag béiceadh sa teach agus
40 ag rá go raibh sé as a mheabhair ag na páistí agus d'fhreagair sí gur gheall le saoire a bheith thuas sa chrann. Thuig Clare go raibh sé ag dul ina luí ar Eoin cad a bhí i gceist le cúraimí tí agus clainne. An oíche sin tháinig Eoin abhaile agus ispíní agus sceallóga aige i gcomhair an tae. Sin a bhí le n-ithe acu gach oíche le cúig lá anuas. Bhí siad bréan de agus thosaigh na buachaillí ag gearán. Níorbh fhada go raibh Sinéad ag iarraidh air cabhrú léi a hobair bhaile a
45 dhéanamh. Ní raibh fonn dá laghad ar Eoin cabhrú léi. Thosaigh sí ag gearán ansin agus ag rá gur thug Mamaí cabhair di i gcónaí. Ansin bhí na buachaillí ag iarraidh air a gcultacha peile a ghlanadh i gcomhair scoile. Nuair a dúirt Eoin go gcaithfeadh Lisa féachaint i ndiaidh sin mar go raibh sé tuirseach tar éis obair an lae thosaigh Lisa ag gearán. Dar léi, bhí lá oibre déanta aici féin freisin. Níorbh fhada go raibh briste ar an bhfoighne ag Eoin. Lig sé béic as agus bhuail sé
50 a dhorn ar an mbord. Ghoill an clampar ar Mhéabh. Bhí sí ag smaoineamh ar a máthar. Líon sí fleasc tae agus chuaigh sí chuici. Ghlaoigh Eoin 'scab lofa' uirthi. D'éirigh Sinéad agus chuaigh sí in éineacht léi. Thuig Eoin go raibh Clare ag fáil an bhua air. Chuaigh sé chuig an teach tábhairne.

Bhí aghaidh gach duine air nuair a chuaigh sé doras an tábhairne isteach. D'ordaigh sé
55 pionta pórtair agus shuigh síos ina aonar. Bhí fear an tábhairne agus beirt fhear ag an gcuntar ag cúlchaint go magúil faoi. Bhí siad ag súil go bhfeicfeadh sé an fógra ar an mballa. 'Out of her Tree' an ceannlíne a bhí ar an bhfógra a bhí ag iarraidh ar chustaiméirí geall a chur ar cé chomh fada is a d'fhanfadh Clare thuas sa chrann. Bhí liosta ainmneacha ar an bhfógra cheana

Gluais

20	a sháraigh = *that beat*		44	ag iarraidh air = *asking him*
20	ina haigne féin = *in her own mind*		44	ag iarraidh air cabhrú léi = *asking him to help her*
20	thuig sí cás an fhir sin = *she understood that man's situation*		45	obair bhaile = *homework*
21	faoi ghlas = *locked up*		45	fonn = *a desire*
21	rith smaoineamh léi = *a thought occurred to her*		45	ní raibh fonn dá laghad ar Eoin = *Eoin had no desire*
22	bheartaigh sí = *she determined*		46	cabhair = *help*
23	bheadh uirthi = *she would have to*		46	i gcónaí = *always*
25	ag glaoch ar a mamaí = *calling her mammy*		46	a gcultacha peile = *their football kit*
25	scréach uafáis = *a screech of terror*		47	go gcaithfeadh Lisa féachaint i ndiaidh sin = *that Lisa would have to look after that*
27	ag liobarnáil = *swinging*		48	lá oibre = *a day's work*
27	níorbh fhada = *it wasn't long*		49	níorbh fhada go raibh briste ar an bhfoighne ag Eoin = *it wasn't long till Eoin's patience gave out*
29	ag impí ar = *imploring*			
29	go bréa réidh = *nice and easy*			
29	ispíní = *sausages*		49	lig sé béic as = *he gave a shout*
29	cuisneoir = *fridge*		50	dorn = *fist*
30	neart aráin = *plenty of bread*		50	clampar = *commotion*
30	nuair a bheadh uirthi dul go dtí an leithreas = *when she would have to go to the toilet*		50	ghoill an clampar ar Mhéabh = *the commotion upset Mhéabh*
33	thiomáin sé = *he drove*		50	ag smaoineamh ar = *thinking of*
33	go feargach = *angrily*		51	fleasc tae = *a flask of tea*
33	d'fhiafraigh sí (de) = *she asked*		51	ghlaoigh Eoin 'scab lofa' uirthi = *Eoin called her a 'rotten scab'*
34	comharsa bhéal dorais = *nextdoor neighbour*		52	ag fáil an bhua air = *getting the better of him*
35	go cinnte = *for certain*			
35	smaoinigh sí ar = *she thought of*		52	teach tábhairne = *pub*
36	an ceol a chuireann *Coronation Street* i láthair = *the music that introduces Coronation Street*		54	bhí aghaidh gach duine air = *everybody was looking at him*
			54	d'ordaigh sé = *he ordered*
36	d'ardaigh sí = *she increased*		55	pionta pórtair = *a pint of porter*
40	go raibh sé as a mheabhair ag na páistí = *that the children had him driven mad*		56	ina aonar = *alone*
			56	ag cúlchaint go magúil = *mockingly gossiping*
40	gur gheall le saoire = *that it was like a holiday*			
			56	ag súil = *hoping, expecting*
41	go raibh sé ag dul ina luí ar Eoin = *that it was dawning on Eoin*		57	ceannlíne = *headline*
			57	a bhí ag iarraidh ar chustaiméirí geall a chur = *that was asking customers to place a bet*
41	cad a bhí i gceist le cúraimí tí agus clainne = *what caring for house and family entailed*			
			57	ar cé chomh fada is a d'fhanfadh Clare thuas sa chrann = *on how long Clare would stay up in the tree*
42	sceallóga = *chips*			
43	bhí siad bréan de = *they were fed up of it*			
			58	liosta ainmneacha = *a list of names*
44	ag gearán = *complaining*		58	cheana féin = *already*

féin. Nuair a chonaic Eoin an fógra shlog sé siar an pionta. Is dócha gur fhag sé an tábhairne go sciobtha.

Nuair a chuaigh sé abhaile bhí an chlann go léir thuas ar an gcrann in éineacht lena máthair. Bhí Clare ar a suaimhneas agus áthas ar na páistí. Dúirt na páistí léi go dtéadh Eoin go dtí an tábhairne gach oíche. Nuair a chonaic Clare Eoin ag an bhfuinneog thug sí comhartha cinn dó teacht aníos chuici. Mhothaigh Eoin go raibh an cluiche caillte aige. Bhí an chlann ag taobhú léi. Ach níor ghéill sé. Chuaigh sé go dtí a sheomra. Bhuail tocht bróin Clare. Ba mhaith léi go mbeadh an bheirt acu i ngar dá chéile arís.

An oíche sin thosaigh sé ag cur báistí go trom. Bhí gliondar ar Eoin. Bheadh ar Chlare teacht anuas anois agus bheadh suaimhneas sa teach. Ach níor tháinig sí. Chuir sí cóta báistí uirthi agus d'oscail sí an scáth báistí. D'fhan sí go dúshlánach sa chrann. Bhí trua ag Eoin dá bhean anois agus meas mór aige uirthi. Rith sé go dtí an crann agus brat cannbháis faoina ascaill aige chun fothain a thabhairt di. D'impigh sé uirthi teacht anuas. Dúirt sé go raibh a pointe cruthaithe aici. D'admhaigh sé nár thug sé tacaíocht di sa teach agus nár chaith sé a dhóthain ama leis na páistí. Dúirt sé go raibh brón air faoi sin anois agus go mbeadh gach rud i gceart uaidh sin amach. Ach ní raibh Clare sásta teacht anuas go mbeadh an churiarracht sáraithe aici. Lig Eoin béic éadóchais as agus dúirt go raibh sí glan as a meabhair. Chuir Clare i gcuimhne dó go ndúirt sé léi trath gurbh é an fáth gur thit sé i ngrá léi ná go raibh sí craiceáilte. An oíche sin chaith Eoin tamall fada ag machnamh ar an scéal.

Bhí athrú mór tagtha ar Eoin faoi seo. Bhí sé fós i ngrá le Clare agus bheartaigh sé a bheith ina fhear céile maith uaidh sin amach agus gach cabhair a thabhairt di. Muna dtiocfadh sí anuas thabharfadh sé tacaíocht di. Lá amháin bhí an bhean chomharsan ag tabhairt cuntais do Chlare ar eachtra a tharla in *Coronation Street* nuair a tháinig Eoin amach le bosca uirlisí ina láimh agus cláracha adhmaid faoina ascaill aige. Bhí mearbhall ar Chlare. Chuaigh sé isteach sa seid agus chaith tamall ag obair ann. Tháinig sé amach le bosca agus d'ardaigh sé féin agus an chlann le rópaí é. Teilifís a bhí sa bhosca agus dúirt Eoin le Clare gur mhaith leis go mbeadh *Coronation Street* agus na sobail eile le feiceáil aici fad a bhí an churiarracht á sárú aici.

D'fhan Eoin i dteannta Chlare sa chrann an lá sin go dtí go raibh sé in am tae agus ba gheall le daoine óga a bhí i ndianghrá lena chéile iad. Chuir sé áthas mór ar an gclann a bheith ag féachaint orthu. Bhí réiteach ar an scéal anois. Bhí a fhios ag Clare gur thuig Eoin a cruachás. Bhí sos faighte aici. Ní bheadh cúraimí tí agus clainne ina ualach uirthi a thuilleadh mar go mbeadh Eoin ann chun cabhrú léi. Maidir leis na páistí, bhí grá acu dá Mamaí agus thuig siad anois chomh tábhachtach is a bhí sí ina saol. Bheadh meas mór acu uirthi uaidh sin amach agus thabharfaidís tacaíocht di. Bhí ciall cheannaithe faighte ag gach duine.

D'fhan Clare dhá lá is tríocha thuas sa chrann. Bhí sí cinnte go raibh an churiarracht sáraithe aici go dtí go ndúradh léi gur bhliain is tríocha a bhí i gceist. Bhí cruth díomách uirthi ar dtús ach níorbh fhada gur léir do gach duine gur chuma léi. 'Ah, feck it,' a dúirt sí agus léim sí den chrann go háthasach, rud a bhain geit as gach duine mar b'éigean d'Eoin rith ar a dhícheall chun breith uirthi. Ní raibh le rá ag Eoin agus an bheirt acu sna trithí ar an talamh ach, 'tá tú glan as do mheabhair, a bhean'.

Gluais

- 59 shlog sé siar = *he gulped back*
- 59 go sciobtha = *go tapaidh, fast*
- 61 ar a suaimhneas = *at her ease*
- 62 go dtéadh Eoin = *that Eoin used to go*
- 63 thug sí comhartha cinn dó teacht aníos chuici = *she nodded to him to come up to her*
- 64 mhothaigh Eoin = *Eoin felt*
- 64 go raibh an cluiche caillte aige = *that he had lost the game*
- 64 ag taobhú léi = *siding with her*
- 65 níor ghéill sé = *he didn't give in*
- 65 tocht bróin = *a fit of sadness*
- 66 i ngar dá chéile = *close to each other*
- 67 go trom = *heavily*
- 67 gliondar = *áthas, happiness*
- 67 bheadh ar Chlare teacht anuas = *Clare would have to come down*
- 68 suaimhneas = *peace*
- 69 scáth báistí = *umbrella*
- 69 go dúshlánach = *defiantly*
- 70 brat cannbháis = *canvas covering*
- 70 faoina ascaill = *under his arm*
- 71 chun fothain a thabhairt di = *to give her shelter*
- 71 d'impigh sé uirthi = *he implored her*
- 71 go raibh a pointe cruthaithe aici = *that she had proved her point*
- 72 d'admhaigh sé = *he admitted*
- 72 níor thug sé tacaíocht di = *that he hadn't supported her*
- 72 a dhóthain ama = *enough of his time*
- 74 uaidh sin amach = *from then on*
- 75 béic éadóchais = *shout of despair*
- 75 go raibh sí glan as a meabhair = *that she was completely out of her mind*
- 75 chuir Clare i gcuimhne dó = *Clare reminded him*
- 76 tráth = *uair amháin, one time*
- 76 gurbh é an fáth gur thit sé i ngrá léi ná go raibh sí craiceáilte = *that the reason he had fallen in love with her was that she was cracked*
- 77 ag machnamh ar an scéal = *pondering the situation*
- 78 faoi seo = *by now*
- 78 bheartaigh sé = *he decided*
- 79 cabhair = *help*
- 79 muna dtiocfadh sí anuas = *if she didn't come down*
- 80 ag tabhairt cuntais = *giving an account*
- 81 eachtra = *incident*
- 81 bosca uirlisí = *box of tools*
- 82 cláracha adhmaid = *boards*
- 82 faoina ascaill = *under his arm*
- 82 bhí mearbhall ar Chlare = *Clare was confused*
- 83 seid = *shed*
- 83 d'ardaigh sé = *he raised*
- 85 na sobail = *soaps*
- 86 i dteannta = *with, in the company of*
- 86 ba gheall le daoine óga a bhí i ndianghrá lena chéile iad = *they were like young people deeply in love with each other*
- 87 i ndianghrá = *deeply in love*
- 88 bhí réiteach ar an scéal = *the situation was resolved*
- 88 thuig Eoin a cruachás = *Eoin understood her predicament*
- 89 bhí sos faighte aici = *she had got a break*
- 89 cúraimí tí agus clainne = *house and family responsibilities*
- 89 ualach = *loan, burden*
- 89 a thuilleadh = *anymore*
- 90 chun cabhrú lei = *to help her*
- 90 maidir le = *as regards*
- 90 grá = *love*
- 91 tábhachtach = *important*
- 91 ina saol = *in their life*
- 91 meas = *respect*
- 91 uaidh sin amach = *from then on*
- 92 thabharfaidís tacaíocht di = *they would help her*
- 92 ciall cheannaithe = *sense got by experience*
- 93 cinnte = *certain*
- 94 i gceist = *in question, meant*
- 94 cruth díomách = *disappointed appearance*
- 94 ar dtús = *at first*
- 95 gur léir = *that it was clear*
- 95 gur chuma léi = *that she didn't care*
- 96 rud a bhain geit as gach duine = *a thing that startled everybody*
- 96 b'éigean d'Eoin = *Eoin had to*
- 96 ar a dhícheall = *at his hardest*
- 97 chun breith uirthi = *to catch her*
- 97 sna tríthí = *in fits of laughter*

● **Ceisteanna**

1. Cad a thug ar Chlare iarracht a dhéanamh ar churiarracht dhomhanda a shárú, dar le muintir ha háite?
2. Mínigh go soiléir cén fáth i ndáiríre a ndearna Clare iarracht ar churiarracht a shárú.
3. Tabhair cuntas cruinn ar conas mar a bhí an scéal sa teach am bricfeasta? Léirigh go cruinn meon agus iompar Chlare i rith an ama sin.
4. Cén scéal nuachta a d'inis Eoin do Chlare? Cad a cheap Clare faoin eachtra? Cad a bhí le rá ag Eoin?
5. Cad a rinne Clare sa chistin nuair a d'imigh Eoin? Léirigh a cuid smaointeoireachta. Cad a bheartaigh sí a dhéanamh?
6. Léirigh cé chomh buartha is a bhí Clare ag tosach an scéil agus mar a tháinig athrú iomlán uirthi.
7. Cad a bhain geit as Sinéad nuair a rith sí isteach sa chistin tar éis scoile?
8. Cad a dúirt Eoin le Clare nuair a fuair sé thuas sa chrann í? Cad a dúirt sé le Lisa faoi Chlare? Cén fáth go raibh Clare thuas sa chrann, dar le Sinéad?
9. Tabhair cuntas cruinn ar an gcéad lá a chaith Clare thuas sa chrann.
10. Tabhair cuntas cruinn ar conas mar a bhí an scéal sa teach roimh dhul go dtí an teach tábhairne d'Eoin.
11. Tabhair cuntas cruinn ar ar tharla sa teach tábhairne.
12. Conas mar a bhí an scéal sa bhaile nuair a tháinig Eoin abhaile ón teach tábhairne? An gceapann tú go raibh sé sásta leis? Cén fáth?
13. Cad a cheap Eoin nuair a thosaigh sé ag cur báistí? Cad a chuir fearg thobann air? Cad a rinne sé?
14. Léirigh an comhrá a bhí ag Eoin agus Clare le chéile an oíche a bhí sé ag cur báistí.
15. Tabhair cuntas cruinn ar ar tharla an lá a tháinig Eoin amach as an teach le cláracha agus bosca uirlisí.
16. Cad a cheap Clare nuair a fuair sí amach nach raibh an churiarracht sáraithe aici? Cad a rinne sí? Cad a dúirt Eoin léi?
17. Tabhair cuntas ar na daoine óga mar a léiríonn an scannán iad.
18. Léirigh dhá eachtra ghreannmhar sa scannán.
19. Cén carachtar is mó a raibh bá agat leis/léi sa scéal. Mínigh go gairid cén chaoi ar éirigh leis an scannán do comhbhá leis an bpearsa seo a spreagadh.
20. Léirigh go cruinn an t-athrú a tháinig ar mheon Eoin ó thús deireadh an scannáin.
21. Léirigh go cruinn an t-athrú a tháinig ar mheon Chlare ó thuas deireadh an scannáin.

Caibidil 6
Filíocht Ainmnithe

Gealt?

Áine Ní Ghlinn

Léim gealt in airde ar bhus a sé déag inné
agus pitseámaí air – stríocaí liath is dearg orthu!
Shuigh sé síos in aice le fear a raibh babhlaer agus *briefcase* air!
Rug an créatúr greim an duine bháite ar a *bhriefcase*!
Trí shuíochán síos uaidh chrosáil bean a cosa!
Rug máthair greim an duine bháite ar a páiste!
D'fhéach an páiste ar an ngealt!
Rinne an ghealt meangadh mór mantach gáire!

Labhair an tiománaí le fear an *depot*!
Labhair fear an *depot* le lucht 999!
Fuair sé lucht dóiteáin ar dtús is d'fhiafraigh siadsan de
an raibh an ghealt i mbaol nó tré thine nó in airde ar
chrann – Ní raibh!
Bhris an fear dóiteáin an líne!
Ghlan an tiománaí sruth allais dá éadan!
'A Chríost,' a scread sé – de chogar ar eagla go gcloisfeadh
gealt na bpitseámaí é – 'Cuir fios ar na *bloody* Gardaí!!'

Tháinig na Gardaí is ghlanadar an bóthar amuigh i Ráth Fhearnáin!
Tháinig an t-arm is luíodar taobh thiar dá leoraithe,
meaisínghunnaí crochta!
Tháinig na dochtúirí lena gcuid steallairí is le veist cheangail!
. . . Tháinig an bus!
Bhí fear an *bhriefcase* báite ina chuid allais féin!
Bhí bríste an tiománaí fliuch!
Bhí bean na gcos crosáilte fós coschrosáilte!
Bhí rúnaí a bhí le bheith in oifig mhór i Sráid Chamden
leathuair a' chloig ó shin anois i Ráth Fhearnáin!

Bhí an páiste ag stánadh ar an ngealt!
Bhí an ghealt ag súgradh le cnaipí a phitseámaí
– é fós ag gáire go mantach!
. . . Stad an bus!
. . . D'ardaigh an ghealt a cheann!
D'aithin sé dochtúir! D'aithin an veist cheangail!
Is é fós ag gáire léim sé suas is rith amach an doras
isteach i lámha an dochtúra! Isteach sa veist a bhí gan lámha!

Istigh sa bhus phléasc osna faoisimh!
Níor labhair ach an páiste –
'A Mhamaí, cén fáth nach ligfeá domsa mo phitseámaí
a chaitheamh ar an mbus?'

● **Leagan Próis**
Léim an duine le Dia ar bhus a sé déag inné.
Bhí a éadaí codlata air – bhí siad liath agus dearg!
Shuigh sé síos in aice le fear le babhlaer agus *briefcase*.
Rug an fear greim daingean ar a *bhriefcase*!
Rug máthair greim daingean ar a páiste!
D'fhéach an páiste ar an ngealt!
Thosaigh an ghealt ag gáire – bhí fiacla in easnamh air!

Labhair an tiománaí le fear an *depot*
Ghlaoigh seisean ar 999!
Labhair sé le lucht múchta tine a d'fhiafraigh de
An raibh an ghealt i ndainséar nó trí thine nó thuas i
gcrann – ach ní raibh!
Chuir an fear dóiteáin an fón síos!

Ghlan an tiománaí an t-allas dá aghaidh!
'A Chríost,' a bhéic sé – os íseal ar eagla go gcloisfeadh
an ghealt in éadaí codalta é – 'Faigh na *bloody* Gardaí.'

Tháinig na Gardaí agus ghlan siad an bóthar i Rath Fearnáin.
Tháinig an t-arm agus luigh siad taobh thiar dá leoraithe,
Meaisínghunnaí réidh acu!
Tháinig na dochtúirí lena gcuid steallairí agus a veist cheangail!
. . . Tháinig an bus!
Bhí fear an *bhriefcase* ag cur allais go tiubh!
Bhí bríste an tiománaí fliuch!
Níor bhog an bhean a cosa crosáilte!
Bhí rúnaí sa bhus déanach dá hobair i Sráid Chamden
Mar bhí leathuair caite aici sa bhus i Rath Fearnáin.

Bhí an páiste beag ag féachaint ar an ngealt
A bhí ag súgradh le cnaipí a éadaí codalta
Ag gáire i gconaí
. . . Stad an bus!
D'fhéach sé amach!
D'aithin sé an dochtúir agus an veist cheangail
Ag gáire fós bhrostaigh sé amach as an mbus
Díreach isteach i lámha an dochtúra a cheangail an veist air.

Lig lucht an bhus anáil amach
Ní dúirt aon duine focal ach amháin an páiste –
'A Mhamaí, cén fáth nach ligeann tú domsa mo chuid éadaigh codalta
a chaitheamh ar an mbus?'

● An file

Léachtóir, iriseoir agus scríbhneoir í Áine Ní Ghlinn. Chaith sí roinnt mhaith ama ag obair le Raidió na Gaeltachta agus RTÉ. Ina dhiaidh sin chaith sí roinnt blianta ag léachtóireacht sa rannóg FIONTAR in Ollscoil Chathair Bhaile Átha Cliath.

Tá trí chnuasach filíochta curtha amach aici – *An Chéim Bhriste*, *Gairdín Pharthais* agus *Deora Nár Caoineadh/Unshed Tears*. Chomh maith leis sin, tá roinnt mhaith leabhar scríofa aici do dhéagóirí agus do pháistí óga – ina measc, *Daifní Díneasár*, *Glantachán Earraigh*, *An Leaba Sciathánach*, *Céard tá sa Bhosca? Moncaí Dána, Mná as an nGnáth* (1990) agus *Daoine agus Déithe* (1992). Bíonn sí ag scríobh freisin don dráma teilifíse *Ros na Rún* ar TG4.

Tá go leor duaiseanna bainte amach aici dá saothar. Bronnadh gradam *Clann Lir* ar an scéal *Céard tá sa Bhosca?* Tá duaiseanna Oireachtais, duaiseanna ag Seachtain na Scríbhneoirí i Lios Tuathail agus go leor eile buaite aici don bhfilíocht.

Gluais

gealt	duine le Dia, duine as a mheabhair	
pitseámaí	éadaí codlata	pyjamas
stríocaí		stripes
liath		grey
babhlaer	hata	bowler
greim		hold, grip
greim an duine bháite	greim daingean	
chrosáil sí		(she) crossed
meangadh		smile
mantach	fiacla in easnamh	gap-toothed
d'fhiafraigh siadsan de	chuir siad ceist air	
i mbaol	i ndainséar	
sruth allais		streams of sweat
éadan	aghaidh	
de chogar	os íseal	
ghlanadar	ghlan siad	
luíodar	luigh siad	
crochta	réidh	at the ready
steallairí		syringes
veist cheangail		straitjacket
báite	an-fhliuch	
coschrosáilte		crosslegged
rúnaí	oibrí oifige	secretary
ag stánadh	ag féachaint go géar	staring
cnaipí		buttons
d'ardaigh an ghealt		the disturbed man raised (his head)
osna	anáil	
phléasc osna faoisimh		there was a sigh of relief

● **Míniú**

Is ceist í teideal an dáin seo.

Is í an cheist ná an bhfuil an duine a léim in airde ar bhus a sé déag as a mheabhair. Níor chaith sé gnáthéadaí. Bhí a phitseámaí air. Nuair a chonaic na paisinéirí eile é, baineadh geit astu agus bhí eagla orthu. Rug an fear leis an mbabhlaer 'greim an duine bháite' ar a *bhriefcase*. Rug máthair an greim daingean céanna ar a páiste.

D'fhéach an páiste ar an bhfear agus –

Rinne an ghealt meangadh mór mantach gáire!

Bhí na paisinéirí trína chéile. Níor thuig siad an ghealt. Níor ghlac siad leis mar bhí pitseámaí air. Ní raibh siad compordach leis. Bhraith siad go raibh siad faoi bhrú agus faoi ionsaí. Bhí an tiománaí ag eascainí agus thosaigh sé ag cur allais. Thosaigh fear an *bhriefcase* ag cur allais freisin.

Labhair an tiománaí le fear an *depot* agus cuireadh fios ar bheagnach gach brainse de chóras slándála an Stáit i ndiaidh a chéile: lucht dóiteáin, na gardaí, an t-arm agus na dochtúirí.

Bhí meaisínghunnaí ag an arm agus steallairí agus veist cheangail ag na dochtúirí. Tháinig siad mar bhí fear ar an mbus agus pitseámaí air.

Is cosúil go raibh sé ina ghealt mar d'aithin sé na dochtúirí lena 'veist cheangail' agus isteach leis ann gan aon rud a rá.

Ach céard faoi na paisinéirí? An bhféadfaí a rá gur gealta a bhí iontu? Níorbh fhéidir leo glacadh le fear in éadaí neamhghnáthacha – pitseámaí air ar an mbus! Agus céard faoin Stát? An raibh na gardaí agus an t-arm ag teastáil chun dul i ngleic le fear ina phitseámaí?

Príomh-íomhánna an dáin

pitseámaí	• éadaí neamhghnátha atá doghlactha i rith an lae
	bagairt do lucht an bhus
greim an duine bháite	• uafás, eagla
fear an *depot*	
lucht 999	
lucht dóiteáin	• córas slándála an Stáit
gardaí	
an t-arm	
dochtúirí	
ag súgradh le cnaipí a phitseámaí	• duine a bhí as a mheabhair dar le lucht an bhus
veist cheangail	• gléas cosanta an chórais shlándála ar an ngealt

Príomh-mhothúcháin an dáin

Eagla	•	greim an duine bháite; ag eascainí; *bloody* Gardaí; ag cur allais; bhí briste an tiománaí fliuch.
Áthas	•	bhí áthas ar an ngealt; meangadh mór mantach gáire; é fós ag gáire go mantach.
Faoiseamh	•	Istigh sa bhus phléasc osna faoisimh.

● Ceisteanna

1 Cad é téama an dáin seo?
2 Tabhair cuntas ar lucht an bhus.
3 Cén fáth ar baineadh geit as lucht an bhus?
4 Conas a chuirtear eagla in iúl sa chéad véarsa?
5 Cé a tháinig nuair a chuir an tiománaí fios ar fhear an *depot*?
6 Cad a tharla nuair a stad an bus?
7 Cén fáth dar leat a bhfuil comhartha ceiste sa teideal?

Níl Aon Ní

Cathal Ó Searcaigh

Níl aon ní, aon ní, a stór,
níos suaimhní ná clapsholas smólaigh
i gCaiseal na gCorr,

ná radharc níos aoibhne
ná buicéad stáin na spéire ag sileadh
solais ar Inis Bó Finne.

Is dá dtiocfá liom, a ghrá,
bheadh briathra ag bláthú ar ghas mo ghutha
mar shiolastrach Ghleann an Átha,

Is chluinfeá geantraí sí
i gclingireacht na gcloigíní gorma
i gcoillidh Fheanna Bhuí.

Ach b'fhearr leatsa i bhfad
brúchtbhaile balscóideach i mBaile Átha Cliath
lena ghleo tráchta gan stad,

seachas ciúinchónaí sléibhe
mar a gciúnaíonn an ceo le teacht na hoíche
anuas ó Mhín na Craoibhe.

● **Leagan Próis**

Níl rud ar bith, a ghrá,
níos aoibhne ná smólach ag canadh ag deireadh an lae
i gCaiseal na gCorr,

ná (níl aon rud ar bith, a ghrá) níos áille le feiceáil
ná solas ag taitneamh trí spéir liath
anuas ar Inis Bó Finne.

Is dá dtiocfá liom, a ghrá,
bheadh focail cheolmhaire ó mo bhéal
cosúil le feileastraim (bláthanna) Ghleann an Átha,

agus (dá dtiocfá liom, a ghrá) chloisfeá ceol bog taitneamhach
san fhuaim a dhéanann na cloigíní gorma (bláthanna)
i gcoillte Fheanna Bhuí.

Ach b'fhearr leatsa i bhfad
baile deataigh gránna i mBaile Átha Cliath,
agus glór a fheithiclí le cloisteáil i gcónaí,

(b'fhearr leatsa é sin) in ionad cónaí síochánta sléibhe,
áit a dtiteann brat ciúnais le teacht na hoíche
anuas ó Mhín na Craoibhe.

Gluais

ní	rud	
a stór	a ghrá	
níos suaimhní	níos aoibhne	more pleasant
clapsholas	deireadh an lae	twilight
smólach		a thrush
radharc		a sight, view
ag sileadh	ag doirteadh	spilling
briathra	focail	
ag bláthú		blossoming
gas mo ghutha	mo ghlór	
gas		a stem
guth		voice
siolastrach	feileastram	wild iris
chluinfeá	chloisfeá	
geantraí	ceol bog suaimhneach	

sí		enchanting
clingireacht		tinkling
cloigíní gorma	coinnle corra	bluebells
i gcoillidh	i gcoillte	in the woods
brúchtbhaile [bruachbhaile] balscóideach	fo-bhaile gránna	an ugly suburb
gleo	glór	
trácht	gluaisteáin, feithiclí	traffic
seachas	in ionad	rather than
ciúinchónaí	áit chónaithe chiúin	
mar a gciúnaíonn		where quietens
ceo		mist, fog

● An file

Rugadh Cathal Ó Searcaigh sa bhliain 1956 i nDún na nGall. Is feirmeoir caorach é ina chontae dúchais. D'fhoilsigh sé a chéad chnuasach filíochta, *Súile Shuibhne*, i 1983. Is ball é d'Aosdána.

● Míniú

Tá an file ag caint lena ghrá faoina áit dhúchais féin i nDún na nGall. Deir sé léi gur áit álainn í agus gur maith leis go mór a bheith ansin.

Tá sé cinnte nach bhfuil aon rud ar an domhan seo níos síochánta ná na héin (na smólaigh) ag canadh ag deireadh an lae i gCaiseal na gCorr, Co. Dhún na nGall. Níl amhras ar bith air nach bhfuil radharc níos áille le feiceáil ná an ghrian ag taitneamh trí spéir liath os cionn Inis Bó Finne.

Tá tionchar mór ag áilleacht na háite ar an bhfile. Deir sé lena ghrá go gcloisfidh sí focail bhinne deasa uaidh má théann sí leis go dtí an áit seo i nDún na nGall.

Úsaideann sé bláthanna mar shamhail chun an t-athrú a thiocfadh air ina áit féin a chur in iúl. Bheadh a ghuth cosúil le bláthanna (na siolastraigh) ag fás i nGleann an Átha – i. labhródh sé go deas ceolmhar. Cheapfadh a ghrá nuair a bheadh sé ag caint léi i nDún na nGall go raibh sí ag éisteacht leis an bhfuaim sí mistéireach a chloiseann duine ó na bláthanna (na cloigíní gorma) i gcoillte Fheanna Bhuí.

Tá paradacsa anseo, mar ní féidir bláthanna a chloisteáil. Ach mar sin féin cuireann meafar na mbláth anseo áilleacht na háite in iúl: mothaímid an t-áthas (sonas, síocháin) a chuirfeadh sí ar leannán an fhile dá rachadh sí ann.

Ach tuigeann an file nach bhfuil a ghrá ar aon intinn leis. Tá codarsnacht idir na rudaí a thaitníonn leis an bhfile agus na rudaí a thaitníonn lena ghrá. B'fhearr léi siúd teach glórach i mBaile Átha Cliath ná teach síochánta i nDún na nGall. B'fhearr léi fuaimeanna nó fothram Bhaile Átha Cliath lena shíorghleo ó ghluaisteáin ná an ciúnas a thiteann go síochánta ó Mhín na Craoibhe.

Príomh-íomhánna an dáin

clapsholas smólaigh
buicéad stáin na spéire
briathra ag bláthú ar ghas mo ghutha
geantraí sí
i gclingireacht na gcloigíní gorma
mar a gciúnaíonn an ceo

- ceol na n-éan ag deireadh an lae
- dath liath na spéire
- caint bhinn, ghrámhar, cheolmhar
- fuaim nó ceol deas. Cuireann sí sonas no áthas in iúl.
- tagann síocháin leis an gceo

Príomh-mhothúcháin an dáin

Grá
- grá ag an bhfile dá leannán
- grá don nádúr
- grá don tsíocháin
- grá ag an údar dá áit dhúchais – Dún na nGall
- grá ag leannán an fhile dá áit dúchais – Baile Átha Cliath.

● **Ceisteanna**

1 Cén fáth go molann an file Caiseal na gCorr?
2 Cén radharc atá le feiceáil ar Inis Bó Finne?
3 Cad a chloisfeadh a ghrá ón bhfile dá rachadh sí leis?
4 Cén úsáid a bhaintear as codarsnacht sa dán seo?
5 Cén fáth, dar leis an bhfile, nach mbeadh a ghrá sásta sna háiteanna a mholann sé?
6 Cén pictiúr a thugann an file dúinn de Bhaile Átha Cliath?
7 Cad a tharlaíonn i Mín na Craoibhe ag deireadh an lae?
8 I do thuairim, cén sórt duine é an file?
9 Cén úsáid a bhaineann an file as bláthanna sa dán seo?
10 Cén sórt duine í grá an fhile?

Mo Ghille Mear

Seán Clárach Mac Domhnaill

Bímse buan ar buairt gach ló,
ag caoi go cruaidh 's ag tuar na ndeor,
mar scaoileadh uainn an buachaill beo
's ná ríomhthar tuairisc uaidh, mo bhrón!

Curfá:
Is é mo laoch, mo ghille mear,
is é mo Shaesar, gille mear;
ní bhfuaireas féin aon tsuan ar séan
ó chuaigh i gcéin mo ghille mear.

Ní haoibhinn cuach ba suairc ar neoin,
táid fíorchoin uaisle ar uatha spóirt,
táid saoithe 's suadha i mbuairt 's i mbrón
ó scaoileadh uainn an buachaill beo.

Níor éirigh Phoebus féin ar cóir,
ar chaomhchneas ré tá daolbhrat bróin,
tá saobha ar spéir is spéirling mhór
chun sléibhe i gcéin mar d'éala' an leon.

Níl séis go suairc ar chruachruit cheoil,
tá an éigse i ngruaim gan uaim 'na mbeol,
táid béithe buan ar buairt gach ló
ó théarnaigh uainn an buachaill beo:

● **Leagan Próis**

Bíonn síorbhrón orm gach lá,
ag gol go fuíoch nó fonn goil orm,
mar tógadh uainn an Prionsa Séarlas,
agus ní chloistear cuntas faoi, ó shoin.

Curfá:
Is é mo shaighdiúir cróga é, m'ógánach beoga
is é mo cheannaire é, m'ógánach beoga
ní raibh codladh sámh agam
ó d'imigh m'ógánach beoga thar sáile.

Níl áthas ar an gcuach, a chanadh go binn i lár an lae,
níl mórán spóirt ag na huaisle cróga,
tá na daoine léannta is na filí cráite agus brónach,
ó tógadh uainn an Prionsa Séarlas.

Níor éirigh an ghrian i gceart,
tá clúdach dubh dorcha ar aghaidh shéimh na gealaí,
tá an spéir trína chéile agus (tá) stoirm mhór ann
i dtreo na sléibhte mar a d'imigh an Prionsa Séarlas.

Ní sheinneann aon duine an chláirseach,
tá na filí tromchroíoch gan aon fhocal filíochta acu,
tá na mná óga brónach gach aon lá,
ó d'imigh uainn an Prionsa Séarlas.

● **An file**

Rugadh Seán Clárach Mac Domhnaill i ngar do Ráth Luirc i gCo. Chorcaí i 1691. Cé gurbh Caitliceach é, fuair sé scolaíocht mhaith i scoil Phrotastúnach mar a d'fhoghlaim sé Gréigis, Laidin agus Béarla.

Chum sé an-chuid filíochta idir dhánta tírghrá, dhánta faoi na Stíobhartaigh, chaointe agus aortha. Maille le sin d'aistrigh sé amhráin ón mBéarla. Bhí suim aige i seanchas agus i mbéaloideas na hÉireann agus rinne sé cóip de 'Foras Feasa ar Éirinn' le S. Céitinn i 1720. Scríobh sé aor ar bhás an Choirnéil Dawson, tiarna talún áitiúil agus bhí air dul ar a choimeád dá bharr i dTiobraid Árann. Bhí an-mheas air ag filí a linne agus bhíodh 'Cúirteanna Filíochta' acu ina theach. Nuair a cailleadh é i 1754, scríobh cuid dá chomhfhilí marbhnaí air.

● **Míniú**

Caoineadh is ea an dán seo ar réabhlóid thubaisteach na nGael Albanach ar son an Phrionsa Séarlas Éadbhard. Tháinig sé i dtír in Albain agus rinne sé iarracht na Stíobhartaigh a chur i réim arís ach buadh air i gCath Chulódair (1746) agus theith sé chun na Fraince.

De ghnáth scríobhtaí caoineadh faoi dhuine i ndiaidh a bháis ach sa chás seo tá an file ag scríobh faoi dhuine atá imithe thar sáile agus nach bhfillfidh choíche.

Gluais

Véarsa 1
bímse	bím féin	
buan	i gcónaí, gan stad	
ag buairt	(go) brónach	
ag caoi	ag caoineadh, ag gol	
go cruaidh	go faíoch (fuíoch)	
ag tuar na ndeor	ar tí tosú ag gol	
deor		*tear*
scaoileadh uainn	tógadh uainn, (d'imigh sé)	
an buachaill beo	leasainm ar an bPrionsa Séarlas Éadbhard, an tÉilitheoir Óg	
ná ríomhtar uaidh	ní thugtar cuntas air, ní insítear scéala faoi	
tuairisc	cuntas, scéala	

Curfá:
laoch	saighdiúir cróga, gaiscíoch, curadh	
gille	óganách, giolla	
mear	lúfar, gníomhach, beoga	
Saesar	Taoiseach na Róimhe, impire, ceannaire	
ní bhfuaireas	ní bhfuair mé	
suan	codladh	
séan	sonas, aoibhneas, suaimhneas	
i gcéin	thar toinn, thar farraige, thar sáile, i bhfad ó bhaile	

Véarsa 2
ní haoibhinn	ní binn	
cuach	éan ceoil	*cuckoo*
ar neoin	i lár an lae	
táid	tá siad	
fíorchoin	uaisle cróga nó calma	
fíor		*true*
cú (iol. coin)	madra ard	
ar uatha spóirt	níl mórán spóirt acu, níl fonn spóirt orthu	
saoithe	daoine léannta	

suadha	filí, scoláirí
i mbuairt	tá siad cráite

Véarsa 3
Phoebus	an ghrian
ar cóir	i gceart
caomhchneas	aghaidh dheas
caomh	deas, álainn, séimh
cneas	craiceann, aghaidh, éadan
ré	gealach
daolbhrat	dorchadas
daol	dubh
brat	clúdach
saobha	buile, mearbhall
spéirling	stoirm mhór
i gcéin	i bhfad (uainn)
d'éala'	a d'éalaigh, a d'imigh
an leon	an laoch, an Prionsa Séarlas

Véarsa 4
séis	ceol, fonn ceoil
suairc	sona, áthasach
cruachruit	cláirseach bheag (déanta d'adhmad crua)
éigse	filí
i ngruaim	tromchroíoch
uaim	filíocht
beol	béal
béithe	cailíní, mná áille
buan	i gcónaí
ar buairt	brónach
théarnaigh	d'imigh

An Caoineadh:

De ghnáth b'iad na mná a deireadh an caoineadh. Ba iad seo a phríomhthréithe:

1 moladh an duine mhairbh (an deoraí)
2 an nádúr faoi bhrón
3 na gaolta agus na cairde faoi bhrón

Tá na tréithe seo le feiceáil sa dán seo ina iomláine (níl ach ceithre véarsa agus an curfá ar an gcúrsa).

   Bímse buan ar buairt gach ló

Tá brón ar an bhfile mar tá an Prionsa Séarlas Éadbhard ar deoraíocht. Tá deireadh lena dhóchas agus is ionann an cailliúnt sin agus an bás. Níl tásc ná tuairisc ar an bPrionsa agus fágtar an file buartha croíbhriste dá bharr.

Tá an curfá dírithe ar an bPrionsa agus ar an ndílseacht a ghin sé i gcroí an fhile. Molann sé é (*1 thall*).

> Is é mo laoch, mo ghille mear
> is é mo Shaesar, gille mear

Níor chodail sé ó d'imigh an Prionsa:

> Ní bhfuaireas féin aon tsuan ar séan

Sa dara véarsa tá gach gné den saol trína chéile –

> Ó scaoileadh uainn an buachaill beo.

- tá brón ar an gcuach – 'Ní aoibhinn cuach'
- níl spórt ag na huaisle – 'uaisle ar uatha spóirt'
- tá na filí 'i mbuairt is i mbrón' (*2 & 3 thall*).

Tá an nádúr trína chéile freisin:
- níor éirigh an ghrian,
- tá an ghealach dubh
- tá stoirm ar na sléibhte (*2 thall*).

Tá lucht filíochta is ceoil buartha faoi imeacht an Phrionsa:
- ní sheinneann aon duine an chláirseach.
- tá brón ar na filí
- níl focal astu (*3 thall*).

Tá na cailíní dathúla brónach freisin (*3 thall*).

Príomh-íomhánna an dáin

Saesar (Íomhá clasaiceach)
Phoebus (an ghrian) (Íomhá clasaiceach)   ] • tábhacht, cumhacht, uaisleacht

an ghealach (an ré) an spéir na sléibhte an chuach	• an chruinne gan eisceacht
fíorchoin uaisle saoithe is suadha cruachruit cheoil an éigse na béithe	• saol cultúrtha is sóisialta
ag tuar na ndeor daolbhrat bróin ní bhfuaireas féin aon tsuan ar seán	• brón, uaigneas, gruaim

Príomh-mhothúcháin an dáin

Brón
- 'Bímse buan ar buairt gach ló'
- tá sé 'ag tuar na ndeor'
- ní chodlaíonn sé
- tá na huaisle 'i mbuairt is i mbrón'
- tá an ghealach faoi 'daolbhrat bróin'
- tá 'an éigse i ngruaim'

Uaigneas
- tá a laoch, a cheannaire imithe

Díomá
- níl saol cultúrtha nó sóisialta ann

● Ceisteanna

1 Cén sórt dáin é seo? Pléigh do fhreagra.
2 Cén fáth go dtosaíonn an file an dán le 'Bímse buan ar buairt gach ló'?
3 Conas a chuireann sé in iúl go bhfuil an nádúr trína chéile?
4 Cén pictiúr a fhaighimid den mhuintir a ndéantar tagairt di sa dán?
5 An mothaíonn tú an brón nó an t-uaigneas sa dán seo? Mínigh do fhreagra.
6 Mínigh dhá íomhá sa dán.

Jack

Máire Mhac an tSaoi

Strapaire fionn sé troithe ar airde,
Mac feirmeora ó iarthar tíre,
Ná cuimhneoidh feasta go rabhas-sa oíche
Ar urlár soimint aige ag rince,

Ach ní dhearúdfad a ghéaga im thimpeall,
A gháire ciúin ná a chaint shibhialta —
Ina léine bhán, is a ghruaig nuachíortha
Buí fén lampa ar bheagán íle —

Fágfaidh a athair talamh ina dhiaidh aige,
Pósfaidh bean agus tógfaidh síolbhach,
Ach mar conacthas domhsa é arís ní cífear,
Beagbheann ar chách mar 'gheal lem chroí é.

Barr dá réir go raibh air choíche!
Rath is séan san áit ina mbíonn sé!
Mar atá tréitheach go dté crích air –
Dob é an samhradh so mo rogha 'pháirtí é.

● **Leagan Próis**

Fear breá fionn ab ea é, sé troithe ar airde,
Bhí a athair ina fheirmeoir san iarthar,
Ní chuimhneoidh sé arís choíche go raibh mise, oíche amháin
Ag rince leis ar urlár soimint.

Ní dhéanfaidh mé dearmad go raibh a lámha timpeall orm,
(Ní dhéanfaidh mé dearmad) ar a gháire ciúin ná ar a chaint dhea-bhéasach –
Bhí léine bhán air agus bhí a ghruaig nuachíortha
Agus dath buí air faoi sholas an lampa nach raibh mórán íle ann.

Fágfaidh a athair feirm aige
Pósfaidh sé bean agus beidh clann orthu
Ach ní fheicfidh éinne arís é mar a chonaic mise é an oíche sin
Agus gan aird againn ar éinne, ach mé i ngrá leis.

Go raibh toradh maith ar gach rud a dhéanfaidh sé
Go raibh ádh agus aoibhneas san áit ina mbíonn sé
De réir mar atá buanna aige, go gcuire sé i gcrích
An samhradh seo ba é an duine ab fhearr liom.

Gluais

strapaire	buachaill láidir	*strapping boy*
fionn		*fair*
troithe		*feet*
ar airde		*in height*
iarthar		*west, western*
feasta	go deo	*ever again*
go rabhas-sa	go raibh mé	
soimint		*cement*
ní dhearúdfad	ní dhearúdfaidh mé, ní dhéanfaidh mé dearmad	
a ghéaga	a lámha	
nuachíortha		*newly combed*
síolbhach	clann	
mar conacthas domhsa	mar a chonaic mé é	*as he was seen by me*
ní cífear	ní fheicfear (é)	*he will not be seen*
beagbheann ar chách	gan aird aige ar aon duine	
mar 'gheal lem chroí é	ba gheal le mo chroí é an uair sin (a) thug mé taitneamh dó	
barr	toradh maith	*success*

dá réir		*accordingly*
choíche	i gcónaí	
rath	ádh	
séan	aoibhneas, gliondar	
mar atá tréitheach	de réir mar atá buanna aige	*according to his gifts*
go dté críoch air	go gcuire sé a bhuanna i gcrích	*may his gifts find expression*
mo rogha 'pháirtí é	thogh mé é chun rince leis,	
	thogh mé é mar ghrá mo chroí	

● An file

Rugadh Máire Mhac an tSaoi i mBaile Átha Cliath sa bhliain 1922. Chuaigh sí ar scoil i nDún Chaoin, Contae Chiarraí, agus i mBaile Átha Cliath. Chaith sí tréimhsí dá saol sa Fhrainc, sa Spáinn, i nGhana, agus sna Stáit Aontaithe, agus tá conaí anois uirthi i mBaile Átha Cliath. D'fhoilsigh sí *Margadh na Saoire* (1956), *Codladh an Ghaiscígh agus Véarsaí Eile* (1973), *An Galar Dubhach* (1980), *The Same Age as the State* (2003).

● Míniú

Is é téama an dáin seo ná cuimhne mhná ar an ngrá a bhí aici d'fhear óg samhradh fadó agus í óg.
   Bhí an file ag rince le buachaill mór láidir i rith an tsamhraidh –

'Strapaire fionn sé troithe ar airde
Mac feirmeora ó iarthar tíre.'

   Tá cuimhne chruinn aici air. Bhain sí taitneamh as an rince leis. Ní dhéanfaidh sí dearmad air choíche.
   Níl aon chuimhne ag Jack anois, is dócha, go raibh an file ag rince leis ar urlár soimint. Tá sé soiléir nach raibh a fhios aige go ndeachaigh sé i gcion go mór ar an bhfile. Ach beidh cuimhne aici ar a ghéaga ina timpeall.

   Ní dhearúdfad a ghéaga im' thimpeall

Cuimhneoidh sí ar gach rud a bhain leis: a gháire chiúin, a chaint chneasta, a léine bhán, a ghruaig fhionn nuachíortha.
   Ní áit rómánsúil a bhí san áit inar bhuail sí le Jack. Ach sáraíonn a mothúcháin 'an t-urlár soimint' agus an halla nó seomra mar a raibh an lampa 'ar bheagán íle'.

Smaoiníonn sí ar an saol a bhí ag feitheamh ar an bhfear óg. Dhéanfadh sé na gnáthrudaí a dhéanfadh aon mhac feirmeora. Bheadh cúraimí air: gheobhadh sé an fheirm óna athair, phósfadh sé agus bheadh clann air:

Fágfaidh a athair talamh ina dhiaidh aige
Pósfaidh bean agus tógfaidh síolbhach

Guíonn sí rath air:

> Barr dá réir go raibh air choíche!
> Rath is séan san áit ina mbíonn sé!

Is ar éigin gur féidir dán grá a thabhairt air. Níor chuir an file agus Jack aithne ar a chéile. Ní dhearna siad ach damhsa le chéile. Níl tagairt ann do chroí nó do smaointe Jack.

Ach ní raibh suim ag an bhfile in aon bhuachaill eile an samhradh sin ach Jack:

> Dob é an samhradh so mo rogha 'pháirtí é.

Príomh-íomhánna an dáin

stapaire fionn sé troithe ar airde léine bhán, gruaig nuachíortha	• pictiúr cruinn de Jack
a gháire ciúin, a chaint shibhialta	• pearsantacht Jack
mac feirmeora ó iarthar tíre fágfaidh a athair talamh ina dhiaidh aige	• cúlra Jack
urlár soimint, lampa ar bheagán íle	• áit nó atmaisféar nach mbeifí ag súil le rómánsaíocht ann

Príomh-mhothúcháin an dáin

Aoibhneas
Cion
Lúcháir
Buíochas

• Bhain sí taitneamh as a bheith ag rince le Jack. Tá cuimhní deasa aici air.

● Ceisteanna

1. Cad is téama, dar leat, don dán seo?
2. Tabhair cuntas ar an mbuachaill a bhí ag rince leis an bhfile.
3. Déan cur síos ar an áit ina raibh siad ag rince.
4. Cén sórt saoil a bhí i ndán don bhuachaill, dar leis an bhfile?
5. Cén dearcadh speisialta a bhí ag an bhfile ar an mbuachaill nuair a bhí sí ag rince leis?
6. Cén guí atá ag an bhfile don bhuachaill?
7. Mínigh an líne 'Dob é an samhradh so mo rogha 'pháirtí é.'
8. Cad í an phríomhdhifríocht idir an file agus an buachaill sa dán seo?

Faoiseamh a Gheobhadsa

Máirtín Ó Direáin

Faoiseamh a gheobhadsa
Seal beag gairid
I measc mo dhaoine
Ar oileán mara,
Ag siúl cois cladaigh
Maidin is tráthnóna
Ó Luan go Satharn
Thiar ag baile.

Faoiseamh a gheobhadsa
Seal beag gairid
I measc mo dhaoine,
Ó chrá chroí,
Ó bhuairt aigne,
Ó uaigneas dhuairc,
Ó chaint ghontach
Thiar ag baile.

● **Leagan Próis**

Gheobhaidh mé suaimhneas
ar feadh tamaillín bhig
i measc mo mhuintire féin
ar oileán i lár na farraige
(Beidh mé) ag siúl cois farraige
ó dhubh go dubh
ó cheann ceann na seachtaine
san iarthar ag mo bhaile féin.

Gheobhaidh mé suaimhneas
ar feadh tamaillín bhig
i lár mo mhuintire féin
ó bhuairt croí
ó imní aigne
ó uaigneas dubh
ó chaint ghéar
san iarthar ag mo bhaile féin.

Gluais		
faoiseamh	sos, suaimhneas, sonas, síocháin	
gheobhadsa	gheobhaidh mé féin	
seal	tréimhse, tamall	
gairid	gearr	
i measc	i lár	*among*
cois cladaigh	cois farraige, ar an trá	
thiar	san iarthar	*in the west*
crá	brón, céasadh, pian	
buairt	crá, dólás, brón	
duairc	gruama, éadóchasach	*gloomy*
gontach	nimhneach, géar	*wounding*

● **An file**

Rugadh Máirtín Ó Direáin in Árainn sa bhliain 1910. D'fhág sé an t-oileán sa bhliain 1928 agus thosaigh sé ag obair sa phríomhoifig phoist i nGaillimh. Chuaigh sé go Baile Átha Cliath sa bhliain 1937 agus thosaigh sé ag obair sa Roinn Oideachais. D'fhoilsigh sé cnuasaigh fhilíochta ón mbliain 1942 i leith, ina measc *Coinnle Geala* (1924), *Ó Morna agus Dánta Eile* (1957), agus *Crainn is Cairde* (1970). Scríobh sé leabhar próis, *Feamainn Bhealtaine*, i 1961. Fuair sé bás i mBaile Átha Cliath sa bhliain 1988.

● Míniú

D'fhág Máirtín Ó Direáin a oileán dúchais – Árainn – chun obair a fháil i nGaillimh agus ina dhiaidh sin i mBaile Átha Cliath. Níor thaitin saol na cathrach leis. Bhí brón agus uaigneas air. Bhí cumha air i ndiaidh a bhaile agus a mhuintire mar b'ansin a bhraith sé muintearas agus cairdeas.

Sa dán seo ní dhéanann an file tagairt d'Árainn, do chathair nó d'áit ar bith in Éirinn, ach do na daoine atá ag an mbaile. Is dán é a mhíníonn cé chomh tábhachtach is atá 'mo dhaoine' nó an dúchas i saol an uile dhuine.

Tá cur síos simplí ar chroí agus ar aigne an fhile sa dán seo. Tá sé soiléir nach bhfuil sé sona sa chathair mhór ina bhfuil cónaí air. Tá brón, imní agus uaigneas air. Ach tá sé cinnte go gcuirfeadh cuairt ar a áit dhúchais gliondar ar a chroí.

Is léir go gcuireann saol na cathrach isteach air. Luann sé an chaint a ghortaíonn é sa chathair. Ní caint chineálta í. Creideann sé go mbeidh an saol an-difriúil nuair a rachaidh sé abhaile. Cabhróidh an briseadh sa bhaile leis glacadh le saol na cathrach nuair a théann sé ar ais go dtí an chathair. Ar a oileán dúchais féin lena mhuintir féin gheobhaidh sé suaimhneas (síocháin, sos) ar feadh tamaillín.

Céard a dhéanfaidh sé ag baile?
Beidh sé ag siúl ar an trá maidin agus tráthnóna gach lá.

Cén t-athrú a thiocfaidh air ag baile?
Beidh deireadh leis an mbrón ina chroí.
Beidh deireadh leis an imní ina aigne.
Beidh deireadh lena uaigneas.
Beidh cairde aige.
Beidh sé saor ó chaint ghéar, ó chúlchaint.
Beidh sé saor ó mhasla.
Beidh sé saor ó bhrú an tsaoil.

Príomh-íomhánna an dáin

i measc mo dhaoine	● áit chairdiúil
ar oileán mara	● i bhfad ó bhuairt agus ó bhrón an tsaoil, i bhfad ón gcathair
ag siúl cois cladaigh	● faoi chiúnas

Príomh-mhothúcháin an dáin

Brón	● Níl duine ar bith cairdiúil leis san áit ina bhfuil sé.
Uaigneas	● Níl muintearas ann.
Gruaim	● Níl suaimhneas croí ná intinne aige.
Dóchas	● Tá sé ag dúil le faoiseamh a fháil ar a oileán dúchais.

● Ceisteanna

1. Cad is téama, dar leat, don dán seo?
2. Cad is brí le faoiseamh?
3. Conas a gheobhaidh sé faoiseamh?
4. Cén fáth a bhfuil faoiseamh ón bhfile?
5. Cad iad príomh-mhothúcháin an dáin?
6. Cén sórt saoil atá ag an bhfile, dar leat?

ADMHÁLACHA

Ba mhaith leis na foilsitheoirí a mbuíochas a ghabháil leis na heagraíochtaí agus leis na daoine seo a leanas as cead a thabhairt dóibh ábhar atá faoi chóipcheart a atáirgeadh:

Foinse;
Comhaltas Uladh maidir le 'An Cearrbach Mac Caba' (Niail Ó Dónaill agus Anraí Mac Giolla Chomhaill: *Scéalta Johnny Sheamaisín*);
Biddy Jenkinson maidir lena scéal 'Coileach Ghleann Phadraig' (*An Grá Riabhach*: Coiscéim);
Sáirséal Ó Márcaigh maidir le sliocht as *Lig Sin i gCathú* le Breandán Ó hEithir;
An Sagart maidir le sliocht as *Fiche Blian ag Fás* le Muiris Ó Suilleabháin;
Cló Iar-Chonnachta Teo maidir le 'Lá Buí Bealtaine' le Mairéad Ní Ghráda as *Drámaí an Chéid*;
Máire Mhac an tSaoi maidir lena scéal 'An Bhean Óg' (cóipcheart Máire Mhac an tSaoi);
Áine Ní Ghlinn maidir lena dhán 'Gealt' as *Gairdín Phárthais*;
Cló Iar-Chonnachta Teo maidir le 'Níl aon Ní' le Cathal Ó Searcaigh;
Sáirséal Ó Marcaigh maidir le 'Jack' le Máire Mhac an tSaoi agus 'Faoiseamh a Gheobhadsa' le Máirtín Ó Direáin.

As cead grianghraif a atáirgeadh tá na foilsitheoirí buíoch de:

ALAMY: 11, 42, 148, 194, 242 © Alamy Images;
CAMERA PRESS IRELAND: 21, 147, 151 © Camera Press Ireland;
CORBIS: 65 © Geray Sweeney; 153 © Howard Davies; 146 © Craig Hammell; 206 © Christos Kalohoridis; 276 © Raymond Gehman; 286 © Bettmann;
EXILE IMAGES: 26 © H.Davies;
IRISH IMAGE COLLECTION: 214, 290 © Irish Image Collection;
IRISH PICTURE LIBRARY: 230 © Irish Picture Library;
PHOTOCALL IRELAND: 47, 59 © Photocall Ireland;
REX FEATURES: 100 © Alex Segre; 102 © UMDADC; 108 © Hayley Madden; 113 © Tony Kyriacou;
OTHER PHOTOS: 143 le caoin chead ó Ros na Rún, 264 le caoin chead ó Bord Scannán na hÉireann/Irish Film Board.

Beidh na foilsitheoirí sásta socruithe cuí a dhéanamh le haon sealbhóir cóipchirt nach raibh fáil ait a dhéanann teaghmhail leo tar éis foilsiú an leabhair.